U0121199

Not
Exactly
Lying

谎言与
真相

FAKE NEWS
AND FAKE JOURNALISM
IN AMERICAN
HISTORY

美国历史上的
假新闻与假新闻业

[美] 安迪·图赫尔 （ANDIE TUCHER）—————— 著

孙成昊 刘婷 ————— 译

中国出版集团

中译出版社

NOT EXACTLY LYING: Fake News and Fake Journalism in American History

by Andie Tucher

Copyright © 2022 Columbia University Press

Chinese Simplified translation copyright © 2024 by China Translation & Publishing House

Published by arrangement with Columbia University Press

through Bardon-Chinese Media Agency

博达著作代理有限公司

ALL RIGHTS RESERVED

著作权合同登记号：图字01-2022-6633号

图书在版编目（CIP）数据

谎言与真相：美国历史上的假新闻与假新闻业/（美）安迪·图赫尔
（Andie Tucher）著；孙成昊，刘婷译. 一北京：中译出版社，2024.3
书名原文：Not Exactly Lying: Fake News and Fake Journalism in American
History

ISBN 978-7-5001-7356-4

I. ①谎… II. ①安… ②孙… ③刘… III. ①假报道-研究-美国
IV. ①G210

中国国家版本馆CIP数据核字（2023）第078634号

谎言与真相：美国历史上的假新闻与假新闻业
HUANGYAN YU ZHENXIANG: MEIGUO LISHI SHANG DE JIAXINWEN YU
JIAXINWENYE

出版发行：中译出版社
地　　址：北京市西城区新街口外大街28号普天德胜主楼4层
电　　话：（010）68359827；68359303（发行部）；68359725（编辑部）
传　　真：（010）68357870　　电子邮箱：book@ctph.com.cn
邮　　编：100044　　　　　　　网　　址：http://www.ctph.com.cn

出 版 人：乔卫兵　　　　　　　总 策 划：刘永淳
出版统筹：杨光捷　　　　　　　策划编辑：范祥镇　王诗同
责任编辑：范祥镇　　　　　　　文字编辑：王诗同
版权支持：马燕琦　　　　　　　营销编辑：吴雪峰　董思嫄
封面设计：韦　枫

排　　版：中文天地
印　　刷：北京盛通印刷股份有限公司
经　　销：新华书店
规　　格：880 mm×1230 mm　1/16
印　　张：25.75　　　　　　　字　　数：292千字
印　　次：2024年3月第1次　　版　　次：2024年3月第1版

ISBN 978-7-5001-7356-4　　　定价：79.00元

写给真正的记者

致　谢

————

　　沉浸于"虚假"数年之后，我终于可以向一路走来帮助和鼓励过我的人致以真挚的感谢，这是多么令人高兴的事。

　　我最想感谢的是哥伦比亚大学新闻学院以及那里的朋友和同事。我尤其想感谢我所在传播学博士项目组的研究员托德·吉特林、迈克尔·舒德森和理查德·约翰，他们都对我的项目有着浓厚兴趣；感谢我项目组里的好朋友安雅·希弗林，她慷慨地分享在虚假信息和宣传上的工作成果，并帮我阅读了部分手稿；感谢我们杰出的在校和已经毕业的学生。他们给予了我最大的支持。

　　我还得到了两位研究助理的宝贵帮助，乔安娜·阿尔切里和切丽·亨德森勤奋、慎思、机智，作为美联社的编辑，切丽以其训练有素的眼光帮我修改了稿件中的几个章节（虽然我承认我没有把所修改的副词都去掉）。丹·比肖夫通读了初稿，他是位完美的编辑，知道何时督促我努力工作，何时把我从繁忙的工作中拯救出来。

我有幸参加过一些分享工作进展的研讨会和非公开会议。大家热情谈话，交流思想，培养友谊，这本书带有每个人的印记。我很感谢社会科学研究委员会的迈克·米勒以及"历史背景下的媒体、技术和民主"研讨会的其他热情参与者，尤其是妮可·海默、马丁·L.约翰逊和珍妮弗·彼得森。汉斯贾科布·齐默尔主持了"每日观察：现代新闻知识生产"研究项目，该项目由柏林的马克斯·普朗克科学史研究所与华盛顿的德国历史研究所合作，研究内容丰富且具有启发性。我还特别感谢诺曼·多米尔、佩特拉·麦吉伦、安妮·拉德和海蒂·图瑞克。

我曾在国际传播学会预备会议中度过了一段美好时光。该会议由克里斯·W.安德森和朱丽叶·德·迈耶组织，会议地点是伦敦，主题是"新闻工作的目标"。艾德琳·朗娜、朱丽叶·夏博诺和巴黎索邦大学信息与传播科学高等研究学院 Gripic 实验室研究项目"国家的采访文化"的参与者也就新闻谈话与我交流，那一天的交流很具有启发性。马克·汉森、布鲁斯·科古特和"假新闻研究组"在哥伦比亚大学接待了我，我们在早餐时间热烈地交谈了几次。我还想由衷感谢马丁·康博伊和"大众新闻话语"会议的与会者。该会议由艺术与人文研究理事会期刊史研究网络在正值寒冬的苏黎世举办。

一路走来，很多人提供了建议，很多人提供了精神支持，一些人两者都有提供。我想由衷感谢艾米丽·贝尔、琳恩·伯格、艾玛·布莱恩特、马克·卡纳达、莱斯利·克拉克、丹·奇茨特罗姆、露丝·福特、玛格丽特·霍洛威、巴德·克里门特、詹妮弗·B.李、埃弗拉特·内楚什泰以及整个图赫尔家族的人。

这本书的出版离不开哥伦比亚大学出版社菲利普·莱文塔尔的支持，起初是他提出了让我写这本书的想法，本书几乎每一页都有他明智的指导。出版社的编辑人员让整个过程顺利有效，安妮巴尔瓦谨慎细致的编辑工作令我心生敬佩。我还想感谢两位匿名审稿人，感谢他们有见地的建议和鼓励。

我想真诚感谢你们所有人。

第四章的部分内容源自发表于《摄影与文化》(*Photography and Culture*)（2017 年 6 月）上的一篇文章，版权归泰勒 - 弗朗西斯出版集团所有，可在线查阅：https://doi.org/10.1080/17514517.2017.1322397。

目录

引　言

———

我能想到的最适合描述媒体的词之一，就是"虚假"，我想过去几年也许有其他人用过这个词，但我还没注意到。

——2017年10月7日，唐纳德·特朗普总统接受"三一广播网"迈克·哈克比采访。

拉尔夫·普利策痛恨假新闻。1912年12月，拉尔夫为哥伦比亚大学新闻学院首批80余名胸怀记者梦的本科生举行讲座。三个月前，他已故父亲约瑟夫·普利策创办的新闻学院开始招生。作为《纽约世界报》（*New York World*）的新任发行人，拉尔夫向这些学生讲道："公众为报纸付款是为了购买事件的真相。"

如果报纸向公众出售蓄意伪造的信息而不是事实，那就是在售卖掺假商品，和那些在肉类罐头中加水杨酸，或在果酱中加含砷色素的无赖没什么区别……一些人很正直，将新闻工作视作职业而不是生意，对于他们来说，没有必要特别指出，将报纸从传播真理的传教士扭曲成谎言的信使这一行为多么可耻。而造假者就是骗子，如果他造的假没有造成伤害，那他就是一个无害的骗子，如果他造的假伤害到他人，那他不仅是一个恶毒的骗子，还往往是一个道德杀手。[1]①

并非所有人都同意这种说法。19 世纪 80 年代和 90 年代，很多记者已经公开接受了"造假"这个词，并且乐于将其运用在写作中以方便读者阅读，即用一些技巧性的调整和异想天开的修饰让普通故事更加生动。这些记者坚信，这种做法没有害处，正如 1887 年波士顿一位编辑轻描淡写的解释，毕竟造假"并非全然谎言"。[2]尽管直到 1912 年都很少有记者公开承认"造假"的惯例，但很多人仍悄悄热衷于此。然而，关于"造假"的争论长达 30 年之久，所涉及的问题不仅关乎"无害的说谎者"和"道德杀手"之间的界限。事实上，有关造假的争论是一场重要辩论的中心，这场辩论涉及新闻工作的本质，以及谁在述说事实方面值得信赖。

---

① 此类标记为作者注。作者在书中引证了大量史料，包括当时的手稿、照片、访谈录等档案资料，其出处均以作者注（Notes）的形式记录在书后。作者注条目众多，篇幅较长，我们将这部分内容整理到中译出版社数字平台，在书后仅呈现链接二维码，便于有兴趣的读者对照查阅。——编者注

尽管这是围绕新闻"造假"展开的第一场辩论，却不是针对新闻事实的第一场辩论，肯定也不会是最后一场。美国新闻业自出现以来，对其真实性和权威性的担忧就一直存在。作为声称有特殊能力做正确事情的社会机构，新闻机构总是不可避免地为故意做错事的团体、企业和个人（有时包括记者）提供掩护。新闻机构经常与其他行为体对抗，这些行为体歪曲、操纵、误解或伪造现行的新闻惯例，出于他们的个人动机或原因而呈现"真相"，这些动机和原因包括无知、娱乐、商业利益、政治或社会控制。美国人被有关君主乱伦的虚假报道所迷惑，受到妓女被害、修女堕落等谎言的冲击，接受壮观的小规模战争和丑陋的大规模战争等耸人听闻的宣传。虚构的战场英雄、被抛弃的新娘，人们被这些电影和假照片所娱乐，捏造的暴行惊吓他们，经掩盖的真实暴行安抚他们，强大而神秘的间谍机构谎称是为了维护人们的利益。他们被政府机构误导，认为应该灾难性地干预外国事务，粗心的编辑不小心制造的弥天大谎让他们大失所望，政党人士伪装成专家迷惑他们。有时人们自身都积极参与造假。

新闻史学家们历来强调，新闻业之所以能够朝着更加专业化的方向稳步发展，根本上在于其为公共服务的行为准则和寻求真相的承诺。这种说法确实适用于很多不同种类、方向和时代的新闻业。新闻业最大程度地质问了作恶者、揭露了腐败、见证了冲突、安慰了受苦难的人、统计了死难人数，同时为人们提供及时可信的信息，内容从黄金价格到降水概率等各个方面。但是有关真相的故事从来都不仅关乎真相，还涉及权力、控制、欲望和价值观。美国新闻业的历史，不仅关乎所谓的记者如何发展出各种方式和惯例来收集、验证、解释和传播准确的信息。设计这些方式和惯例是为了确保内容准确性：新闻报道应该看起来像真相，真相也应该像新闻报道。但如果谎言也像新闻会怎样？

目前美国全国对"虚假新闻"和"虚假媒体"的关注，延续了有关真相是什么以及由谁来定义的紧迫辩论。不过这一次，辩论因为所探讨术语的模糊性而变得极其复杂，这些术语与其所谓的创造者唐纳德·特朗普密切相关。但这些术语也应用于一切，从投机和讽刺性事件，到掠夺性和颠覆性事件的恶意和错误行为等。尽管很多被人们谴责为"假新闻"的事件是通过新闻报道传播给公众的，但它们更多时候是通过社交媒体或流行文化传播的。始作俑者可能是政府或企业宣传人员、无良或不称职的记者、党派活动者、广告商、间谍、本土黑客、外国黑客、机器人程序、企业家、网络"喷子"、阴谋论者或是一位拥有推特账户并让受众两极分化的总统，也可能是你的祖母。人们谴责虚假信息影响选举结果，使全球疫情恶化、公共话语部落化并强化了最古怪可笑的阴谋论，但似乎没有人知道如何控制虚假信息。

因此在对"虚假新闻"的历史展开有意义的分析之前，我们需要对这个最多变的术语添加一些界定，定义"虚假"和"新闻"这两个词是什么、不是什么。

我所说的"虚假"，是指一些故意营造的、不真实的事情。这些"虚假"的制造者不管是出于善意还是恶意，都在某种程度上明白他们所说的是错误的或具有欺骗性的。他们的一些读者或观众可能已经发现了这个把戏，但通常是偶然发现。"虚假"制造者的目的一般是误导或操纵消费者。无意的错误不是虚假，不过，偏狭的报道可能是。明确表达的意见或主张不是虚假，尽管党派争论不一定是公正的言论。记者无法解释挑战主流社会和文化价值观的事实或态度，尽管这也是对新闻报道方式的重要批判，但这种现象不在本书讨论范围内，因为本书内容是关于新闻造假史的。

值得强调的是，随着人们对新闻工作内容和记者工作方式的期望发生变化，过去几年，新闻消费者、记者对"虚假新闻"的定义发生了很大变化。例如，美国建国初期的报纸上，用狂热的言语取代事实进行政治谩骂是一种正常现象，甚至受到追捧。正如拉尔夫·普利策在1912年深刻认识到的，"虚假"这个词不久前还用来描述一种新闻策略，这种策略因其放荡不羁的魅力，在很多圈子中备受推崇。在新闻界开始采用新技术时，通常会有一个"一切皆可行"的时期。这个时期，应该怎样用新技术报道现实，新闻从业者和公众还未达成一致。

每个时代，都会有顺应环境需求、抓住时代机会而出现的"虚假新闻"，这不利于基于当时历史环境分类"虚假新闻"，而研究当代新闻的学者一直致力于提供这样的分类。[3]这也提醒那些使用其他时代新闻作品作为历史素材的研究者，要确保自己了解正在做什么。虚假新闻不仅可以扭曲当下激烈的公共辩论，还能扭曲我们对过去的理解。[4]我认为，本书选择分析的例子和案例研究所关切的问题及其创新都很具有代表性，也能够代表特定时代的突发事件。

当然，了解已经逝去很久的人并推测他们的意图很有挑战性；某个时代，像纽扣崩开这样的小笑话，在远离那个社会和文化环境的历史学家看来，他们可能会高呼"欺诈！"。但是，在广泛阅读的基础上采用文本分析法，在同时代其他事件的背景下考虑这些事，并充分关注文体线索、文化共鸣和间接暗引，可以让我们得出可靠的结论，了解有关事件的肇事者、受害者、受益者、揭发者以及这些人同权力和权威之间的关系。[5]

"虚假新闻"这个词中含义比较模糊的是"新闻"。"新闻"可以涵盖各种信息和情报，包括商业广告、政治竞选，甚至社交媒体上有关昨晚男大学生联谊会的帖子。然而，本书的关注点集中在造假者如何在新闻机构的信息系统中持续运作，还有他们如何操纵该系统的外在形式从而声称自身真实。

美国新闻工作在通常被称为"职业"的工作中一直是个异类。与法律或医学不同，它没有教育或资格认证的要求，不接受多数类型的监管，专业领域定义不清晰，仿佛人人都可以"做"；没有正式机制来吊销或废除无赖经营者的执照。但是记者们确实在做界定工作来维护他们的合法性和专业权威，主要方式包括定义他们认为在本领域中可以接受的规范、行为和道德（主要是准确性、公正性、独立性和责任感）以及其他不可接受的行为。[6]这就是拉尔夫·普利策和其他记者在 19 世纪末到 20 世纪初所做的事情，明确批判造假。他们与那些声名败坏的同行划清界线，尤其远离那些在黄色报刊（yellow press）工作、不讲实话的记者。

但对记者来说，几乎没有实际的把关人来看守职业边界，也没有足够的力量阻止不良分子无视、破坏职业边界，或者打击这些人钻空子的行为。新闻机构自称是对所呈现事件真实性有管辖权的社会机构，却几乎不去管辖自身做法。"虚假"新闻的坏名声也帮助塑造了"真实"新闻的概念，但是正如我将论证的，真实新闻规范和标准建立，却反常地促成了一些对政治机构和事实观点有害的东西，这些东西的危害性甚至比"虚假新闻"更大。我称之为"虚假新闻工作"：借用新闻报道的外在形式，公然给虚假的东西提供可信度。

虚假新闻是欺骗性信息，完全可以在传统新闻业之外的世界运作。相比之下，虚假新闻工作是一种欺骗性的行为，是骗局，它从某种真实的或看似真实的立场或平台发起，呈现虚假信息或有严重党派偏向的意见或宣传，呈现形式专门定制，看起来或听起来像基于公正调查和严谨核实的"真正"独立新闻〔我提到的当代"真正"或"主流"新闻机构，一般是指哥伦比亚广播公司（CBS）、美国全国广播公司（NBC）、美国广播公司（ABC）、美国有线电视新闻网（CNN）、《纽约时报》（*The New York Times*）、《华盛顿邮报》和《华尔街日报》等。《哥伦比亚新闻评论》（*Columbia Journalism Review*）曾在 2018 年 12 月发布了一项调查，询问人们认为哪些新闻机构是"主流的"，[7] 在竞争激烈的前 9 名中，上述新闻机构就占去 7 席。地方和区域性的新闻机构也通常有其特定受众群体〕。过去一个多世纪以来，随着大众媒体与政治制度的关联越来越紧密，虚假新闻机构，包括美国中央情报局（CIA）的傀儡组织、旨在抹黑政敌的虚假竞选小报、亿万富翁资助的热衷于挖掘污点的"调查小组"，都在明里暗里攻击和破坏专业或主流新闻机构，攻击他们没有坚持标准，而这些虚假新闻机构却在假装坚持这些标准。因此，新闻业内部冲突的故事，是新闻史的一个重要组成部分，即真正的新闻从业者试图捍卫职业，新闻造假者则试图利用这一职业。斗争的核心在于一个紧迫的问题：当假新闻越来越像真相，假真相越来越像新闻，民主政体会怎么样？

本书前三章介绍了美国早期的报纸。早期报纸就像大杂烩，上面有真实故事、小说、捏造的信息、党派意见和欺诈谎言，新闻和商业情报可以混杂着政治论辩、虚构故事、骗局、连载小说、社会笔记和诗歌。报纸很大程度上是一种消费品，专注于向公众提供其想要的东西。19世纪的报纸提议并与读者达成了一种契约：读者有责任监督和评估其所读一切事情的真实性，而作为回报，读者有权自己选择相信什么。直到19世纪末20世纪初，专业媒体的读者才开始期望他们所读的一切都应是真实的，但这种期望立即受到了虚假新闻的挑战，虚假新闻采用了表现真实性的外在形式，却不对真实性做出承诺。

第四章分析了公众对新闻媒体的态度是如何因新技术兴起而变得复杂的。摄影、电影、广播，这些技术似乎通常做着与新闻相同的工作，却不遵循任何新闻规则。第五章探讨了第一次世界大战期间，专业新闻与虚假新闻之间发生的第一次大冲突，政府、军队和企业的宣传人员为了向读者"宣传"敌人的"兽性"，将记者排挤到一边。第六章探讨了战后强烈的理想幻灭和不信任感，这种感觉随着新型报纸的盛行而逐渐消失，因为这些新型报纸公开承诺要为读者提供娱乐，而不再像旧模式一样呈现无聊的事实信息。

第七章讲述了第二次世界大战给记者带来新困境：一方面，是诚实报道的职业要求；另一方面，是希望确保"我方"获胜的人之常情（得到政府和军队监督的支持）。他们在二者之间备受煎熬。第八章描述了冷战的需求和妄想如何催生创造性的新形式虚假新闻，甚至还导致虚假新闻出于服务所谓"更大利益"的目的而背叛记者。第九章描述了公众对新闻机构和新闻惯例的日益不信任，特别是不信任客观性的传统价值，还有有线电视新闻和互联网等新形式给虚假新闻和真实新闻带来的干扰和机会。第十章带我们来到了21世纪，分析了直到奥巴马执政时期的事件，能发现新闻业的"真相"与政治党派的"真相"大相径庭，两者之间的关系日益紧张。

拉尔夫·普利策给这些本科生新面孔讲了有关水杨酸和道德暗杀的故事，并严肃警告，在这些听众感到不安后，拉尔夫·普利策转向更为乐观的语气。他问道，如何才能减少不准确信息并消除虚假信息呢？他指着排在面前的"先生们"（和少数几位女士）说："你们，是我知道的最好的补救措施之一。"普利策告诉他们，他们进入美国历史上第二所新闻学院，"学习的不仅是技术，还有一生工作的最优秀传统"，从而表明要他们"不把新闻工作当作一门生意，而当作一种庄严的信任"。他在讲话结束之际鼓舞学生们说："你们会意识到，讲真话是媒体存在的唯一理由。每当一份报刊出一次错，它在本质上就履行了一次不正常的职能。每当报刊蓄意刊登一个虚假消息，它就变成了一个堕落且变态的怪物。"[8]

一个世纪后，普利策那种对新闻业和报道真相可能性的信心，几乎在公共生活中消失了，变态的怪物却还存在并蓬勃发展，这并不是巧合。

第一章

"虚假报道，蓄意为之"

　　两百年来，美国报纸上的新闻通常都是不真实的，但不常是虚假的。报纸的专栏充斥着各种文章，意在挑逗、挑战或娱乐读者，为他们提供一种集体感或优越感，说服他们接受党派观点，调侃对手，并在新闻匮乏时填补上专栏内容。其中很多文章在事实层面并不准确，但由于多数时候，文章并不打算愚弄或欺骗任何人，所以也不算虚假。只有公众普遍期待全部新闻都应真实时，新闻才可能是虚假的。

　　可以肯定的是，向虚假宣战，并宣称肩负代表真理的特殊使命，一直是报纸的传统。最早在英属北美殖民地创办报纸的两个人表示，他们创办出版物的灵感来自确立真相的公共愿望——希望以此纠正在公共场所流传的谣言、流言、宣传和"虚假报道"。然而，这两个人都刊登了明显不准确的报道。一个公开挑战了当权者，另一个骄傲地宣称他们有出版许可；一个蓄意传播虚假新闻，另一个被以假乱真的骗子愚弄。他们截然不同的反应、目标和结果显然代表了美国新闻业发展初期的两极化意见，争论报纸应该是什么、负责任的报纸编辑应该做什么。

　　美国已知的首份真正的报纸——第一份包含时事信息并计划定期出版的刊物，于 1690 年 9 月 25 日在波士顿发行。《国内外公共事件》

（*Publick Occurrences Both Forreign and Domestick*）并不是殖民地第一份及时报道近期事件的新闻产品；马萨诸塞州的印刷商习惯于偶尔制作大字报、小册子，用于特殊场合的布道或一次性"公共简报"来回应政治进展或重要事件。但是这家新出的报纸却标榜自己打算效仿欧洲日益常见的做法，定期发行。它被乐观地称为"第 1 号"（Numb. 1），并承诺每月出版一次，甚至在"事件多发"的情况下增加出版频率。

这家报纸的创始人本杰明·哈里斯既是一名印刷商也是一名书籍销售商，在英国复辟时期的政治和宗教漩涡中开始了他的报业生涯。此时的英国正在开启新篇章，关于真理、谬误和权力之间复杂交织的争斗无休无止。早在 1275 年，也就是印刷机出现之前的近两个世纪，英国法律就认识到不实之词会危及权力：因为传播"虚假消息或故事"会导致"国王与其人民，或国家重要人物之间不和"，无论谁这么做都会遭到起诉。然而，1606 年，在詹姆斯一世统治时期，英国法律认定，真相也会危及权力。在一项新的法规中，基本上任何贬低国王或政府的言论都会被定罪，甚至将准确性欠缺的批评定义为煽动性诽谤。[1]"虚假"新闻是指威胁到权力机构的任何事。

法律规定印刷商在排版任何东西时都要得到官方许可，到 17 世纪 70 年代，哈里斯开始在伦敦印刷报纸时，这一规定经历了失效、恢复，之后又进一步加强的过程。像前任国王和议会一样，国王查理二世和他的首席审查员罗杰·埃斯特朗奇爵士认为新闻工作很简单：印刷真相，这意味着印刷所有经皇家批准和官方许可的东西，禁止印刷任何"谎言或毫无价值的报告，[因其]只会扰乱或娱乐（国王的）国民的思想"，这几乎禁止了其他所有东西。国王认为，"政府的伟大事业"是"争取服从并防止不服从"，如果普通民众可以将想法随意散播出去，那就不可能实现这一点。就像之前的反叛者和持异议者一样，复辟时期的反天主教、反皇室的人和其他激进分子都保有自己的表达权，在公开场合表达他们内心认为正确的事情。正如约翰·弥尔顿 1644 年提出的基本理论：如果在公开场合公平讨论各种观点，真实的观点将不可避免地战胜那些不真实的观点。根据这一看法，虚假新闻是不可能存在的：它将不可避免地走向失败。[2] 但理论是一回事，现实人们的争论又是另一回事，尤其在一个宗教和党派严重分化的时代。甚至连弥尔顿自己也不相信罗马天主教徒有新闻自由。他确信，罗马天主教徒将不可避免地用论战、挑衅和宣传代替理性，来破坏任何公平公开的争论。在哈里斯的伦敦纸媒战争中，"虚假报道"成为有力武器，每一方都指责对手以恶意、无知或贪婪的方式传播虚假报道，并且每一方都声称自己的目标是纠正他人的虚假报道——这暗示着"真相"如果想要最终取胜，需要强有力的支持，事实上，有时这种暗示是完全明确的。例如，1682 年 1 月的《月报》（Monthly Recorder）强烈抱怨：那些急于"兜售新闻"的报纸未经核实就发出报道，而其他很多报纸"用虚假的新闻相互谩骂，目的是互相伤害，引诱对方发表虚假的东西"。[3] 毕竟，虚假报道注定不会消亡，也不会是最后一次出现，指责别人为了利益或恶作剧而兜售假新闻，在"公开"交锋中可以成为极为有效的武器。

哈里斯是一个狂热的再洗礼派 ① 教徒。他积极出版的报纸和小册子因为反天主教和反斯图亚特王朝，很快就积累了大量的法律麻烦，因此

---

① 宗教改革时期出现的一个激进教派，否认天主教传统的婴儿洗礼，主张成人洗礼。——译者注

他觉得逃离英国是明智的，于是他在 1685 年前往荷兰，第二年又去了波士顿。在波士顿，他面临新一轮政治混乱，这一次是清教徒领导的叛乱，最后英国圣公会的皇家总督被关进监狱。纳税人在反抗，与美国印第安人和法国人的敌对行动达到高潮，殖民地的临时武装在罢工，不同政治派系在争执如何组建新政府。[4]

哈里斯在介绍新报纸项目时，提出了一份内容翔实的宣传书，明确告诉波士顿人他可以带来些什么：记录"神赐的难忘事件"；提供信息帮助"各地人民"了解公共事务，推动生意兴隆；讲真话，只发表"我们有理由相信是真实的东西，为我们的信息修缮最好的地基"；如果他犯了任何形式的"重大错误"，他将在下一期予以纠正；揭发假新闻。他借鉴了家乡伦敦常用的纸上战争语言，一开始就宣称"有许多恶意伪造的虚假报道在我们中间传播"。但随后他更进一步：鼓励读者们告发任何传播虚假报道的人，并承诺任何被揭露为"恶意制造虚假报告的人"，其名字都会在他的报纸上公布。这位美国新闻业第一位从业者，正以听起来非常现代的方式寻求赢得信誉：他将只使用可靠的信息来源来纠正自己的错误，将找出并惩罚任何说假话的人。他选择先发制人，给自己的错误贴上无心失误的标签，却谴责他人是在居心不良、别有用心地欺骗，这肯定不是什么偶然。[5]

一个新来的、背景如此受争议的人，把自己设定为某种公共的真相警察部门，无论情况如何，都是很大胆的举措。但考虑到当时混乱和愤怒的氛围，还有各党派火热竞争、努力影响政治辩论的情况，哈里斯宣称的目标既高尚，也极为大胆。就像在英国一样，在英国殖民地也要有印刷许可或正式执照，但哈里斯未经许可就印刷自己想印的东西，如此看来，他似乎是在自找麻烦。

他也确实遇到了麻烦。这份报纸有三页文字，第四页是空白的，报纸的大小勉强可以包住一条小鲭鱼，主要刊登当地的日常生活信息，这些信息有亲自收集的，也有二手的（或许是三手或四手）。充满好奇的波士顿人可以在报纸上读到发热和天花暴发、毁灭性的火灾、两个孩子被印第安人抓走、抑郁的鳏夫自杀、对加拿大殖民地的军事远征进展等。还有少量海外新闻，包括关于威廉国王军事远征爱尔兰的报道，这些报道是通过英国殖民地巴巴多斯的船只送来的。

管理委员会几乎立即取缔了该报纸，并疯狂销毁该期报纸，那期报纸最终只保存下了一份。正如委员会所说，"哈里斯的工作未经允许、毫无权威"，这已经够糟糕的了。但这份报纸还引起了委员会成员的"强烈不满"，因为它包含了他们所谓的"非常偏激的描述"和"各种可疑和不确定的报道"。[6]据委员会成员塞缪尔·休厄尔称，报纸中的两点内容让委员会尤为恼火。[7]哈里斯的报道描述加拿大军事远征时，尖锐批评了殖民当局与莫霍克战士的结盟，这些战士虐待法国战俘的方式"太野蛮了，任何一个英国人都无法接受"。再者，哈里斯在一篇评论随笔中指出，法国王储正在召集一支由胡格诺派教徒和心怀不满的教皇党人组成的军队，以废黜其父亲路易十四，因为这位太阳王习惯"与儿媳躺在一起"。

哈里斯并非没有显要的朋友，他的报纸得到了著名清教徒牧师科顿·马瑟和马瑟派系成员的支持。众所周知，哈里斯也是一位抗议者，他对法律的藐视让 17 世纪新英格兰的等级社会难堪。一场激烈的政治辩论不可避免地会掺杂谣言和假话，而哈里斯这样一个小人物，却声称自己有权决定波士顿人应该和不应该知道什么，有权决定什么是真的、什么是假的。即便他专业细致的免责声明缓和了针对莫霍克人虐待行为的报告——他在声明中承认，他可能无法做到完全准确，"但是在诸多关于此事的报道之中，这个报道已经近乎准确"——不过，这个声明只是提醒读者：这个信息不是由官方人员提供的，是由一个叫哈里斯的人提供的，而这个哈里斯声称能够辨别谎言和事实（到 1692 年，哈里斯和地方当局纯粹是出于实际需求而和解：哈里斯需要挣钱，官员们则别无选择，因为火灾和人员死亡，原本规模很小的波士顿印刷厂进一步受损。官员们只能雇用哈里斯，让这个麻烦的异见者作为政府的印刷商，因为他是镇上唯一拥有印刷机的人）。[8]

具有浪漫主义思想的老派新闻史学家倾向于把哈里斯看作一位英雄。哈里斯仅仅因为试图为良知和自由发声，他的呼声就被残酷压制了。例如，乔治·亨利·佩恩在 1920 年出版的历史书中称哈里斯是"在英国和美国为争取新闻自由而斗争的一个特殊人物""优秀的辉格党人""站在人道和进步的一边，引发当局强烈不满"（佩恩没有提到那不太人道的乱伦故事）。[9] 但即便是更具分析观点的历史学家似乎也忽视了整个事件中的反常。本杰明·哈里斯，这位向"虚假报告"宣战并威胁要揭发肇事者的最初专业人员，自己也在兜售机会主义的假话。有关路易十四的报道就是一个精心策划的假新闻，报道称，路易十四与他的儿媳之间有不检点行为，他戴绿帽的儿子谋划了复仇计划。

我们怎么知道的？首先，路易十四当时并没有儿媳：他独子的妻子在当年 4 月去世了，也就是该报出版五个月前（《公共事件》准确涵盖近三个月内的欧洲信息，所以王妃的死讯肯定会在 9 月下旬到达信息网络完善的波士顿印刷厂）。更重要的是，国王和他儿媳之间似乎不太可能发生风流韵事。人们所知的王妃虔诚、顾家、懂得多门语言且多病，她在 29 岁时去世，并且去世前已卧床多年，而路易十四本人的第二任妻子曼特农夫人强势而虔诚。在她的影响下，路易早就放弃了他臭名昭著的放荡行为。也没有任何历史证据证实王储有叛国阴谋，这位王储不关心世事、和蔼可亲，他的一生正如两位历史学家评论的："按照法国和其他地方的王位继承人标准，相对来说没有给国王造成什么麻烦。"[10]

最重要的是，不管哈里斯是否知道他的报道不真实，他一定意识到了这是一种煽动。然而，这位曾承诺始终寻找"信息的最佳来源"并向"蓄意伪造的虚假报告"宣战的人，还是有意识地选择了这个特别有料的故事，而他本可从其他众多报道中选择，包括信件、外国报纸和旅行者故事。他把这则报道随意放在一系列当地有关流行病和火灾的信息中，这些可核实准确性的信息可能会让他的读者相信，即使那些没有亲眼看到或证实的故事也是真实的。而且，哈里斯不可能不知道，这谣传听起来足够真实可信，尤其是对那些本就不喜欢天主教、国王或两者都不喜欢的人来说。毕竟，路易十四在年轻时曾有过许多情妇，而乱伦和儿子的弑父阴谋恰好增加了骇人的恐惧，这也正是人们对一位独裁君主同时也是一位天主教徒的期待。

此外，哈里斯在虚假新闻的艺术创作方面本就很有经验；在伦敦时，他曾参与过所谓"教皇阴谋"的极恶劣事件，即所谓的"耶稣会会士密谋暗杀查理二世并在伦敦发动恐怖统治的行动"。整个事件都是捏造的，捏造者是游手好闲的宗教变色龙提图斯·奥茨。奥茨的指控使伦敦陷入恐慌，并引发了一场调查和处决的狂欢。哈里斯的印刷厂忙碌运作，在散布所谓的阴谋方面发挥了关键作用。1680 年，哈里斯因煽动罪遭受审判，首席法官宣判他为"假新闻"写手。[11]哈里斯戴上枷具，受到监禁和罚款。不过，当哈里斯最终在波士顿现身时，他似乎准备继续像以往一样。他的新报纸宣称"防止假新闻"，这一宗旨听起来很高尚，与他在伦敦"制造麻烦"的报纸一样。

关于国王的丑闻报道，《公共事件》对哈里斯的信息来源含糊其词；它可能来自刚刚经转巴巴多斯抵达的信件，但无论如何，哈里斯没有提供任何关于写信人的细节。这个消息很可能是来自哈里斯的反天主教活动者关系网，这群想法相似的人是哈里斯在伦敦和荷兰认识的。1685年，路易十四废除了保护新教徒免受迫害的百年诏书，法国胡格诺派教徒开始涌入荷兰，这些人在粗俗的皇室谣言方面尤其具有想象力和传播力。[12]尽管哈里斯大胆宣称自己在真相上的权威，并向虚假宣战，但他却利用自己真相讲述者的身份，传播自己的虚假报道，为他热衷的事业服务。换言之，他是在制造一种人们熟悉的假新闻：利用众所周知的软肋设计出意在摧毁对手的虚假信息。但是哈里斯竭力传播关于国王的虚假新闻，甚至是一位敌国国王，一位天主教的敌国国王，这引发了同样熟悉的反应：哈里斯被那些更有权力的人压制。他意图为自己谋得宣告真相与非真相的权力，最终受到了制裁而非称赞，这个叫哈里斯的人不应对此感到惊讶。

权威

《公共事件》被禁后的 14 年，可以肯定地说，是美国没有一家报纸发表假新闻的最后一段时期，因为美国在这 14 年间没有出版过一份报纸，到 1704 年才又有刊物出版。这是一份两页的周刊，由苏格兰移民约翰·坎贝尔出版，他在不久前接受任命，接替他父亲担任波士顿邮政局长。[13]

从一开始就可以明显看出，《公共事件》是故意挑衅的风格，而《波士顿新闻信札》(The Boston News-Letter) 在风格和语言上与《公共事件》截然不同。坎贝尔的创刊号可追溯到 1704 年 4 月 17 日至 24 日，其中没有任何承诺，没有代表真相的宣言，没有关于方法的讨论，没有对于意图的解释，唯一的欢迎词是邀请读者以"合理"的价格刊登广告，关于房屋销售或寻找逃跑佣人的广告（该报纸持续出版了一年，这让坎贝尔变得更加絮叨；在他近一周年时的纪念版中，即 1705 年 4 月 2 日至 9 日版，坎贝尔称他的报纸是"公共产品"，旨在"防止大量虚假报道"）。就在标题下面，用大字写着"由权威机构出版"，这是一个强烈信号，表明坎贝尔与哈里斯不同，不会压踩官方。这种说法似乎更像是一种创业精神而不是顺从精神，不过也许是为了争取官方业务或立法机构的补贴；殖民地官员从未将坎贝尔的报纸视为与《伦敦公报》(London Gazette，皇家赞助的官方出版物) 类似的出版物。无论如何，报纸在殖民地的许可权已经在逐渐消失。[14]

坎贝尔与哈里斯的另一个不同之处在于，坎贝尔关注的是安全的国际事务，而不是本土事务；他感兴趣的是实际事务和商业事务，而不是有争议的事务。坎贝尔像父亲一样，在担任邮政局长期间曾有一段时间利用职位之便收集国际事务信息，当时他在英属美洲殖民地最重要海港的通信中心任职。他将这些发现汇编成手写的简报，然后发送给一个小名单上的人，包括殖民地官员、商人和其他需要获取当地政治和金融信息的人。手写简报转化成印刷的《波士顿新闻信札》，是以同样的商品换取更大的潜在利润规模，并开始将新闻视为一种具有商业价值的商品。

《波士顿新闻信札》在内容、外观和风格上效仿英格兰官方许可的《伦敦公报》，大部分内容来自船长、邮递员、旅行者的信件或伦敦报纸的二手信息，通常涉及读者感兴趣的遥远事件，包括战争、王室成员的婚姻和死亡、国际政治、航运新闻、外国商业等。对坎贝尔的报纸感兴趣的主要读者包括：波士顿商人、政治家和其他重要公民。坎贝尔为给读者们提供信息付出了艰辛努力，前提是他们足够通达世故，能够理解简短而随意的只言片语，而这些只言片语是他从很少提及的信息源中逐字逐句摘出来的。比如，1705 年 10 月 29 日至 11 月 5 日这期的新闻提到，"昨天（细心的读者会推断为 4 月 29 日）尤金亲王（身份未另行说明）抵达加瓦尔多（地理位置未另行说明）的帝国营地，并与莱宁根伯爵（未另行说明）共进晚餐"。不过那些能看懂的波士顿人可以感受到自己与欧洲世界重大事务的关联，因而感到自豪。报纸上比较少见公开的政治评论和各类有明显党派性质的文章，即便有也相对温和。地方法律和公告占据了一定篇幅，偶尔发生的地方惨剧也占据了一定篇幅。例如，1705 年 11 月 5 日至 12 日的这期报纸报道，一名五岁男孩在苹果酒厂被压死了，该酒厂位于波士顿郊外的浑河附近。这条新闻仅用了 38 个单词。

1705 年 10 月 29 日至 11 月 5 日这一期刊登了另一则新闻。这则新闻在所有传统的《波士顿新闻信札》中格外突出，就像雪中的红衣主教。这则故事涉及一位名叫亨利·伯奇的年轻贵格会教徒，他有着悲惨的经历，不久前从纽约来到波士顿。青少年时期的伯奇给一个邪恶的叔叔当过学徒，这个叔叔试图谋杀他。后来，伯奇在一次海盗袭击中受了重伤，被卖给弗吉尼亚州的一个种植园主当仆人，在一次海难中差点淹死，并被骗走了身上所有的钱财。《波士顿新闻信札》为报道这个故事用去了将近四分之一的每周新闻版块，并且自豪地表示："这个故事来自亨利·伯奇先生的口述。"坎贝尔显然相信这个故事是真的。[15]

但事实并非如此，在这篇报道出现后的几天，伯奇之前的主家揭露，这个年轻人是个骗子、冒牌货、小偷，他脸上的伤疤显然不是海盗的匕首造成，而是某个愤怒的地方法官下令留给他的烙印。坎贝尔感到很羞愧，他努力淡化这个错误，在下周的报纸上假装一直都知道这个年轻人的欺骗行为。他解释说，在上一期报纸中没有空间来叙述整个事件，所以他"出于礼节……让伯奇先讲述他的故事"。但坎贝尔也悬赏捉拿逃跑的伯奇，并建议惩罚那个"令人厌烦的无赖"，因为这个故事浪费了那么多关注。

现在，我希望这个故事能发挥一定用处，希望我的订阅者们不会抱怨我们之前报纸中关于故事的介绍，也不会抱怨现在《波士顿新闻信札》对故事的处理。我也希望《波士顿新闻信札》能够充分维护声誉，如果有任何一段话没将事情的真实情况讲清楚，我们将在一周内补全所有缺陷，也许读者寥寥无几，但有时读者们自己讲的故事需要进一步澄清。

虽然坎贝尔在这里公然承认他的报纸做错了，误将伯奇的故事当作真实的来接受，并承诺会纠正今后的任何错误，但他也尖锐地指出，任何人，甚至是他自己的读者，都有可能犯同样的错误。他坚持认为，真正的问题是"引人注目"的现象,即"一个浮荡少年如此渴望得到关于自己的正式报道,但在不到两天的时间,他就被发现是一个可怕的骗子"。错在伯奇撒谎,而不是坎贝尔的相信。

坎贝尔被伯奇的故事吸引并不奇怪,这是一个在时效性、戏剧性和叙事性上都很令人满意的故事,并且直接来自对主人公的采访。坎贝尔很关注这个年轻人的故事和令其痛苦的后果,尽管这隐约地展现出一种现在所谓的"记者对新闻的嗅觉",但坎贝尔并不像哈里斯,既没有编辑发现错误的眼睛,也没有激进人士对争议的渴望。"报纸出版方有一切特定义务确认其内容或揭露造假者",坎贝尔在抵制这种观点的同时,也否定了哈里斯为自己声称的特殊地位。《波士顿新闻信札》的这位编辑表示,谁也不该指望他会对自己刊登的东西有所了解或发表看法;没有人应该指望靠他确定或证实。权威?他不是,他只是一个叫坎贝尔的人。

变革

早期国家新闻工作变革的故事主要是报纸发行人从"印刷者"演变得更像"记者"。但是他们以这种新身份在唱响自由和公共利益的同时,也传递着大量宣传、鼓动和虚假信息。

到 1765 年,美国殖民地出版的报纸大约有 20 多家,每周平均发行量从 600 份到多达 1500 份不等。[16] 其中有几家报纸沉溺于哈里斯式的挑衅,至少在一段时间内是这样。詹姆斯·富兰克林于 1721 年创办了《新英格兰报》(*New England Courant*),他的弟弟本杰明·富兰克林是他的学徒,不时提供一些鲁莽的帮助。《新英格兰报》鼓吹十字军东征,挑起争斗，喜欢唱反调和讽刺，取笑当地大人物，同时也遭受官方制裁，但在不到六年时间里，报纸终于因疲惫不堪而渐渐平静了。1735年，纽约印刷商约翰·彼得·曾格因为煽动性诽谤而遭受审判，理由是他在一场涉及地方长官的报纸论战中，为错误一方操纵媒体，他的律师以"报纸对权力说真话是合法的"为由替他辩护，成功让陪审团叹服，使他得以被释放。但在此之后，或是因为受到打压或是心力交瘁，曾格报纸的锐气收敛了很多。

在早期的这几十年里，大多数报纸都像坎贝尔的报纸一样尽职尽责地记录事件，而不是像哈里斯的报纸那样制造麻烦。一般来说，报纸在政治上不偏不倚，尊重公民权利，并且相比于本地事务，更加关注国际新闻。报纸本质上是商业工具，为多数精英读者提供可用来在商业活动中获利的信息。报纸也是印刷商的工具，多数印刷所维持生计的工作涵盖传单、空白表格、教科书、宗教书、年鉴印刷，幸运的话，还有利润丰厚的政府文件。报纸差不多是后来才想到的，是为印刷所里其他商品做广告的一种方式，印刷商没什么动机去参与报道当地的纷乱或政治辩论，从而冒险得罪本就有限的客户群。

本杰明·富兰克林的社论文章《印刷商辩白书》常常被引用，引用的人认为这篇文章最直接地表达了殖民地印刷商对"自由和开放媒体"的典型解释，为印刷厂的营利需求和哲学动机建立了清晰的联系。1731年，富兰克林因为印刷了一个似乎是在诋毁牧师的传单广告而受到批评。作为创办《宾夕法尼亚公报》（*Pennsylvania Gazette*）的新老板，而不再是他哥哥的顽皮学徒，富兰克林需要保护报纸的利益。他表示，印刷商认同其所印刷的一切，这种假设是错误的。他继续说道，事实上，对于所印刷东西的准确性，他们自然而然地"极不关心"，并且仅仅视其为日常工作的产品，是一种商业产品，与一只壁炉火钳或一双鞋没有区别。富兰克林引用弥尔顿的观点说："印刷商受到的是信任教育，当人们有不同意见时，双方都应该拥有被公众听到的平等权利；当真理和错误公平竞争时，前者总是比后者更胜一筹。因此，他们乐于服务所有愿意发表言论并支付报酬的作者，无论这些作者在争议问题上站哪一方。"[17] 富兰克林扩展了詹姆斯·坎贝尔的论点，认为报纸出版商对真相没有特别的权威；事实上，他称赞对真相无特别权威是印刷商职业身份的一个关键原则。

然而，随着英国政治危机升级，包括印刷商在内的公民都在深思叛乱可能造成的激进和危险前景，印刷厂一贯的公正美德开始看起来不那么有信服力了。在危机的氛围中，报纸对于任何想了解最新政治和军事新闻的人来说当然是必不可少的，但报纸也扮演了新的角色，成为公共生活的参与者，而不是漠不关心的观察者。报纸凝聚人心、鼓舞士气、激励斗志，尤其给读者创造了一种集体感和共同目标，让有相关需要的读者能够共同讨论当天的事件或者思考政治新格局。衡量报纸影响力的一个指标就是其出现的数量：1763 年至 1775 年间，殖民地的报纸数量几乎翻了一番，发行量也猛增。另一个指标就是报纸的取向：支持爱国者一方的报纸数量是支持托利党人的两倍以上，许多托利党人的印刷商面临着抵制、群众暴力和业务崩溃。[18] 以前担心观点性太强会失去客户的印刷商，现在则完全有理由担心，没有充足且正确的观点会遭遇同样结果。

一些印刷商出于自卫而转向爱国，另一些则出于信念而拥护革命事业，但大多数开始对自身有了不同看法。在 1731 年的《印刷商辩白书》

中,富兰克林解释说(尽管很可能带有富兰克林式的机智),那张违规的传单到底是什么意思,他甚至没有足够的"好奇心"去问,他所做的只是把它印出来。随着革命的到来,即使是开玩笑,也很少有印刷商会流露出这种漠不关心的态度。他们中的许多人更认为自己是思想家和活动家,而不是生产大量花哨报纸的工匠。他们的任务是鼓励真相在公开的公共辩论中自行显现,这种传统观点日益带有反叛意味:通过确保"正确"真相的出现来支持他们正义的事业。[19]

有时,就像托马斯·潘恩或约翰·迪金森所写的一样,报纸文章可能有鼓舞人心的言辞和勇敢的理想主义,但也可能是歪曲、鼓吹和各种形式的虚假报道,其中一些确实很有创意。例如发行于1765年的《宪法报》(Constitutional Courant)就明显是一份假报纸,只有一个编号,印刷商的名字是"安德鲁·马维尔",这个笔名和英国诗人兼反君主主义讽刺作家的名字只差一个字母,这位作家是弥尔顿的密友,他的营业地点是"北美宪法山上拒绝贿赂的标志"。这份假报纸包含两篇反对《印花税法》的长文,言辞激烈,没有一家印刷所敢于公开印刷,这份假报纸的目的仅仅是在不让陈词慷慨的信使入罪的前提下传播信息。[20]

相比之下,本杰明·富兰克林为《波士顿独立纪事报》[Independent Chronicle (Boston)] 出版的假"增刊",显然是为了欺骗敌方读者,让他们相信这是真的东西。1782年,当英国政府即将与美国叛军展开和平谈判时,富兰克林在法国帕西的出版社印发了这份增刊。增刊看起来很真实,上面有排列合理的序列号和几个看起来很真实的马萨诸塞州土地广告。增刊的主要内容是两封信,其中一封据称是由美国海军指挥官约翰·保罗·琼斯写的,他经常被谴责为海盗,并且坚称发动"掠夺战争"

的不是他而是英国人。另一封信是写给加拿大总督的，据称是由一名美国民兵军官截获的，信中用令人发指的篇幅描述了英国红衫军的塞内加族盟友收集了数百块美国成年人、儿童和婴儿的头皮，并将其打包作为礼物寄给乔治三世。所有的头皮上都有"印第安人凯旋标志"，标明这头皮不幸的主人是如何被杀害的："夜袭""活烧""击倒致死""从母腹挖出"等。富兰克林在给约翰·亚当斯的信中写道，他希望要是能在伦敦重印这份增刊，就能提醒英国人及其盟友莫忘在战争时期他们对美国公民犯下的暴行。他继续说，这种记忆可能会使英国人在开始和平谈话时"有些自惭形秽"。但是富兰克林纯粹耸人听闻的创作明显引起了读者怀疑，比如辉格党政治家霍勒斯·沃波尔就猜到了文章真正的作者。太过离奇的假新闻是没法愚弄到人们的。[21]

在整个战争期间，真正的报纸也会专门写一些煽动和激励的报道，而且读者也乐于接受。1768 年，英国派军队驻扎在波士顿这个喧闹的城市，抵抗运动领导人开始汇编一种流水账式的地下出版物，叙述英国红衫军占领下的暴行。各期《事件日志》定期寄给当地媒体，然后在其他殖民地的报纸上广泛复制流传。第一篇最初刊登于 1768 年 10 月 13 日《纽约新闻报》(*New York Journal*)，定下了这个基调，最后引用了匿名作者给印刷厂的指示："为了让大家满意，希望能出版这篇记事，因为内容完全是事实。"

关于驻扎士兵和没收财产的控诉似乎是可信的，而且一般是事实。相比之下，比较难评估的是关于已婚妇女独自行走时遭遇"严重猥亵"，醉酒的卫兵用火枪殴打无辜绅士，或者感染天花的爱尔兰移民被人从船上放出来，在街道上传播天花，以及诸如此类的报道。所有这些报道都来自 11 月 24 日的《事件日志》，都可能完全准确地描述了有关叛乱时期的生活。但是，就像哈里斯选择重印关于太阳王乱伦的谣言报道一样，敌人虐待可敬的女士、醉酒后攻击无辜旁观者，还有在公共场所释放细菌武器，这些戏剧性的指控也是典型的宣传武器，因为可以有效唤醒底层民众和其他所有人，相比而言，其准确性远没那么重要。

1770 年在波士顿发生的斗殴事件中，也有类似的控告，当时一群粗暴的爱国者向英国军事占领者投掷石块和挥舞棍棒。五名美国人在混战中被枪杀，在当时那种情况下，伤亡本可能会更严重。但是，3 月 12 日《波士顿公报》(Boston Gazette) 新闻中所称的"可怕的屠杀"消息却在整个殖民地回荡，保罗·里维尔的"血腥屠杀"手绘画在读者的记忆中留下可怕和完全虚假的印象，英国红衫军在长官的指挥下，按照严格的军事命令站成排，无情地砍杀手无寸铁的受害者。

报纸对公众强烈关注的问题进行情感化、参与性的报道，这种转向标志着美国报纸发生了根本性变化。战争的压力和紧迫性经常产生扭曲的或耸人听闻的报道，这一点并不稀奇；在美国或者其他地方发生的战争也将会或者已经造成了同样的结果。更重要的转变是，报纸愈发成为民主进程积极、重要和有主见的参与者。如果政府权力是基于被治理者的同意，那么被治理者就必须了解他们同意和不同意的是什么，而报纸编辑得到特别授权为美国同胞提供做决定所需的信息。

国会制定了一项法律

然而，在被治理者知情同意的基础上建立一个政府，终归需要经历巨大的实践和道德挑战，在新建立的国家发行报纸就深受此影响。如果公民通过报纸了解的情况与他们希望政府做的事情不一致，会发生什么？如果不同的报纸向读者提供不同版本的"真相"，会发生什么？如果读者一开始就不相信报纸告诉他们的内容，会怎么样？美国人不惜一切代价要建立代议制民主，面对这个实际任务时，很多美国人惊讶地发现，这个国家在深层意识形态上存在分歧，这种分歧体现在从政府权力到法国大革命等的一切事务上。

从这些分歧中产生了两个政党，它们的追随者认为对方的哲学和政治态度是错误的、冒险的甚至是叛国的，并且认为对方政党人物是危险的，缺乏民主制度所必需的公民美德。为了在公共场合为自己辩护，联邦党人和共和党人都创办或资助了好胜的、有观点立场的报纸，并为这些报纸配备了忠诚的政治活动家，致力于激烈地政治论证和攻击，有时还使用天花乱坠的污言秽语。本杰明·富兰克林·巴奇（共和党）的《费城曙光报》（*Philadelphia Aurora*）咆哮着说，联邦党人乔治·华盛顿让美国变得"堕落"。威廉·科贝特（联邦党）的《箭猪公报》（*Porcupine's Gazette*）吼叫道，巴奇本人是一个"卑鄙小人""面目可憎的魔鬼"，整个人犹如被吊在绞刑架上好几天了一样。波士顿的《独立纪事报》（*Independent Chronicle*）（共和党）惊呼，联邦党人亚历山大·汉密尔顿"被妓女纠缠"，是"屈服于淫欲的奴隶"。[22]

这些新闻语言大多是故意夸张和讽刺的，读者也是这样理解的；即使是最仇恨巴奇的敌人也不会相信他真的像脖子被拉长、已经死亡一周的尸体一样。但在同一篇文章中，科贝特用同样夸张的语言嘲笑巴奇对法国大革命的支持和对"巴黎杀人者"的屈从，从而将个人谩骂与政治论证联系起来，并默示读者用同样的标准来判断两者的可信度。这可能引导读者进行复杂的思考，思索哪些新闻是虚假的，哪些不是，还有他们选择接受哪些新闻作为真相。

联邦党人汉密尔顿是新国家最具争议的经济政策的主要设计者，长期以来一直是共和党人发泄怒火的对象，包括持续（和未经证实地）指控其个人财务中的不当行为。记者和时评作者詹姆斯·T.卡伦德在1797年爆料，大约六年前，时任财政部长汉密尔顿与玛丽亚·雷诺兹有过婚外情，并向她黑心的丈夫支付了一千多美元。自此以后卡伦德就被描述为粗制滥造的职业写手、肮脏和丑闻的制造者。虽然关于这段婚外情的报道不是假新闻，鉴于詹姆斯·雷诺兹显然是他妻子的皮条客，"被妓女纠缠"对汉密尔顿来说也不完全是一个不准确的描述，但是关于这位前部长被牵扯进反政府计划的说法是不真实的，而在一些人看来是非常可信的，比如那些已经怀疑他在财务上渎职的人。在这种情况下，汉密尔顿最终选择承认通奸，以证明他给雷诺兹付款是受到敲诈，不能作为他牟取暴利的证据，而这只给他的敌人提供了新的攻击理由，也没有提升公众辩论的格调。[23]

政治和新闻氛围如此恶毒，在1798年，国会制定了一部限制新闻自由的法律，而就在不到十年前，宪法还规定国会不得制定法律限制新闻自由。这部限制新闻自由的法律叫《反煽动法》，该法律和其他规定，会对任何有以下行为的人做出惩罚："撰写、印刷、口述或出版……任何虚假、造谣和恶意的文章，这些文章诽谤美国政府、美国国会两院或美国总统……或者令他们遭受蔑视或诋毁。"联邦党人主导的国会否认该法案对新闻界有任何限制，为法案辩护称，出于保护政府权威和防范雅各宾主义的考虑，该法案的出台应得到允许甚至是必要的，雅各宾主义在法国的影响力令约翰·亚当斯总统的政党感到恐惧。然而，反对者指责该法案是又一次强硬的尝试，将异议定义为叛乱来压制。依据该法案提起的诉讼已经开始或完成，这些诉讼针对 19 名编辑、3 名政治家和 100 多名普通人，他们以某种方式批评政府或对政府提出抗议（还有几起诉讼是根据普通法提出的）。在所有被告人中，除了两个人，其他都是共和党人。[24]

该法案并没有持续很久；在共和党人托马斯·杰斐逊 1800 年当选总统后，法案就失效了，他胜利的部分原因是民众不满于联邦党人的过分行动。然而，新闻界的尖刻抨击仍在继续。卡伦德成功揭露了前财政部长的丑闻，作为汉密尔顿的死对头，杰斐逊私下用钱贿赂这位记者，此时卡伦德正在攻击另外一位杰斐逊的政敌约翰·亚当斯，揭露他"令人惊奇的堕落""超乎寻常的卑鄙"以及其他恶行。[25]

然而，在杰斐逊成为总统后，由于未能给卡伦德他想要的职位，这位记者开始转而反对他的前主顾，发表了那个时代最臭名昭著且持续时间最久的指控：杰斐逊让家中的女奴萨利·海明斯做"妾"，并且跟她生了孩子。[26]历史学家和总统的合法后裔愤怒地否认了近两个世纪，直到对海明斯和杰斐逊家族成员进行 DNA 检测才最终迫使人们达成共识，即该指控不是假新闻。此案是一个典型例子，说明真正相信的人可以有多坚信他们喜欢的"新闻"，但更加证明了大肆的党派攻击性新闻这种普遍存在的氛围，多么容易为真正的信徒提供借口，让他们将任何不喜欢的事实都视为虚假。

报纸转向商业化

在美国建国后的前半个世纪，报纸的主要内容仍然是评论、争论和谩骂，但在 19 世纪 30 年代，报刊开始了革命性转变，从传播意见到传播信息。然而，这并不总是意味着传播真相。

这种转变始于东部大城市，那里富有创业精神的印刷商更感兴趣的是利润而不是政治，他们想象出一种新形式的报纸，可以吸引大量普通读者，相比于政治，这些读者对自己的日常生活更感兴趣。这种新形式的报纸宣称独立于政党联盟，这一立场使报纸编辑摆脱了党派束缚，但也切断了从政党获取资金和后勤支持的可能。编辑在日益增长的城市居民人口中广泛寻找读者，很多都是工人阶级移民，或者从美国小城镇、落后边远地区来的流浪者，他们着迷于新居住地的熙攘混沌、紧张刺激。报纸经营者利用蒸汽机等新技术优势，发明新的营销策略，如雇用男童在街上逐份售卖报纸。随着识字率的提高，大多数纽约人都能享受到阅读一份人文报纸的乐趣，而且售价仅为一便士，大多数人也能买得起。[27]

大众报刊市场突然竞争激烈，给编辑们带来巨大压力，他们需要用合适的内容填充专栏以吸引更多读者和广告商。事实证明，成功的途径在于以生动、诙谐或轰动的方式及时报道当天事件，无论是可怕的谋杀案，还是 P. T. 巴纳姆马戏团新进的长颈鹿，或者是一个爱尔兰人喝多后的滑稽举止。报纸独立于政治并不意味着对政治漠不关心；尽管便士报的编辑们经常在报道当天重大事件上表现出明显的倾向性，但他们这么做是主动选择（或出于对读者信念的细致理解），并且自豪地认为他们依赖于市场而不是政治利益为报纸提供支持，这让他们在本质上更值得信赖。这意味着便士报提供的不是观点而是新闻，这也是人们所需要的。很快，这些廉价报纸的发行量就达到了纽约市传统政治和商业报纸的五到十倍。传统报纸强烈抱怨新对手的策略。这些便士报中比较成功的报纸增发了周刊，发行范围不限于城市内，新闻工作者们独特的编辑之声让他们成了家喻户晓的人，比如《纽约先驱报》（*New York Herald*）尖刻、精明的詹姆士·戈登·贝内特和《纽约论坛报》（*New York Tribune*）中正直、友好、古怪的霍勒斯·格里利。当然，一些家庭谴责他们，另一些家庭喜欢他们。

便士报进行了一系列正确的创新，是第一批有以下行为的美国新闻机构：将新闻理解成可以生产、自有、包装和营销的商业产品；需要（甚至设想）所谓的观察者／调查者即"记者"来收集所有及时的新闻；在工人和中产阶级公民中积极寻找读者而不是在政治和商界精英中寻找；认识到人文关怀和地方新闻故事的巨大吸引力；将报纸阅读设想为互动娱乐，允许广大读者将自己视为与报纸平等打交道的伙伴；使用民主和平等主义的语言来论证，不仅仅是有权势的人，全体公民都有权利和能力关注新闻并形成自己的观点。

便士报的编辑们开展了激进的探索：强调事实和信息而不是政治观点和论证，并不一定意味着只坚持真实。事实上，不真实的新闻可能给编辑带来商业上的成功，为公众带来娱乐。无论真实与否，新闻只要对竞争对手的报道提出挑战就可以激发读者兴趣，获得巨额销售量。在最初几年，纽约便士报的编辑们树立了便士报作为新闻机构的声誉，并且巧妙地使用"虚构"诱使读者养成新闻阅读的习惯，这种"骗局"是杰克逊时代特有的捏造新闻的化身。报纸上有源自治安法庭、剧院或市政

图 1.1 一位报童正在叫卖便士报，看上去很邋遢

来源：版画，萨诺尼 & 梅耶 . 纽约，1847，美国国会图书馆印刷与摄影部。

厅的事实报告，任意混杂着一些严肃正经的故事，这些故事包括用巨大的望远镜瞥见月球上的奇怪生物，旅行者乘热气球漂洋过海，P. T. 巴纳姆饰演乔治·华盛顿的护士——一位 161 岁的枯槁老妪，或者最近发现了芒戈·帕克的日记，揭露了这位失踪的非洲探险家的命运，人们最后一次看见他是在 30 多年前，当时他正绕过廷巴克图的尼日尔河大拐角处。

《太阳报》（*The Sun*）《先驱报》（*The Herald*）《抄本》（*The Transcript*）和《新纪元》（*The New Era*）这些纽约报纸的编辑并没有告诉读者如何看待这些奇怪的报道。这些编辑询问他们，热情邀请他们参加一场激烈的公开辩论，讨论这些故事的真假，并向读者保证，他们同有钱有势的人一样，都有足够的权利决定自己的想法。这场辩论最吸引人的地方在于辩论本身，而不是最终结果。

巴纳姆将这种洞见转变成名声和财富，1843 年他在纽约建立了美国博物馆，并在博物馆里展示各种奇异的事物和"怪胎"：胖男孩、斐济美人鱼、会下棋的机器。他坚持认为，骗局与谎言不一样。在他看来，骗局是出于挑战、启迪和娱乐的目的，在于引发一般性的对话，欢迎任何付了入场费的游客参与，他们可以权衡证据，不依靠任何人自己得出结论。在经典的哈贝马斯式理想公共领域下，媒体的运作方式是：为公开、理性批判的辩论提供素材，在这种辩论中，最终取胜的是最好的想法，而不是最强大的参与者，这种辩论将公民凝聚成公众（尽管这位德国哲学家并不关注也不感兴趣美人鱼是否存在）。相比之下，谎言的目的只是为了欺骗。谎言使公民变成傻瓜。事实上，巴纳姆式骗局的运作方式明显相似于上述方式，至少在巴纳姆的宣传中是这样的。

被骗是最大的恐惧，这一点千真万确。新社会充满奋斗气息、都市氛围浓厚、个人积极进取，很多美国人经常遇到以前称为"陌生人"的传奇人物，而且制约商业和个人关系的旧社会习俗正在消失。如何识别真实性和保护自己免受不真实的影响，这些问题日益凸显。报纸邀请纽约人对娱乐性的骗局做出自己的判断，无论是亲自观看巴纳姆扮演的老妪，或是阅读奇妙的气球航行，都让焦虑的纽约人对自己的辨别能力充满信心，并且在认证艺术方面进行了愉快且低风险的尝试。正如另一位指挥后来向其追随者保证的那样："我们报道，你们决定。"[28]

但是，便士报中经验平等主义带有的放任自由语气并不限于关于气球和望远镜报道中不着边际的虚构，它也深入到真正的新闻故事中。1836 年，纽约便士报最早出现了有巨大争议的故事，青少年店员理查德·罗宾逊因为用斧头谋杀艾伦·朱伊特而受审，地点是在一家高级妓院。关于他罪行的意见很大程度上存在阶级分歧。中产阶级读者坚持认为，罗宾逊是一个来自良好家庭的英俊青年，朱伊特的夫人与腐败的警察官员勾结陷害了他。相比之下，工人阶级读者则确信罗宾逊富裕且有影响力的朋友是在为他这个杀人犯买脱罪证明，许多精英人士试图（或假装）整个忽略这个可怕事件。便士报的编辑们也出现了分歧，大声批评对方腐败或不诚实，甚至每个人都在印刷假信件、假采访和假独家新闻，以支持自己偏向的案件版本。[29]

这听起来很像另外一个骗局，因为编辑们鼓励读者自己做决定，判断这名店员的罪行，就像他们自由而自信地判断望远镜的观测距离一样。例如，《太阳报》根植于基本已经停止的工人运动，并且明显同情工人阶级读者，在 1836 年 6 月 9 日宣称："有关他是有罪还是无辜，公众现在有合适的机会来形成正确的观点，就像审判他的陪审团一样……而且公众有权表达任何观点，这是不可否认的。"

《纽约先驱报》的首选嫌疑人是那位夫人。《太阳报》为了质疑其竞争对手（《纽约先驱报》）曾有持续两个月的狂热运动，尽管称赞思维独立听起来很熟悉，然而，任何关注过《太阳报》运动的人和谴责该店员有罪的人都不会怀疑《太阳报》认为"正确"的那种观点（《太阳报》是对的：罗宾逊是有罪的。就在这个年轻人的保护者不再贿赂《纽约先驱报》的编辑之后，甚至《纽约先驱报》最终也承认了这一点）。[30] 许多读者选择购买反对罗宾逊的《太阳报》而不是支持罗宾逊的《纽约先驱报》，这样做是为了验证他们自己的观点，而不是形成观点；他们本就是公众，正在寻求观点的发声。这种骗局和望远镜骗局之间的区别很简单却很真实：当读者在可能的真相中做出选择时，他们也在表达自己对正义、公平、生命和死亡的看法。

那年早些时候，一位自称"玛丽亚·蒙克"的年轻修女引发了另外一场关于真假的冲突。《玛丽亚·蒙克对蒙特利尔迪厄修女医院的可怕披露》（*Awful Disclosures, by Maria Monk, of the Hotel Dieu Nunnery of Montreal*）最初是以书的形式出版，大受欢迎，在最初的 25 年里前所未有地卖出了 30 万册，这本书的摘录迅速出现在几家报纸上，而且关于其真实性的争论也出现在报纸上。[31] 这本书据说是由年轻的修女口述给一位同情她的新教牧师，她描述了进入修道院后看到的骇人放荡行为，好色的牧师和堕落的修女们时有发生通奸、强暴、折磨、谋杀和弑婴等行为。故事写道，当玛丽亚自己怀孕时，为了拯救自己的孩子，她最终选择逃走。

在当时强烈的本土主义躁动氛围中，许多美国人担心耶稣会会士正密谋破坏他们的机构并在美国设立教皇，这些指责都具有煽动性。但是，即便愤怒的美国天主教徒试图驳斥这些可怕的披露，强大的新教神职人员也欢迎这位"逃跑"的修女来纽约，为她书中的故事进行激烈辩护，并乐于获取该书的大部分利润。1836 年 1 月 18 日《太阳报》发表该书长篇选段，并直接从便士报的脚本中摘出一个免责声明作为辩护：

> 作为公共报刊的引导者，本报出于必要的公共职责为该故事提供空间，发现公众憎恶的犯罪行为并将其揭露，在我们同期专栏中的任何内容，如果读者感兴趣，我们都可以满足他们的正当要求（原文如此）……（但是）我们不会，事实上也不能保证这部杰出作品披露的骇人事件是真实的。它们可能是真实的，也可能是虚假的，可能部分真实，或部分虚假，每个读者都有自己的方式来判断新闻的真假，他们的方式并不比我们的差。

与此形成鲜明对比的是纽约大人物威廉·L. 斯通上校的反应。他是一位公理会牧师的儿子，也是布朗大学校长的妹夫，还是一位历史学家和小说家，在文学领域能与库珀、布莱恩特和坡一争高下。他还参与了一系列出色的公民和慈善事业，从废奴主义到伊利运河建设。《商业广告报》（*Commercial Advertiser*）是一家声誉良好的商业报纸，在担任这家报纸的编辑时，斯通访问了蒙特利尔修道院，听起来很像是一场调查报告之旅。他决心去验证玛丽亚·蒙克的说法，在修道院搜寻秘密通道和地下室的埋葬坑，嗅遍了药剂师的瓶瓶罐罐，寻找据说是用来毁尸灭迹的石碳酸，并且采访了牧师、修女，院外的神学院学生、玛丽亚的朋友甚至当地主教。

在 1836 年 10 月 8 日的《商业广告报》中，他的分析密集占据了报纸一页的七栏，而且毫不含糊地表示："玛丽亚·蒙克是一个令人讨厌的骗子，她的书本质上就是一纸谎言。"当然，他是对的，这个故事是假的。它诞生于两方的偶然勾结，一方是有着轰动故事和性格色彩的人物，另一方是不愿深入调查、渴望从这个故事中获得经济和政治利益的强大团体。玛丽亚是否相信她自己的说法，更难判断。她的母亲在一份书面陈述中说，女儿七岁的时候，"一支石笔在她脑袋里折断"，自那之后就"经常精神错乱"。[32]

就像对罗宾逊谋杀案审判的处理一样，《太阳报》对玛丽亚·蒙克故事的报道代表了骗局可以走多远。没有谁的意见可以比其他人的意见更重要，即便是报纸编辑的意见；本杰明·戴只是在履行职责，将故事交给公众舆论，尽管是带着极大热情。这种做法的好处是，就那些对遵从传统结构不耐烦的读者来说，这种做法听起来开放且民主，同时也允许他们沉浸在奇异的故事中，激发了他们已有的恐惧。它还让戴免于承担任何传播新闻的责任，即便他的许多读者都清楚认识到这些是虚假新闻。但是就像几个月后发生的朱伊特的故事一样，它的作用甚至更大。大众媒体已将新闻视为可以买卖、占有和竞争的东西，但这种骗局式的报道将这种商业性质的类比推向更远：新闻也是可以根据用户喜好进行定制的东西，只有被消费者选择时才有价值。炖牛肉还是羊肉？红丝带还是黄丝带？是被虐待的修女还是骗子？付出你的一便士，你自己选择。

斯通走了不一样的路。他的报纸专门服务于严肃人士，作为这家严肃报纸的编辑，斯通和许多纽约精英一样，憎恨便士报的耸人听闻和粗制滥造。在罗宾逊案审判期间，他的《商业广告报》经常批判廉价报纸，例如1836年4月28日，他指出尽管廉价报纸"能够对人们的思想和道德产生有益影响"，但它们只关心发行量的增加，因此"通过迎合人们对恐怖和刺激的病态胃口，腐蚀和误导读者"。斯通不是一个认可知识平等主义的人。他是一个老派编辑，回忆起党派性更强的时代，当时编辑的工作就是告诉读者他们应该想什么。斯通的所有公共角色包括文学斗士、公民领袖以及编辑，都表现出认为自己确实"拥有比每个读者都更好的方式"来为一系列事务正确发声，包括文学、道德、金融、政治和公共事务。

在斯通看来，玛丽亚·蒙克事件只是又一个插曲，需要权威的声音出现来为那些不太了解情况的读者澄清事实。他经过详尽调查得出的无条件结论达到了一些目的：揭露了修女的假故事；委婉地指责了那些拒绝做同样调查的便士报；作为有知识和权利澄清事实的权威，提出了自己的主张。当然，斯通的努力是不容分说的，依赖于一些社会所遵循的观点，尽管这些观点越来越不合时宜。但它是有公德心地在攻击虚假信息，而且也是开创性的例子，表明新闻界愿意建立并保护好自身边界，宣布自身标准。

这一努力注定要失败，斯通的报道遭到了玛丽亚·蒙克最热心支持者的一系列恶毒回应，但玛丽亚·蒙克的光彩很快因为一些事件的影响而黯淡，包括关于该书利润的肮脏诉讼以及她的二次怀孕，这次怀孕不可能归咎于好色的牧师。像月球骗局这样夸张而明显的谎言也基本上淡出了便士报，由于读者的口味发生了变化，记者们变得更善于收集真实新闻，而那些在第一轮竞争中幸存下来的编辑也看到了将自身展现得更严肃、更可信、更成熟所带来的优势。[33] 然而，"新闻作为一种商品，可以并且应该根据购买者的喜好来塑造"，这种诞生于骗局时代的观点并没有消退，而是被不断扩大的市场文化打磨得更加清晰。

第二章

"如果是真的就很重要"

很难理智地谈论"19 世纪的报纸"。在 19 世纪 30 年代,"19 世纪的报纸"开始转向独立的商业报刊,无论在个体层面还是集体层面,都可以用"大杂烩"这一亮眼的词来概括。读者和记者都承认并重视启蒙运动的理想,即品行良好的报刊对于民主进程至关重要。他们为美国独特的新闻自由传统而感到自豪,并赞扬报纸为读者提供实用知识改善生活的作用。[1] 但是报纸也发挥一些其他作用,其中只有一部分与民主、自我完善甚至是现实有关。在 19 世纪的大部分时间里,美国报纸的读者经常有意识地、愉快地消费骗局、恶作剧、谎言、欺诈、笑话、嘲弄、虚假以及关于当前事件及时且真实的信息,并自己决定所看到的究竟是什么。

报纸是一种有商业价值、对消费者友好的产品,随着这种概念逐渐超越便士报的定义,并且传播范围不局限于东部最大的城市群,既想赚钱又想获得影响力的编辑越来越多,他们在厘清读者、广告商和新闻主题之间应有的关系。一些报纸继续专注于为精英读者服务,牺牲广泛影响力来获取知名度。一些报纸的所有者变得富有、知名且有权势;一些报纸则将磨损的铅字小心使用到几乎难以辨认的程度,用订阅量换取柴火、土豆或鸡蛋。有些编辑则利用一切可能的技术，尽可能扩大发行量和影响；有些编辑知道每一位订阅者的名字，也知道他们的阅读品味。有些则保持他们早期的传统，与政党在资金和意识形态上维持紧密关系；有些报纸的存在只为推进一项事业，从禁酒、废奴运动到自由恋爱，或只把目光投向特定读者：非裔美国人、德国人、妇女、切罗基人或卫理公会教徒。一些有良知的编辑对新闻收集组织进行广泛监督，另一些则倚在他们简陋小公室的椅子上，大批抄袭其他碰巧看来的报纸材料。很多读者定期一天或一周看两份、四份甚至更多报纸，但其他读者则坚持或只忠于一份报纸。

在这片新闻报纸丛生之地，新闻标准看起来并不特别标准。新闻批评确实很盛行，特别是敌对报纸在专栏中相互攻讦。如果说有什么事情能让记者保持正直或严谨，那就是担心他们的错误或小聪明会在竞争对手的专栏中遭到嘲笑。报纸上被称为"新闻"的东西应该与现实有明显关系，编辑应该不受错误的影响（不管那些影响是什么），记者应该普遍具有进取心，但除了这些想法之外，在 19 世纪末之前，并没有什么广泛接受的"新闻规范"明确规定如何做新闻。记者没有受到任何强烈或有凝聚力的专业意识驱使，或受到任何我们现在所熟悉的约束，要求他们进行客观或公正报道。[2]事实上，对于报纸上那些非"新闻"的东西，还有那些占据地方报纸、社区报纸和宣传报纸专栏大量空间的东西，规范似乎并没有什么特别的意义。

更为严肃的报纸，不断发展的便士杂志以及不断增加预算和人员的大城市报纸，在制定标准上的努力确实取得了一定成绩。美国内战是新闻业的分水岭，也是政治的分水岭，因为记者竞相为读者提供及时而准确的生死新闻，这也是读者渴望知道的。战争结束时，少数来自重要报纸的记者发表了回忆录，试图塑造他们的公众形象，并解释他们工作的重要性和独特之处。[3]

为胸怀抱负的新闻工作者所编写的长篇手册，最早汇编于 1889 年。根据行业新杂志《记者》(*Journalist*) 上的专栏编撰，手册提议对规则和协议应有共同理解，认为这将对行业有益。然而，T. 坎贝尔·科普兰的《新闻工作的阶梯》(*Ladders of Journalism*) 用更多篇幅讨论实际问题，而不是道德或哲学方面的问题。坎贝尔·科普兰详细描述了新闻编辑室典型职位的工作：如何管理编辑、电报编辑、戏剧评论家、校对员。他写了一章关于"技术术语"的内容，还有一章关于正确标点符号的内容；他告诫记者不要过度饮酒，不要接受礼物，也不要自负；他建议小镇报纸的编辑去教堂，"在世俗和精神方面对其都有好处"。在这本 115 页的手册中，"准确"和"准确性"这两个词出现了六次，与"整洁"和"整洁性"出现的次数完全一样。[4]

但是，即便是在 19 世纪，一些记者、他们的读者和他们所写的人物都在努力树立管理信任的条款，包括信任的获取、给予、保留和丧失，对于许多报纸读者来说，可信性是一个次要问题。尤其是四页的"乡村周报"，是较小或较偏远城镇的标配，那里很难每周都有足够新鲜原创的新闻填补专栏内容，读者习惯于在专栏中寻找智慧的碎片。这些专栏满是布道、诗歌、地方方言撰写的幽默小品、荒诞故事、连载小说、旅行者的信、笑话、高谈阔论以及大量广告，从快速致富计划到神奇的万能补药，再到无处不在的巴彻勒染发剂，保证染出来的颜色"不会滑稽可笑"，这些广告听起来就像荒诞不经的故事一样神奇。[5]

读者完全明白，一些以真相形式呈现的内容可能是为了戏谑而不是提供信息，其他内容则根本不是为了看起来真实；读者完全习惯于在一个版面上看到一系列严肃、幽默、重要和具有挑衅性、冒犯性、优越性和商业性的项目，并对相信哪些内容做出最佳判断。人们理解、接受并乐于知道，报纸所提供的内容远比新闻多，有时远比真相少。他们明白，阅读任何一份报纸都要持续管控好自己的期望，并调整对所读内容真实性的推测。相信与否是他们自己的选择。

即使是新闻正式呈现的内容，也常常会标记上星号。乡村报纸的编辑完全没有隐瞒他们收集新闻片段、选入专栏新闻的方式：窃取新闻。或者说他们把新闻汇总起来，遵循广泛且完全可接受的传统，正如那句老掉牙的笑话，"剪子的归剪子"①。[6] 他们会争购任何能找到的外地报纸，无论是通过与其他编辑正式交换，还是通过旅行者和邻居的非正式捐赠，并将任何他们认为重要、有趣、滑稽或奇特的东西复制到自己的专栏中。这条新闻是否准确，则不一定在考虑范围内。

一些编辑否认以任何方式承担责任，明确甩开权威的责任，把证明的责任交给读者。"把关"的任务被定义为"有特殊责任和能力决定什么是新闻"，这种把关现在看来对于"有关新闻机构在公共领域独特地位的主张很重要"[7]（我们决定；你们阅读）。什么是新闻？尽管 19 世纪的

---

① 此处原文为Rendering unto Scissors the things that are scissors，戏仿了圣经新约中的一句话 "Render unto Caesar what is Caesar's and unto God what is God's"（恺撒的归恺撒，上帝的归上帝），因为英文scissor（剪子）与Caesar（恺撒）的发音类似。圣经中这句话的背景是：有人问耶稣，犹太人是否应向恺撒交税，耶稣回答"上帝的归上帝，恺撒的归恺撒"，就是既要遵循世俗的规则传统，也要遵守宗教的戒律。此处或可引申为，挪用新闻素材已成了一项"传统"。——译者注

编辑也接受了做出该决定的任务，但是对他们来说，这项工作不一定包括决定什么是真实的。纽约州北部的一位编辑，因为"心怀恶意"的船长在"咖啡馆的闲人"中传播假新闻而深受困扰。这位编辑在 1809 年提醒他的读者："我们总是以其原本的样子呈现外国报道，我们不对其正确性负责。"[8] 这样的免责声明与 19 世纪 30 年代便士报上轻描淡写的开场白不同。便士报上的免责声明标志着骗局式的商业雄心；而 1809 年的声明则代表编辑坦率承认，自己并不比读者知道得更多。

还有一些报纸使用了老套标题"如果是真的就很重要"，在一定程度上微妙地表达了"我们并不确定"的含义。即便是严肃的报纸，也可能用这个标题把一条新闻标为占位符号，将其归为独家新闻，但如果后来证明新闻内容是错的，则先发制人地甩掉所有责任。1863 年 12 月 22 日，《纽约先驱报》头版刊登的文章就是如此，这篇报道是关于三艘联邦装甲舰被遗弃在查尔斯顿港。像所有报道内战的都市日报一样，《纽约先驱报》面临非常激烈的竞争，在率先发布新闻的光荣和被误解的尴尬之间不断徘徊，尤其是关于可能来自远方甚至来自敌后的情报。在这种情况下，报纸采取了回避的态度，提醒读者来自里士满报纸的报道可能不是真的，应该在一定程度上允许这种情况发生（两天后，该报愤愤不平地将其以前的爆料称为"完全的谎报"）。但是，当宾夕法尼亚州的一位编辑报道，弗吉尼亚州的一家报纸引用了伊利诺伊州一位男子的来信，该男子声称从一位军事信使那里听说，盖恩斯将军的部队在洛克河上惨败给美国印第安人，这位编辑的标题"如果是真的就很重要"表明，他并不打算赌上自己的农场来证明他了解的事情就是真相。[9]

读者很难评估远方新闻和二手新闻的准确性。本地新闻对他们来说很容易判断。一对学者研读了数千封信件和日记，探索在美国内战前，新英格兰人在日常生活中如何使用印刷文字，在此过程中，他们发现了很多关于当地报纸报道出错的投诉。但这些事情通常是投诉人所熟悉的事情，比如一位年轻女子因为她的舞会礼服描述错误而恼火，一位父亲非常清楚自己的儿子没有死于霍乱。[10]当你目睹事实，就很容易评估其真实性。

然而，19世纪后半叶，地方报刊的一些常规特征使评估报纸真相的任务变得复杂。例如讲述突然死亡、棒打鸳鸯、认错爱人的情感故事——可以称为伤感故事、小报故事前身或者就是老掉牙的故事，经常连续数月在各家报纸之间复制。他们经常将事实附上，但却是以弱化事实的形式，用缩写的名字和地点。故事传播得离发生地越远就越难理解，或者不管事件过去多久，日期仍标注"上个月16号"。经典的例子就是肯塔基州艾伦县的寡妇的故事。故事说她姓布兰肯希普，但没有给出她的名。布兰肯希普夫人在1867年的某个秋日去洗衣服，几分钟内就失去了她的全部三个孩子，两个被蛇咬死，一个淹死。[11]尽管故事充满了大量对于孩子们最后时刻的详细描述，但这一场景根本不可能有人目睹。不过，这些虚构的修饰对那些愿意接受故事的读者来说可能并不重要，读者之所以接受，无非认为这是一位母亲痛苦情感的真实表达，或者是隐喻（或虚假）多于准确性的戏剧性故事。

对读者而言，每周信息简报可能带来另一个挑战，这些汇总信息在标题"杂闻"或"最新电报"之下。简报带来了世界各地的消息，这些消息通常没有来源，普通人往往不可能自己去核实，而且经常只是匆匆一瞥，而消息背后明显有更大的故事。例如，1868年3月21日《印第安纳州温森斯西部太阳报》［*Vincennes (IN) Western Sun*］的读者没有理由怀疑"维多利亚有 12 个孙子",如果他们定期读报纸,甚至可能知道这个维多利亚是英国女王。但报纸却没有给出任何理由来支持粗糙的报道,该报道的专栏标题是"据报道林肯夫人没疯"。而在同一专栏的下方,有这样一条信息:"老鼠不能生活在阿拉斯加,因为老鼠洞被冻住了,也不能生活在圣托马斯,因为洞被地震震坏了。"读者是否会因为这些信息都出现在报纸上,而认为这些内容同样合理呢?或者他们会在心里将有关老鼠和女王的信息分为可疑和真实两类吗?

对于一些区域性报纸来说,偏远地区的读者是假新闻——或者如其创作者所标榜的"荒诞故事"的愚弄对象。"荒诞故事"是美国特有的体裁,在美国口述文化中根深蒂固,与落后偏远地区和西部地区密切相关,在那些地区是一种象征(也是一种病症),象征着传说中的边疆桀骜精神,并强调其与枯燥且挑剔的东部地区的文化差异。荒诞故事的意图和期望是强调圈内人和圈外人之间的鸿沟,那些知道和不知道的人之间的鸿沟;他们诱使受害者陷入轻信的窘迫,同时奖励无知者以愉悦的优越感。[12]

马克·吐温就是典型的西部故事编造者,19 世纪 60 年代,他在青春岁月里,作为内华达州和加利福尼亚州的地方记者,创作了很多"奇谈"和恶作剧,包括"卡森附近的血腥屠杀""混血舞会"和"石化人"———一具被冻结的尸体,只有最谨慎的读者才会注意到尸体摆出了侮辱性姿势。[13]但是,吐温声称自己欺骗读者的言论被夸大,与此同时,他在俄亥俄州出生的同事威廉·莱特,又名丹·德·奎尔,却巧妙地在虚假和可信之间取得平衡,在从纽约到旧金山的几十家全国和地方报纸和杂志上，编造了惊人自然现象的虚假报道。在他现存的文件中，一些东部知名科学家的来信被精心保存下来，他们恳求一睹他笔下七英尺高的山地鳄鱼和无眼热水鱼的风采，每封信都有一段注释，可能是德·奎尔本人写的，对这位"被兜售报道"的"教授"感到好笑。[14] 在西部，无眼鱼的故事是一个荒诞故事，目的是逗乐而不是欺骗；只有在东部，它才是假新闻。

虽然骗局、玩笑和彻头彻尾的假新闻在乡村报刊各项专栏中最为常见，但即使在更严肃的大都市日报中，假新闻也会偶尔出现。然而，仔细一看就会发现其中一些是别有用心的，就像便士报时代最早期关于月球望远镜和气球航行的报道，这些报道实际上是一场游戏，用来挑战读者辨认笑话的能力。例如，詹姆士·戈登·小贝内特臭名昭著的"野生动物骗局"至今仍为人所知，但现在的读者往往无法领会这个故事的重点。

野生动物逃脱

1874年11月9日，小贝内特在《纽约先驱报》上用了整整一页篇幅，生动描述了一场"可怕的灾难"（正如副标题所写的那样）。"野生动物逃离中央公园。可怕的残杀场面。令人震惊的安息日死亡狂欢节。在逃的野蛮生物。"文章继续报道称，至少有49名纽约人被"野生食肉动物"杀死，因为巨大的犀牛皮特横冲直撞，破坏了笼子，这些动物从中央公园的动物园逃出来。这位记者当时正好在公园里，描述了动物们上街时发生的一幕幕血腥和混乱场面：一只黑豹"可怕地啃食"（原文如此）一

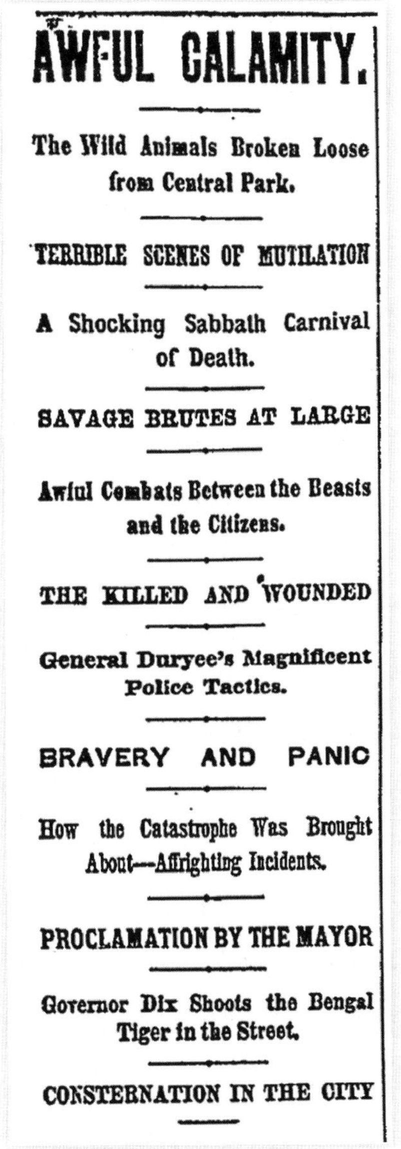

AWFUL CALAMITY.

The Wild Animals Broken Loose from Central Park.

TERRIBLE SCENES OF MUTILATION

A Shocking Sabbath Carnival of Death.

SAVAGE BRUTES AT LARGE

Awful Combats Between the Beasts and the Citizens.

THE KILLED AND WOUNDED

General Duryee's Magnificent Police Tactics.

BRAVERY AND PANIC

How the Catastrophe Was Brought About—Affrighting Incidents.

PROCLAMATION BY THE MAYOR

Governor Dix Shoots the Bengal Tiger in the Street.

CONSTERNATION IN THE CITY

图 2.1 并未发生的"死亡狂欢"

来源:《纽约先驱报》，1874 年 11 月 9 日。

个死去饲养员的头；另一名饲养员被犀牛踩踏并咬伤；教堂里，一只美洲狮把獠牙刺进了一位老太太的脖子里；一只老虎在渡轮离开码头时登了上去，并"撕裂"了被困的乘客。记者在报道中详细列举了还在逃的动物，并引用了市长的公告，命令除国民警卫队以外的所有人留在家中。

很多读者恐怕早在读完之前就扔下报纸赶去营救他们的亲人了，而直到这篇长文的最后一段，记者才打趣地承认，整个事件是"一个巨大的玩笑，一场疯狂的浪漫……仅仅是一番别致的描述"，是他在快要散架的动物笼子旁散步时想到的。"纽约准备如何应对这样一场灾难？"一个小疏忽，一点微不足道的轻率行为，都可能导致这一切发生。然而，很多纽约人相信了这个故事，并花了一些时间甚至几个小时来惊慌失措地寻找孩子和配偶，他们对这场"疯狂的浪漫"有着不同看法。第二天，《纽约时报》批评《纽约先驱报》的"愚蠢至极且无情的骗局"，刊登了七封愤怒的读者来信，谴责"可耻的暴行""谎言"和"最卑鄙的捏造"。一位读者说："如果这篇文章是为了搞笑，那我和其他几百个读者一样，不知道笑点在哪儿。"[15] 所有的人似乎都对这个玩笑的无情而不是故事的不真实感到不满，对报纸给他们带来的焦虑而不是报纸的谎言感到不安。

对于那些熟悉《纽约先驱报》机会主义、耸人听闻和粗鲁特点的人来说，无论报道是无情还是不真实，都不会感到惊讶。这家报纸喜欢炫耀自己的过分行为来博取关注，即便是负面关注，然而这一次，它却感到很羞愧，不知道该如何解释自己的行为。第二天，该报只在一个专栏中简短地提到了它的骗局，这个专栏长篇大论地回顾了其他地方发生的两起大象逃出笼子的事件，然后结尾写到希望它的"叙述"能提高中央公园的警惕性。

《纽约先驱报》似乎不好意思承认，它错误估计了人们对这个故事的反应，这个故事绝不仅仅是一个恶意的（或头脑简单的）玩笑，也不是一个让笼子修好的计谋。《纽约先驱报》这篇报道还有一个没有说出来的目的，就是为了回击批评者；就在几天前，《哈珀周刊》（*Harper's Weekly*）的先锋政治漫画家托马斯·纳斯特用一幅图片嘲笑《纽约先驱报》，这张图片基于伊索寓言，涉及一群混乱的野生动物。[16]但《纽约先驱报》的文章还有更多内容。像许多骗局一样，这篇文章是一个讽刺性的影射小说，其中包含了对纽约知名政治领袖和其他公众人物的一些狡猾挖苦，而且，像西部的荒诞故事一样，其目的是让读者群体享受到获得圈内笑话的乐趣。

这些挖苦针对两党，甚至多党；《纽约先驱报》总是将艺术性置于一致性之上。例如，《纽约先驱报》支持的当选州长塞缪尔·蒂尔登，包括他在内的当地政客和一群报纸编辑，据称因为"逃跑时有些紧张"，让一头老虎和一头狮子逃脱了。这篇报道出现在选举日的六天后，当时他们已经参加了竞选。落选的时任州长约翰·A.迪克斯，曾在各党派之间摇摆过几次，最后成为反坦慕尼 ① 的共和党人，他只用了一枪就击毙了孟加拉虎——众所周知的坦慕尼象征。[17]"吉尔莫将军"和本杰明·F.巴特勒将军正在谈话时，一只马来貘冲过第五大道酒店的门廊并咬了巴特勒的小腿。相比与巴特勒交谈，Q. A.吉尔莫将军倒是更有可能咬伤他，那是因为内战期间，巴特勒在百慕达韩垂 ② 战役中搞砸了一次行动，然

---

① 坦慕尼协会（Tammany Hall），也称哥伦比亚团（the Columbian Order），1789年5月12日建立，最初是美国全国性的爱国慈善团体，旨在维护民主机构，尤其反对联邦党的上流社会理论；后来则成为纽约一地的政治机构和民主党的政治机器。——译者注

② 百慕达韩垂（Bermuda Hundred），美国弗吉尼亚州的一个港口小镇。

后以此为借口解雇了吉尔莫。[18]

尊敬的理查德·谢尔为躲避一只熊而寻找庇护，据说他当时告诉记者："我躲进一间屋子，尽管我急迫央求能留下来，但几乎立即被赶了出来。"正如《纽约先驱报》10月16日的报道，谢尔刚刚被提名填补国会席位，这一席位因现任议员去世而空缺。这是一个短期空缺职位，他将前往华盛顿工作三个月，之后将被立即赶出众议院。[19]

19世纪新闻界的其他虚假报道是专门用来欺骗人的。在一个政治两极分化的时代，许多报纸保持着公开、热情以及与党派有资金联系的传统，记者经常涉足政治进程。历史上曾经出现过极其臭名昭著的行为，以至于其名字在一个半世纪后仍然存在。"中伤性谣言"①是"一种诽谤，一种无耻的谎言，意图在竞选活动最后阶段抹黑政治人物"。[20]词汇大师威廉·萨菲尔在他的《政治词典》中如是写道，该词典在1968年至2008年期间多次改版。

第一次中伤性谣言孵化于1844年选举期间，民主党人詹姆斯·K.波尔克和辉格党人亨利·克莱之间展开竞争，前者是最初的黑马候选人，后者是第三次竞选总统。当时，利用大众媒体服务于政治目的仍处在试验阶段，诸如纽约和奥尔巴尼《圆木屋》（Log Cabin）这样的大发行量竞选报纸，在1840年的选举中发挥了惊人的重要作用。他们在宣传威廉·亨利·哈里斯时，尽可能回避政策问题，将他描述为一个具有简单共和主义美德的人，安静地生活在自己的木屋里，喜欢喝平民苹果酒。而威廉·亨利·哈里斯是一个富有的贵族，出生在弗吉尼亚，接受过良

---

① 中伤性谣言的英文"roorback"是根据下文一本书的假想作者Roorback这个人名而来。——译者注

好教育，其父亲曾参与过签署《独立宣言》。

但是巨大的发行量也可能带来麻烦，因为更广泛而快速的发行网络有时会将新闻栏目推向更远的地方，超出创作者的所想所愿。1844年9月17日，华盛顿特区的《辉格标准报》(*Whig Standard*)欣然揭露了民主党重要竞选报纸《华盛顿美元环球报》(*Washington Dollar Globe*)"无以复加的两面性"和"可耻的、臭名昭著的欺诈"。前者引用了后者在去年5月发布的两份几乎相同的招股说明书，严厉谴责了其中准备在南方发行的一份，指出其关税"不诚实、有欺诈性并且过高"，认为它是"克莱先生的国会"为"过剩的资本家"谋利的伎俩。而为北方编写的招股说明书根本没有提到关税，因为北方有更多的资本主义，也对工业更友好。这当然不是政客第一次对不同选区的选民做出不同承诺，但大众媒体的影响力使他们的做法更易被发现。

现在，假新闻的传播范围也更广了。1844年8月，距离选举日不到三个月，纽约州北部的一家辉格党小报刊登了一本书的节选，据称节选出自书籍《罗尔贝克(Roorback)1836年西部和南部各州之旅》。在节选中，罗尔贝克在田纳西州旅行时看到了"令人恶心"的景象，一个由300名奴隶组成的营地。据他称，其中43人的肩膀上都被烙上了民主党候选人波尔克(Polk)名字的首字母。北方各州最有影响力的辉格党编辑之一瑟罗·韦德立即在他的报纸《奥尔巴尼晚报》(*Albany Evening Journal*)上转载了这个故事，这个故事迅速传遍其他辉格党报纸，所有这些报纸都表示了惊恐和沮丧之情。[21]

引起哗然的并不是奴隶的所有权；许多民主党人都支持或至少接受这一制度，而且不管怎样，辉格党候选人拥有的奴隶数量与民主党人波尔克差不多。让人不能接受的是烙印，即便在其他奴隶主看来这种做法也不可接受（在商业上也不可取，因为有烙印的奴隶更难卖）。其目的显然是要把波尔克描绘成一个道德品质低下且恶毒的人。

然而，没过几天，一份支持民主党的奥尔巴尼报纸就揭穿了《奥尔巴尼晚报》的报道。9月24日，《奥尔巴尼阿古斯报》（*Albany Argus*）报道说，罗尔贝克本人和他的旅行团都是"可耻的骗子"，作为证据，该报翻印了所谓罗尔贝克摘录，在其旁边还翻印了一段几乎相同的文字，这段文字出自一本近期非常著名的新书，乔治·W.费瑟斯顿豪的《穿越奴隶制国家之旅》（*Excursion Through the Slave States*）（1844年）。罗尔贝克摘录的创作者只是用波尔克这个名字和地区替换了《穿越奴隶制国家之旅》中的原文，并完全编造了遇到有烙印奴隶的经历。

再印和重视这场意外事件的报纸越多，事情就变得越复杂。面对费瑟斯顿豪书中毋庸置疑的证据，辉格党报纸很不情愿地承认这个内容是虚假的，但是这并不预示着他们投降了；大多数报纸继续坚持认为，这段摘录是由一个阴谋破坏该党和其候选人声誉的对手植入的。这场争吵几乎一直持续到选举日，民主党人提供了各种证据，以证明辉格党人知道摘录是假的，而辉格党人也同样激烈地反驳称，他们是被别有用心的民主党人诱骗了。旗舰报《奥尔巴尼日报》（*Albany Journal*）甚至威胁要以诽谤罪起诉其批评者。

伪造的摘录显然源于辉格党，但现在很难评估谁是第一个受骗者，谁知道"罗尔贝克"和他的书是伪造的。与波尔克关系密切的几位编辑有充分理由声称，一个既狡猾又无能的策略遭到曝光，严重损害了辉格党的事业，但不考虑其他人的因素，克莱已经犯下了太多的错误，这一次不太可能成为他失败的决定性因素。辉格党也不是唯一耍阴招的政党。在整个竞选过程中，民主党和自由党都向对手投掷了各种弹药，例如，佛蒙特州的一位议员巧妙地将克莱的一句修辞评论扭曲成他也支持奴役白人的暗示。[22]

但一些事情也在这场辩论中明晰。创造性地使用平行文本和决斗宣誓书让我们明白，对于期望报纸能支持他们一边的政党来说，即使是假新闻也要披着真相的外衣。某种看起来很现实的证据证明，真相需要向正确的方向推进；既不需要有对真理必然战胜谬误的老套依赖，也不需要秉持精英主义的信仰，即认为读者简单相信他们党派报纸上的话就够了。坚持是一种美德。因为双方都没有公开退让，所以双方都能宣称自己取得了胜利，而且都能让自己党派的人士保持信念不动摇。

罗尔贝克的骗局长期受到了关注。它赤裸裸，证实了许多波尔克选民对克莱的信任度很低，还有一个有趣的名字。骗局的揭露也是大众传媒时代对虚假政治新闻最早的曝光之一。尽管它的曝光并没有开创一种新竞选方式——1800 年的竞选早就证实了谩骂和夸张在总统竞选中是有效的，但它确实表明了大众媒体在政治运动中的力量。"中伤性谣言"（roorback）这个词立即成为一种用途广泛、包含多层意思的侮辱。"中伤性谣言"不仅是谎言，而且因为说谎者在政治和哲学上的破产，它是绝望、愚蠢和注定失败的谎言。将这个或那个骗局、丑闻或普通陈旧的失误吹嘘为"又一次中伤性谣言"，这种标题持续了几十年。如今政客们对假新闻进行全方位抨击，"中伤性谣言"正是这种抨击在 19 世纪的先驱。

学习报道战争

与政治报道一样，对内战的报道也充满了虚构、修饰、错误和伪造，而这往往会造成很大影响。一些挑战仅仅源自学习曲线。内战是美国独立商业媒体报道的第一次大规模冲突，因此记者几乎没有可供参考的规则或先例，也几乎没有可供利用的社会地位或资本。几乎没有专业规范来解决诸如采访、引用或构思故事等问题。观点性强的写作通常是以独特的个人形式发声，并且仍然是整个新闻专栏的惯例。对于记者资格认证没有统一的认识，记者进入战场没有准入标准，也没有正式协议规定记者是否应该穿制服、自备供应品或者被俘之后是否应被当作战俘对待。一些军官喜欢和记者喝酒聊天，而另一些军官则威胁要把他们当作间谍逮捕。审查制度不稳定也不专业。新闻往往需要从远离电报局或铁轨的战场上收集和发送。而且，记者们总是有几个目标：想取悦编辑和读者，想打败对手报纸的人，想迷惑敌人并打击其士气。

可以肯定的是，在一场残酷的全面战争中，记者们有时会伪造新闻，以掩盖他们的错误，掩盖他们一方的损失，或提高公众士气。1863年，《田纳西州诺克斯维尔纪事报》[*Knoxville (TN) Register*] 公然嘲弄其他南方报纸，因为它们频繁发表振奋人心的报道，关于胜利的刺刀直插敌人牙齿的消息，而事实上，没有人能够证明这样的事情发生过。将敌人妖魔化是另外一种经典策略。南方的日记作者玛丽·切斯纳特责备北方报纸的报道只是宣传，她在 1861 年 7 月写道："北方报纸说我们（南军）吊死了一个轻步兵，并把他分成四块，把囚犯绑在树上，用刺刀刺死。换句话说，我们是野蛮人。"但在日记中，她也表现出一种少有的非常开放的态度，即她自己的一方也可能难辞其咎。她继续说："这应该教会我们，也不要全相信我们报纸上对他们的报道，它对邪恶的想象是如此荒谬。"[23]

然而，那些在公共场合谈论另一方的人，往往没有那么宽容。例如，在萨姆特堡紧张对峙期间，南北双方竞相将另一方作为侵略者，几家有影响力的南方报纸全部或部分抄袭了《密苏里共和党日报》（*Daily Missouri Republican*）的评论，指责一家新闻采集机构的报道有失偏颇，而该机构过去以谨慎中立的报道而闻名，因为必须照顾到广泛而多样的订阅客户。

> 我们恭敬地对电讯提出建议［原文如此］，电讯是在自欺欺人。我们起初以为电讯只是疯了，但其实是愚蠢至极……我们付钱给所谓的"联合新闻社"这个神话般的公司，是为了获取新闻和事实。它没有提供事实，而是不断向我们提供一堆看似聪明的无意义猜测，而这些猜测是由纽约报纸低劣和恐慌的记者所提供。如果有丝毫可能证明这些猜测是真的……也许我们都会倾向于毫无怨言地接受。但事实并非如此。[24]

在战时，即使是小心翼翼的中立立场，也可能是虚假的。

当然，内战记者在努力以最积极的方式介绍自己一方时，也提供了很多帮助。每个像玛丽·切斯纳特一样的明眼人都知道，很多军事和政治领导人、士兵、官方审查员和普通公民联合起来，支持和提供一些故事来缓解恐惧、平息悲伤和激起愤怒。但是，战争也产生了一种支持真实性的反力。这是一个很重要的故事，对读者和记者来说具有空前的复杂性和紧迫性——故事的准确性是最重要的，记者们要把事实说清楚，因而感到巨大压力。记者不仅受到编辑和公众的密切关注，还受到竞争对手报纸记者的密切关注，他们急切地想抓住对方的错误。如果无法提供好的报道，笨拙地处理每个人都密切关注的新闻，那简直令人尴尬。

这一点早在第一次主要交战中就很明晰，即 1861 年 7 月 21 日在华盛顿郊外进行的第一次布尔溪战役。很多北方报纸的记者由于相信联邦军能够轻易打败叛军，又在分析战争混乱局面方面缺乏经验，都很快发出庆祝联邦军胜利的报道，以至于错过了战争后期的转折，这个转折让惊慌失措的联邦蓝衫军疯狂撤退。在溃败趋势变得清晰时，军事审查员已经控制了电报，阻止许多记者传递最新信息，这导致了一种景象：送报人在街上高呼北方联邦的"光荣胜利"，而被炮弹震慑和士气低落的蓝衫军幸存者正涌入国家的首都，讲述另一番故事。[25] 例如，《纽约时报》7 月 22 日发表题为"布尔溪的胜利——萨姆特的复仇"的文章，"这则来自战场的消息一定让每一个忠诚的美国人内心激动不已"。同一天，《纽约论坛报》用了一个副标题，宣布"一场伟大的战争……辉煌的联邦军胜利。叛军被击溃。可怕的杀戮……他们最后的希望消失了"。

关于这场溃败的怨言有很多，而《纽约时报》则把这一切归咎于政府的审查人员。《纽约时报》7 月 24 日发表的一份声明坚称："我们希望大家清楚地认识到，我们对此没有丝毫责任，如果是我们故意这样做，就会被打上肆意妄为、轻视公众感情的标签……禁止发表这场最重要事件事实的是政府代理人，而不是《纽约时报》。"[26]

但是，那些亲眼见证事实的读者，知道报纸对事件进行了歪曲，会倾向于指责报纸，而且他们这样做往往是正确的。在信件、日记和其他当时的文字材料中，蔑视新闻界的错误是常态。例如，纽约第79步兵团的一名中尉曾在布尔溪作战，他在给母亲的信中幸灾乐祸地纠正了《纽约论坛报》7月28日的一篇报道。该报道的标题是"敌人如何对待我们的伤员：刀刺、火烧"，激烈的标题下包含了这样的内容：来自第79步兵团的一名中尉愤怒地描述了敌人如何"极为精确地"连续用大炮向一群士兵开火，这些士兵试图将受重伤的上校抬出战场，最终敌人用一发炮弹杀死了五个人。

> 你说你在《论坛报》上读到关于我们上校的报道，这位好上校的尸体被抬走，这番陈述出自一位可靠的目击者，S. R. 艾略特中尉。是的，我亲爱的母亲，这段话中提到的那支小队伍，我就是其中一员，但至于那枚可怕的炸弹炸死我们五个人，我只能说我没有看到。这个故事来自 [原文如此] ——《论坛报》的记者。有一天晚上，他在酩酊大醉的情况下打电话给艾略特上校 [原文如此]，询问战斗的具体情况。我们都对第二天报纸上出现的描述感到有些惊讶……母亲，你看，这就是所谓的报道。[27]

也不仅是尖刻的低级军官对媒体进行了抨击。那年秋天，亨利·亚当斯在伦敦担任他父亲——美国驻英国大使的私人秘书，并定期为《纽约时报》匿名撰文，他写道："在这里，没什么比新闻界赤裸裸的夸大和歪曲带给我们的伤害更大。大家已经习惯于不相信美国报纸上所说的一切，对我们报纸的信心都被摧毁了。"[28]

面对公众持续不断的批评，一些记者开始试探性地努力修复自身形象，尽管结果和动机可能不尽相同。在最积极的改革者中，有一群内战记者，他们来自一些纽约的大报，喜欢称自己为"波希米亚人"，以致敬他们在工作中狂放和非传统的做法。在战争结束后的几个月内，他们中有三个人写了厚厚的回忆录，是关于他们在撰写冲突报道中的冒险经历；20多年后，又有一个人加入了他们，这个人叙述的每一点听起来都和他的同事们一样及时。[29]

所有人都很关注战地记者生活的戏剧性——千钧一发的逃亡，才华横溢的独家报道，对艰难恐惧的超常忍受，但所有人也都不遗余力地解释是什么让记者和他们的工作变得与众不同。例如，《纽约论坛报》的朱尼厄斯·布朗热情书写了工作所需的特殊才能。他说，记者的职责就是：

尽可能谨慎地说明情况；描述军队的动向、行动和组合。简而言之，就是为了大众利益生动描绘参战者的工作和生活，而这些民众是出于血缘和同情而与参战者在一起，他们与英勇的战士一起激动和痛苦，并为英勇的死者哀悼和致敬……

命运多舛的"波希米亚人"有一项最微妙、最困难的任务要完成。他必须履行自己的职责，但又不能得罪任何人。他必须赞美而不能指责。他必须编织玫瑰花冠却不能刺伤虚荣的额头，为谦虚的功绩喝彩而不伤害浮夸的自负。人们期望他能做所有事，包括不可能的事，期望他拥有比人类更多的美德。[30]

但记者们也指出了工作中特有的屈辱和变迁：他们既非平民也非士兵的特殊身份带来一些困难；他们的安全和供给依赖于他们本应报道的人，这造成了棘手的道德问题；受伤或死亡的士兵或其家属可以得到抚恤金，但面临同样危险的记者却什么也得不到，这造成了不公。他们开始提出一个新观点：记者应被视为具有特殊技能的专职工作者，而这些技能并不是每个人都具备的，记者们提供了基本的公共服务——换句话说，他们是值得认可和尊重的权威专业人士。[31]

他们也在考虑如何处理一个棘手的问题，这也是所有新兴职业都会遇到的问题：如何监督同事。这个问题的复杂性在两个"波希米亚人"决定公开批评朱尼厄斯·布朗这个骗子时有充分体现。布朗报道了发生在阿肯色州偏远山区角落里持续了三天的豌豆岭战役，该报道在1862年3月20日的《纽约论坛报》上占据了超过一整版。报道满是关于风景、当地人口和士兵行动的细节，还介绍了英勇和悲壮的逸事，列举了被俘人员和武器装备，并愤怒地描述了切诺基军队在阿尔伯特·派克上校指挥下做出的"令人震惊的野蛮行为"。

尽管这听起来很真实，但布朗的报告和《纽约世界报》的类似报告是"虚假的"，1862年4月17日版的《纽约先驱报》对此事大肆宣扬。这份报纸坚称，托马斯·诺克斯和《密苏里民主报》（*Missouri Democrat*）的法耶尔是豌豆岭战场仅有的记者。《纽约先驱报》唏嘘道，其他报纸上的报道都是编造的，"这些编造者安逸地坐在离战场100英里 ① 远的地方逍遥自在，只是假装看到并参与了一场战争，而他们对这

---

① 1英里约为1.6公里。——译者注

场战争一无所知，仿佛尚未出生的婴儿一样。"考虑到《纽约先驱报》长期以来虚假、挑衅和不择手段的竞争记录，如果读者继续对这一指控不予理会，或许还能得到原谅，但是《密苏里民主报》在专栏中代表自家记者提出了同样的观点。[32]

战争结束后，同样来自《纽约论坛报》的阿尔伯特·理查德森和《纽约时报》的弗朗克·威尔基，这两位布朗的同行也证实了布朗背信弃义的行为。然而，他们都没有在实际已经犯错的报纸上去证实，而且各自目标也不同。理查德森在回忆录里写的第一篇揭露是温和的。他提到了两篇假报告，但都没有指明造假者的名字，而是模糊地坚称，这些报告只是"波希米亚怪胎"，可能是"任何一个有声誉的记者在战争期间编造的"报道。[33]整个事件听起来像理查德森想解决《纽约先驱报》三年前提出的指控，而且他更感兴趣的是为其他同事辩护并让读者放心，而不是努力定义或维护新闻的价值。他所传达的信息似乎是"别担心，我们多数人说的都是实话"。

威尔基的回忆录直到1888年才问世。他的判断要严峻得多（这个骗局"令人极为反感"），对造假者的认定也更加明确，提到了布朗，而且只提到了布朗的名字。威尔基要传达的信息似乎是，"你可以相信我告诉你的，关于那些不诚实之人的真相"，但他也错误描述了布朗的一些错误，从而导致了其他问题。[34]威尔基自己的错误只是单纯的记忆偏差，是由岁月流逝所造成，还是说他可能为了隐晦的目的而讲述一个虚假故事？我们说不准。并且这种对我们所知事物的不确定性，正是许多读者试图在复杂新闻业景象中探索航向的经历，而且在19世纪大部分时间里都是如此。

有时，这似乎并不重要。报纸的读者当然想要并期望读到对可信事件的真实描述，但也习惯于在同一版面上看到戏剧、秘事、阴谋、战斗和幽默故事。他们知道事实可能是模棱两可的，报纸的编辑可能会让读者自己来评估。假如报纸第二页关于迷人的妓女被谋杀的报道和后页关于酒鬼救赎的报道包含非常相似的语言、图像和道德感，读者不会感到惊讶，知道应该自行确定这二者之间的区别。读者明白，一份新闻报纸可能会提出比实际经验更激烈的政治论点。读者认为，所有这些短篇小说、诗歌、布道、旅行者的信件、笑话和评论文章的作者使用想象力吸引读者，并努力追求文学上的优雅，这是完全正常和可以接受的。简而言之，他们期望报纸能够服务于广泛的兴趣和目的，这不仅包括对世界的描述，还包括探索、享受、调整和改善世界。

然而，内战的紧急情况表明，当读者不相信、不能相信或不应相信报纸时，利害关系显而易见。19 世纪的大杂烩报纸变得越来越不符合胃口，读者和记者都在思考用什么取代以及如何取代这类报纸。在 19 世纪末，可能会有一些答案在一场关于新闻现象的广泛辩论中产生，而我们公开、愉快、明确地将这种新闻现象称为"虚假"。

| 第三章 |

"并非全然谎言"

关于什么可称为"虚假"的争论，实际上早在描述这一行为的术语进入新闻词典的五六十年前就出现了，最初的关注点是特殊的、"卑劣的"新闻采访策略。但是始于 19 世纪 30 年代的争论直接延续了数十年，激烈的讨论主要集中在新闻编造、幻想和欺诈等更大领域，还有关于何时（如果有的话）可以接受篡改真相，以及谁有权首先声称对真相的管辖权。到了 19 世纪 80 年代，当"虚假"这个词本身成为讨论新闻实践的核心术语时，人们对它抨击和争论，它的引入受到操控，它的意义被重新定义，人们称赞应用它的好处也谴责其害处，将它作为一种公共产品来拥护，同时也斥责它是新闻失败的象征。虚假的兴起、繁盛和衰落构成了 19 世纪末和 20 世纪初新闻业发展的重要元素。

但"虚假"的出现是从采访开始的。正如有影响力的英国记者 W. T. 斯特德在 1902 年所写的：这种做法是"一种独特的美国发明"，无论人们是钦佩美国新闻事业的创业精神，还是痛惜它的粗俗，或者认为它不可能揭露真相，似乎最具概括性的说法是，新闻事业是走近人们（或者跟踪、埋伏、欺骗他们）并且向他们提问的新兴报道实践。[1] 甚至美国以外的国家最终接受这种策略是"记者的核心行为"，是信任网络的非

71

自然构建，但也常常操纵着信任网络，这个网络将记者与采访对象、记者与读者、采访对象与读者联系起来。即使是现在，我们已经习惯了采访的仪式和惯例，但观看或理解采访仍然是一种"令人深感不安"的体验，这种经历没能回答有关记者与采访对象之间的权力平衡、共谋与背叛、操纵与攻击、谁的想法得到真正展现等问题。[2]在采访初期，这些问题甚至更为重要：对于一个新的、非常混乱的工作，如何为其获取信任？何况这项工作几乎没有既定规则，由无名之辈和通常声名狼藉的人进行，而且大家很快发现这为造假者和歪曲者提供了大显身手的大量机会。甚至说，读者有何理由应该相信这样的谈话曾经发生过，更不用说对话得到准确呈现了？如果不准确的话，他们应该在意吗？

采访是与记者在同一时间出现的，这也是19世纪30年代，新兴的独立大众媒体所建立基础设施的一部分，以围绕日常事件，及时收集和传播以事实为中心、有商业价值的信息。人们一度甚至没有对"采访"是名词还是动词达成一致，更不用说对实际采访的期望和规范应该是什么了。[3]最常被新闻史学家认为是第一篇采访的文章发表于美国报纸，那是在便士报开始发行的三年内出现的，而文章没有自称是采访：1836年4月16日，詹姆士·戈登·贝内特在《纽约先驱报》上发表了一段一字不差的对话，声称这段对话是与罗西娜·汤森展开的，即被谋杀的妓女艾伦·朱伊特的老鸨。[4]贝内特在第一人称报告的开头明确树立了他的可信度，并指出带来了一位证人，这位证人可以证实他叙述的真实性。他接着描述了自己对这位老鸨的拷问，她"一脸愁容，闪烁的眼神回避接触"，他说这是"魔鬼的眼睛"，一个"消极且恶毒的灵魂"和一种"不安的精神"，读者通过贝内特的眼睛看到这些，显然贝内特是想让他们把汤森看成一个有罪的女人。

尽管贝内特可能是最早提出采访想法的新闻工作者之一（可以肯定地说，这是不小的成就），但他可能不是第一个真正进行采访的人；"第一次新闻采访"几乎肯定是假的。正如我们看到的，便士报出版的头十年左右是一个随意虚构的时代，编辑用听起来很民主的声音为很多准确性存疑的故事辩护，幻想他们的读者会开心，或者至少能够自己找出真相。贝内特和他的报纸公开支持被指控的职员罗宾逊，坚持认为汤森参与了杀害朱伊特的阴谋。此外，据另一家报纸报道，这位老鸨否认曾接受采访。当然，虽然她的否认可能是另一个植入的假新闻，但贝内特指出或引用的许多细节都与其他报纸以及法庭证词完全矛盾。他似乎自己编造了一个高级妓院应有的迷人景象，并没有真正踏入位于托马斯街41号的那家妓院。[5]

然而，对于那些与贝内特一样选择坚信罗宾逊无罪的读者来说，贝内特的发明（编造的采访）让他成为一个斗士，一个有事业心的积极分子，代表他们了解公共利益问题的权利，而这些问题又恰恰是非常令人激动的，他是一个专家导游，去往读者们无法跟随的地方，揭示多数读者几乎都无法想象的、异国世界最黑暗的秘密。这个人声称自己知道的事情比读者更多，而且是通过读者无法复制的策略收集到的，这种浮夸式归罪"采访"所展示的真实性，既有说服力又很新颖。最重要的是：这些采访感觉很真实。

随着"编造"作为一种新闻策略深入人心，贝内特的编造体现了采访的悖论。一方面，采访可以是强有力的新闻报道工具，是记者快速和直接发现问题的有效途径。《纽约论坛报》广受信任的霍勒斯·格里利在早期一次看似很真实的采访中，说明了这种形式的强大效力。19 世纪 50 年代，美国人尤为好奇新的摩门教，特别是其耸人听闻的婚姻观念。格里利前往位于盐湖城偏远的教会总部，与摩门教领袖杨百翰进行了一次谈话。他提出的问题中，有这样一个直率的问题："一个男人最多可以有多少个妻子？"杨百翰回答说："我有 15 个。"1859 年 8 月 20 日，《纽约论坛报》就这样以问答形式发表了这次谈话。[6]采访看起来清晰权威、信息量大，而且非常合理，作为发掘事情的工具，采访是对重新理解报道的逻辑延伸：如果你想要答案，就问知道答案的人。

　　记者还将采访策略作为证据，证明他们作为公众的眼睛和耳朵，正扮演独特的角色。记者进一步表明，我们有能力与读者无法接触到的、重要且有知识的人交谈。我们可以与读者希望接近的人交谈。我们可以揭示，或者说似乎可以揭示很私下的秘密，可以问任何人最私人的问题，从上流社会的夫人到摩门教徒的多配偶者。记者公开宣称他们正将有权势或受保护之人的话直接带给公众，他们正采取行动使知识民主化，甚至他们明确表示自己是信息链的重要连接。他们声称自己既有进取心又具权威性，与约翰·坎贝尔和其他先辈的恭敬谦逊相比，这是一个巨大飞跃，这些先辈拒绝让自己对事实的判断烦扰读者。

　　采访也是一种用途广泛的策略，是记者工具箱中的重要一部分。落实一个好的采访当然会让记者看起来很聪明，但有时只要落实采访就可以保住记者的工作。在偏僻的城镇和定居点，没有什么事情发生，拥有多配偶的人也不多见，记者努力填补专栏，将采访视为填补内容的好方法——可以用最细微的原始材料构建故事的好方法。新手记者经常接受建议到城里的旅馆转悠，总能在那里找到新的谈话对象。一位有经验的记者在 1904 年表示："采访的艺术对记者来说是一件幸事，因为他们所在的地方并不是每天都有激烈的事情发生。"[7]

但采访的方式让许多观察者深感不安，他们认为这是整个厚颜无耻的、破坏性报道中最不可靠的一面。许多同时代的人，包括记者最想采访的社会和政治精英都谴责这种策略是粗鲁的、具有冒犯性的，有悖于尊重的传统，侵犯了被采访者的隐私和尊严；一位品位高雅的文化评论家挑剔地表示："这种做法从各方面讲都是完全卑劣的行为，体面的记者应该像避开污染一样避开它。"[8]

但是，采访的问题不仅仅在于其低俗粗劣，还在于其文字上的不可信，它只是报纸的另一项内容，读者应该习惯于持怀疑态度。批评者认为，没有人能够确认某个采访是真实的，更确切的是，没人有任何理由相信记者一开始说的话。由于从事记者工作几乎不需要财富、教育、见习期或社会资本，因而往往吸引那些自由自在、非传统类型的人，他们通常不适应更传统的工作。机智、执着、大胆和强烈的竞争意识在记者行业中很受重视，而礼节、书本知识和经济野心则不然。所有这些都意味着，美国记者很快获得了不应有的名声，包括爱管闲事、不守规矩、粗鲁、不爱干净、喜欢啤酒，还有为了取悦编辑和获得独家新闻而不惜一切代价。[9]

这就是记者，这些声名狼藉的从业者满嘴酒气，对前辈说三道四；这就是记者，他们声称已经得到了一位军事将领、一位重要官员或一位商业巨头亲自告诉他们的消息。"可笑"，《哈珀》(Harper)杂志一位出身上层社会的编辑和专栏作家嘲笑道。他写道，为什么会有读者相信他们可能会"引用一位先生或女士的观点，就因为报纸上印刷了他们的报道谈话"？[10]这位作家还在另一个专栏反驳了这样一种观点，即读者应该忠实地接受记者对参议员 A 或部长 B 的所有引述。他质疑道："谁能确定这是参议员或部长说的？在匿名报道中，编辑必须完全相信其媒介人的品格，在这种情况下，谁可以确保匿名报道是可靠的？"[11]

显然不会是记者。

虚假的采访

事实上，读者有充分理由怀疑一些记者只是在编造事实。贝内特伪造的与罗西娜·汤森的对话并不是早期的例外，而是对未来的预演。所有这些使得真正的采访对记者和读者都很有价值，采访的权威性、提供的内部细节、对公共利益和知识民主化的认可、高超表演的潜力，这些都在虚假的采访中得到加倍发挥。作为额外的收益或风险，采访可以为读者提供明确的权威认证，确认他们想听到的相关信息，或者编辑、出版商、秘密提供者想让他们听到的东西。随着商业新闻在全国范围内传播，对读者和独家新闻的竞争也日益激烈，采访越来越多地得到例行润色、编造、加料、澄清、纠正和夸大。

很多记者在透露自己的工作时丝毫不会难为情，他们对自己的职业感到很自豪，并且骄傲地解释他们是如何通过润色工作让采访对象、公众或两者都受益的。他们说，整个采访过程更像是合作事业，而不是速记工作。他们坚持认为，这是一项公共服务，他们有积极义务去改进那些不善言辞、喋喋不休或无聊乏味之人的评论。一位编辑写道："几乎每个人的脑子里都藏着一个好故事，记者的任务就是把故事挖掘出来，并将加工艺术用于新闻润色。事实上，很少有人会反对你提高他的语言水平。"[12]1894 年，一本旨在激励年轻记者的手册出版，手册作者指导年轻记者："现在最好的采访记者以类似通俗小说的形式写事情……如果了解自己业务的记者尽职采访记录，那么以讲话者名义记下的话有一半以上可能根本不是他说的，然而，相比那种按旧风格撰写的逐字采访，现在的报道整体来说对讲话者可能更公平，更能让他高兴。"[13]这些记者在炫耀他们的专业知识，但他们声称的特殊技能意在改善现实而不是呈现现实（我们让现实变得更好；你们享受就行）。

一些记者认为，采访对象实际上期待着他们的帮助。例如，年轻的西奥多·德莱塞在 19 世纪 90 年代初开启了他短暂的新闻生涯。他在回忆录中写道，当他采访职业拳击手约翰·L. 沙利文，询问他关于练习的想法时，这位拳击手回答说："练习！我怎么想？哈哈！你想写什么就写什么，就说约翰·L. 沙利文这么说的，我知道你写什么都没问题。"这位未来的小说家照做了，德莱塞承认道："我很崇拜他，我愿意写他要求的任何东西，我写了能力范围内最好的采访，并且发表了，事后有人告诉我，这么做是可以的。"[14]

德莱塞还很好地变通使用了标准建议，即通过侦查酒店来物色采访对象。德莱塞受《圣路易斯环球民主报》（*St. Louis Globe-Democrat*）的指派，在定期开设的"走廊里的声音"专栏试手，该专栏特意为酒店客人开设。德莱塞很快发现"人们可以写出任何自己喜欢的故事——浪漫的、现实的或狂野的，并将其来源说成是某个酒店的假想客人，如果这个故事不是太不可信，都不会引发什么评论。管理部门没有明说采访可能是假想的"。德莱塞还说，但城市报纸的助理编辑向他透露，以前的专栏作家"除了偶尔一次之外，从来没有尝试过真正的采访"，而德莱塞自己虚构的采访很快为他赢得了撰写专栏的长期任务。[15]

虽然一个好的或特别有创意的采访可以为记者带来赞誉，但一些采访对象明白他们也能从中受益。一些记者热衷于使用不光彩的小采访策略，费城的一位编辑对这些记者表示了鄙视，还揭露了采访对象的秘密，即记者的采访对象有时也会自己安排采访进行"欺诈"。编辑解释说，在那些情况下，一位要人"由于可怕的自尊，不希望出现在公众面前进行'自我纠正'，他会悄悄与报社联系安排，让记者提出一系列事先安排好、他已准备好答案的问题。"[16]

然而，大多数时候，采访状态下的权力平衡更有利于记者。记者可以纠缠采访对象，埋伏他们，歪曲他们的话；采访对象却只能抱怨，之后他们的抱怨会被驳回，只会被视作对其坦诚表示后悔而已。一位不愿透露姓名的政治家向他的朋友、一位畅销书作家抱怨说，他"无力阻止报纸上不断出现的虚假信息。没有自己的报纸可以用来回应。如果接受采访，所说的话可能会被错误引用，不重要的声明会被错误强调。如果拒绝接受采访，那也没什么区别。报纸报道了一些自己从未说过的话，至少这些'采访'是一些'有事业心'的记者写的，他们必须为所工作的日报提供这么多内容"。[17]

因此，那些试图与公众人物进行真实对话的记者往往发现这些公众人物的对抗性大于合作性。在这种情况下，记者可能会辩称，也许是虚伪地辩称，他们对报纸和读者的责任高于他们对采访对象的责任。1889年新成立的行业杂志《作家》（Writter）上的一篇文章中，名叫约翰·阿瑟的记者一开始就坚定捍卫了新闻工作者的诚信，这些新闻工作者"在各家良好信誉报纸工作"，他们"几乎都是绅士，拥有的信用和智慧比大家所认为的要多"。但是，由于记者只有一项工作，就是"获取新闻"，他"可以采取迂回的方式，而不会采取任何削弱男子气概的方式"。如果记者接受指派去采访一个人，这个人拒绝回答他的问题，那么"我就可以通过第三方获取信息，并据此'伪造'我的采访，而不受任何良心上的谴责"。[18]

这就是所谓的假新闻。在美国新闻实践中，"假新闻"一词最早的应用之一，是记者公开承认，他在没有与采访对象交谈的情况下编造了采访。事实上，这不单单是一种承认，更是一种吹嘘。

然而，这个吹嘘者在炫耀他的创造力和公共精神，而不是他的狡猾。"虚假"这个词的使用，以前只局限于演员、自信的艺术家、运动员和不正派的人，现在选择用这个词似乎是为了向"新潮"记者放荡不羁和自由奔放的传统致敬。[19]《作家》对这个词很着迷，有点把这个词当成内部人的术语，把这种做法当作行业协会成员的标志。例如，在1887年该杂志的第三期中，一位杂志编辑威廉·H.希尔斯称赞了纽约的报纸，那种报纸"要求记者能聪明地'伪造'以做好工作。这样的记者一定得是技巧娴熟的浪漫主义者，或者说是一个诗人也无妨……他一定具有法国专栏作家的风格和落基山驿站马车车夫挥舞长鞭的快感。"[20]

在另一个问题上，希尔斯将"伪造"定义为"不完全是撒谎"。如果我们相信约翰·阿瑟，这个不乏男子气概的记者，他的采访事实上并非完全无中生有。虽然他没有直接同人物A交流，但他确实从认识人物A的人物B那里获取了有关A的信息。正如希尔斯所说："伪造需要通过常识和有益的想象力补充一些不重要的细节，这些细节可能会起到润色报纸的好作用。它与谎言的微妙不同在于：经过巧妙伪造的故事，其主线是严格真实的，不重要的细节只是为了让故事更加生动，让读者更感兴趣。尽管它们符合记者们所认为的最可能的真实情况，但或许仍缺乏事实支持。"虽然希尔斯确实提出了尽职尽责的警告，即"记者越少造假越好"，并且告诫那些"已经习惯并且大量"造假的记者，他们可能会被解雇，但希尔斯似乎并不介意读者可能发现自己被内容误导。[21]像约翰·阿瑟一样，希尔斯更关心的是对记者工作造成的危害，而不是对大众的理解或者受访者自尊心造成的伤害。

尽管采访与造假有着特殊的密切关系，但记者热衷于将造假技术带入新闻编辑部的其他大部分工作中。一些记者显然认为造假是一种无害的内部消遣，可以减轻日常琐碎工作的枯燥乏味；而对其他记者来说，造假则提供了友好战胜竞争对手的机会。许多记者还兴高采烈地宣称，他们在给读者提供喜欢他们的东西。1894年《记者手册》出版，手册的作者发出义务警告，即伪造可能是一种"锋利的工具"，即便是娴熟的从业者也可能受到伤害。之后，手册作者继续向新手读者保证："在本质问题上求真，在非本质问题上运用想象，是每个新闻办公室合理的行为准则。""没有人希望记者陷入枯燥乏味的错误中，为了一些小事而困扰，如分秒、大气状态或发言者的精确语句等。报纸不是一篇数学论文。"[22]在这种观点看来，报纸的主要工作是取悦读者；报纸的主要身份是一种消费品。

伪造也使记者能够填补空白，让故事更有吸引力，以真实感受的方式描绘生活，可能甚至比无聊陈旧的现实更真实。如果电报线出问题，无法让远方的记者获取有关圣路易斯可怕龙卷风的一手新闻，或者上流社会婚礼的举行时间很不巧，离报纸截稿日期很近，那么对所掌握的信息进行一些创造式的捏合，就可以让所有体面的记者发出有说服力的报道,即便他们没有目睹事情的发生。[23]一些记者甚至认为,他们的读者更有可能欣赏一个有生动细节的故事,而不是一位作家轻蔑地称之为"只有事实叙述"的文章。[24]记者有充分证据支撑他们的信心。许多报纸读者已经习惯在新闻中看到各种编造、修饰和娱乐活动,也习惯在阅读他们选择的报刊时,从事实到虚构再回到事实。他们做好准备,将伪造的细节看作好处,而不是欺诈——看作诡计,而不是欺骗。造假者和他们的读者都可以把造假视作对消费者友好的行为。

操纵造假

然而,并不是所有人都接受对造假的热烈倡导,这种现象也没有持续很久。一些记者对报纸的作用怀有更崇高的愿景,对造假做出反击。例如,约翰·阿瑟骄傲地为《作家》杂志的读者剖析了他的顾虑,之后哈里特·罗宾逊·沙特克(记者、选举权活动家和议会法手册的作者)以"H. R. 沙特克"这个性别模糊的名字写作,在下一期《作家》上点明了她所说的阿瑟的"惊人忏悔"。她写道:"记者没有道德特权或特殊的借口,记者是一个有灵魂的男人(或女人),要对自己负责。"她在文章中争论称:"既然新闻界的权利和范围几乎是无限的,那么,难道我们不该认为义务是与权利相关联的吗?"沙特克想表达的不是给消费者想要的东西,她关注的是公共服务、良心、道德和责任,所有这些品质都与造假无关。[25]

记者并不是美国唯一对新闻业抱有憧憬的人,包括新闻业的作用以及为公众服务的方式。接受造假的记者逐渐发现,他们正失去对叙事的控制。许多人继续为造假辩护，认为造假无害、对读者友好，而且许多读者也与造假为友。但这些对造假的辩护也是明确向世界承认，记者并没有完全说出真相，他们的批评者也注意到了这点。在新闻行业内外，评论家们很快让（造假）这个词与其支持者对立，故意把它塑造成不讨人喜欢的策略，比对数学的简单厌恶还要不招人喜欢，在这个过程中他们操纵了"造假"的灵活含义，从而为自身目的服务。

例如，据称 S. A. 罗杰斯博士是田纳西州卫生委员会主席，1893 年《芝加哥论坛报》（*Chicago Tribune*）上题为"孟菲斯没有黄热病"的文章引用了他的话。罗杰斯有充足理由感到生气，因为用电报发出的数篇报道并不准确，那些报道声称致命疾病又重新袭击田纳西州的这个城市。孟菲斯人在 1873 年和 1878 年经历了毁灭性的流行病，仍在努力恢复经济、政治和人口，害怕另一场疾病会威胁他们的形象。因此，罗杰斯博士坚持认为"发送给东部报纸的所有（虚假）报道都是没有依据的"，并威胁称要找到相关负责记者，"在法律允许的最大限度内"对其进行惩罚。[26]

这是个精明的举动。如果仅仅称这个不实陈述为"错误"，显然不会引起公众注意，不能传递出如此强大的愤怒，不能很好地暗示他所在的州受到精英欺骗，也不能指责一个经证明有效的替罪羊，所有这些的实现离不开一个含义丰富而有共鸣的词，通过使用这个词可以迅速且巧妙地实现这些目的。事实上，罗杰斯博士的第二自我可能让其沉溺于更加巴洛克式的复杂策略。尽管有几十家报纸刊登了一些否认虚假报道的声明，但通过搜寻最常见的报纸数据库，并未发现一家报纸一开始就刊登了这一虚假报告，无论是在东部还是其他地区。此外，卫生委员会的官方公告确实证实了 8 月份孟菲斯没有人死于黄热病的说法，但实际上连 S. A. 罗杰斯博士的真实性都没有得到证实：田纳西州卫生委员会的现任主席是 J. D. 普伦凯特博士。人们怀疑，某个有关公民为了后黄热病时代的孟菲斯能恢复健康魅力，急于捏造一个引人瞩目的案例，故意编造不实报道激发大家愤怒的驳斥从而吸引注意力。他在操纵读者对造假运作方式的熟悉程度，从而伪造一个为自己服务的谎言。[27]

其他有关"造假"的呼声则更为隐蔽。在整个吉姆·克劳时代，南方的大部分白人报刊基本上都作为宣传工具运作，那些本应被贴上造假标签的新闻用于积极支持白人至上主义。"兽性大发"的黑人男子对白人妇女犯下"难以言说"的罪行，这种模糊捏造通常包含对所谓攻击者施加私刑的呼吁。剥夺黑人选民权利的行动中贯穿着模糊但令人恐惧的威胁，这种威胁涉及潜在的"黑人统治"或"黑人管辖"。

1898 年 11 月，北卡罗来纳州的威尔明顿迎来了起伏不定的竞选季的高潮，在跨种族民选政府的枪口下，民主党人遭受驱逐，受民主党和白人至上主义领导人的故意煽动，一名治安暴徒杀害了数十名黑人公民。暴徒烧毁了很多建筑物，其中就包括《威尔明顿每日记录》（*Wilmington Daily Record*）的办公室，这是一份黑人办的日报，其风格尖锐的社论被视为对白人妇女美德的诽谤。一些历史学家认为，这一事件是美国历史上第一次成功的政变。《罗利新闻和观察家报》①（*News and Observer*）不断发表一些煽动性的故事，内容是关于所谓当地黑人及其同伙的犯罪和恶行。该报的白人编辑后来吹嘘说，他的报纸是针对暴动的"印刷之声"。约瑟夫

---

① 美国北卡罗来纳州的首府，位于该州的中东部。——译者注

斯·丹尼尔斯在 1941 年出版的自传中轻描淡写地回忆："我们没有很小心翼翼地筛选或者仔细分析这些故事，当这些县长和地方领导人带来可怕事件的时候，我们会用大号字体来强调。"[28]

图 3.1　1898 年，白人暴徒烧毁亚历山大·曼利的《威尔明顿每日记录》报馆，留下印刷机残骸。
资料来源：北卡罗来纳大学教堂山分校图书馆藏

　　然而，南方的白人媒体对报纸造假的含义有自己的看法。艾达·B.威尔斯是一名富有斗争精神的编辑和活动家。她在孟菲斯报纸上发表了统计证据，表明大多数私刑的真正目的不是为了惩罚强奸白人妇女的罪犯，而是为了恐吓和控制黑人男子。当她做出此举之时，愤怒的反对者将她所说的一切贴上了谎言的标签，并且经常将她的信誉与她的种族挂钩。《孟菲斯诉求快报》（*The Memphis Appeal-Avalanche*）抨击了这位"黑人女冒险家"和她"成功的撒谎生涯"；《纽约时报》（当时还是一家要被贴上"失败"标签的报社），将她斥为"造谣中伤、内心邪恶的'穆拉托女人'①"。《巴尔的摩太阳报》（*The Baltimore Sun*）痛斥了"这个有色人种女传教士的荒唐论调"；即便密西西比州杰克逊市的《克拉里昂导报》（*Clarion Ledger*）承认她所讲的有大量事实，但仍抨击了她的巧舌如簧，还有她为了帮助"野蛮弟兄们"所讲的"关于南方的无数谎言"。[29]1892 年，为了让她永久保持沉默，一群暴徒摧毁了她的新闻报社。威尔斯毫不畏惧，在美国和英国进行了一系列巡回演讲，她把"局外人"拉进辩论的举动进一步激怒了反对者。

《亚特兰大宪法报》（*The Atlanta Constitution*）在其已故编辑亨利·格雷迪的领导下，也许已经成为白人至上主义最直言不讳的新闻拥护者。1894 年 7 月 29 日，该报想出了新方法来指责威尔斯是个骗子。那天，该报刊发题为"很高兴得知真相；英文报纸知道他们一直以来都在受压迫"的文章，文中称，佐治亚州州长诺顿"向他们澄清了艾达·威尔斯伪造的一个虚假信息"。《宪法报》欣喜地报道称，诺顿州长已经说服了伦敦的《旁观者》（*Spectator*）周刊，该周刊错误地相信了威尔斯报道中的故事，内容是关于折磨和谋杀非裔美国妇女和儿童这些特别可怕的行为。据《宪法报》称，《旁观者》发表了一篇更正声明，解释

---

① 穆拉托人（Mulatto）是一个在血统分类上的习惯名称，指的是白人和黑人的混血，或者是混血儿的后代。在英语中，这个词的使用有其历史背景。说英语的混血白人和混血黑人很少会选择将自己定义为穆拉托。——译者注

说刊物是从"美国记者那里得知的故事，他们为了获得几美元而向英国媒体提供虚假信息……我们很高兴得到对这种故事的可靠反驳"。[30]

任何人都可能是骗子。威尔斯的报道被贴上"造假"的标签后，让这种攻击更进一步。这不只是破坏了威尔斯的可信度，也不只是利用了一些长期存在的刻板印象，即非裔美国人是骗子和造假者，还将威尔斯与大众媒体中贪婪、耸人听闻和不可信任的一切联系起来，并强化了南方对"外部干涉"当地事务的历史性抵制，特别是那些涉及种族的事务。其效果是在若干自由流动的思想和信仰之间建立明确的联系，这些思想和信仰已经激发很多南方白人的仇恨和不信任，同时还把思想和信仰捆绑在一起，形成强大的、有说服力的纯情感组合，这个组合伪装成了信息的形式。所有这些都足以让人分心，从而无法真正参与威尔斯提出的讨论之中。

然而，按照现在熟悉的模式，对造假的指责掩盖了一个更复杂的故事：本案中真正的造假者是《宪法报》。《旁观者》是一家长期大力反对奴隶制的杂志，对南方流行的私刑进行了严厉批评，它确实逐字逐句刊登了佐治亚州州长的否认之辞。但是，当《宪法报》转载它所说的英国杂志评论时，却巧妙地编辑了这段话，使其看起来没有那么含糊不清。《旁观者》的原文实际是："我们很高兴看到这样的反驳，并真诚地希望它是绝对真实的；但正是美国记者向英国报纸提供了这种虚假信息。"[31]

《宪法报》非常自信地认为绝大多数白人读者都会轻易相信这位傲慢的黑人女活动者是个骗子。为了证明报纸发现了更大的事实，该报采用了造假的手段。这种策略既自相矛盾又愈发成功：一个新闻机构提供虚假信息，向读者保证他们不同意的（真实）信息是虚假的，这个过程破坏了读者对其他所有新闻机构的信任，除了这家兜售虚假信息的机构。

但是，在另一个当前大家已很熟悉的模式中，其他报纸关于什么是虚假的争论有所升级，提供纠正性信息以向读者保证，他们不同意的不真实信息是虚假的。在孟菲斯的报社被毁后，威尔斯继续在最主要的黑人杂志《纽约时代》（*New York Age*）报刊上进行反私刑的讨伐，任何针对她的报道是虚假的指控，她都在积极反驳。可以肯定的是，《亚特兰大宪法报》和《纽约时代》经常无法成功接触到对方的读者或说服他们改变观点，但这并不是目的；两家报纸都专注于为自己的读者提供证实他们信念的新闻和观点，无论其准确性是否可证实。在过去，声称报纸上的东西是骗人鬼话或高谈阔论会引发辩论。现在，喊"造假"越来越被视为一种诽谤，而这种诽谤本身往往就源于虚假。

随着"造假"失去光彩，那些被指责"造假"（无论如何定义）的报纸，都在努力想出恰当的回应。1892 年，《波士顿环球报》（*Boston Globe*）想出了一个极为持久的方法。该报是新英格兰地区最大的报纸，在当时可能是最愚钝的报纸，10 月 10 日，它提供了一条轰动性的独家新闻，这则新闻也是几十年中最热门的本地故事，当时该报一定有站在世界之巅的感觉。两个多月来，当地和全国性的报纸一直都在争论这个故事，一个冷漠、未婚、经常去教堂的 32 岁女性是否可能犯下那些怪异的罪行，她也因这些罪行遭到逮捕：这位女士的家位于马萨诸塞州的福尔里弗，她在家中用斧头野蛮地杀害了他父亲，一个富有但吝啬的商人，还杀害了她的继母。但是，当天的《环球报》以"丽兹·博尔登的秘密"为标题，在首页炫耀式地发布了长篇累牍、耸人听闻的传奇故事，声称会揭晓答案。

根据"来自 25 位新证人的惊人证词",文章报道称:"安德鲁·博尔登的小女儿一直在同父亲争吵,就父亲的遗嘱问题争吵了好几周。"小女儿曾试图贿赂女仆,不让她谈论这场争执。谋杀当天,就在可怕的哭声和呻吟声从房子里发出后,有人看到她从窗户探出身去。后来,当她被拘留时,她姐姐艾玛来访过,她踢了姐姐的小腿并咒骂了她,有警官在她牢房的墙上开了个观察孔,听见她在睡梦中做认罪陈述。报道标题中用大写字母书写的秘密被她父亲在死前发现了:丽兹未婚先孕,而且至少有一目击者说她(或与她长得一模一样的人)曾多次与她叔叔一起去新贝德福德的一家酒店。

这是一个非常精彩的故事。不幸的是,对《环球报》来说,这也是一个非常不真实的故事。警方、辩护律师和其他报纸立即提出异议,很快就有人揭露,这个故事是由一名叫麦克亨利的人编造的,这个人是一名私家侦探,他以 500 美元的价格将这个故事卖给了《环球报》的记者亨利·特里奇,特里奇一心想要击败竞争对手,以至于有些慌不择路,显然连最基本的实地考察工作都没有做,就相信了麦克亨利告诉他的事情。

被逼无奈的情况下,《环球报》忍气吞声,承认自己的独家新闻经不起核实。10 月 11 日,"麦克亨利侦探访谈"成为醒目的新闻头条,副标题写道:"他向《环球报》提供了博尔登的故事,一些细节经证实是错误的。"事实上,标题更准确点应该使用"多数细节",但读者一旦开始阅读后面的长篇文章就会明白这一点,这篇文章放在头版的显眼位置,和此前那篇不靠谱的文章占据的版面一样。在文章一开始,特里奇就详细描述了与麦克亨利的谈判，麦克亨利想要 1000 美元换取他所说的揭示起诉方案情的"好东西"，而他显然是这一事件的始作俑者（《环球报》首先为信息付费，而卖家自己也暗示信息是偷来的，大家似乎普遍认为，这是一件不值得评论的惯例）。

《环球报》此后在第 6 页袒露了自己的胸怀。在四个长专栏中，它转载了一系列引文，这些引文来自竞争对手的报纸、所谓的证人和其他人，每个人都坚定地从各个方面否认自己前一天提供的故事版本。竞争对手《波士顿日报》（Boston Journal）称整个故事"是虚假的"，《环球报》也引用了这句话。《波士顿先驱报》（Boston Herald）谴责这个故事是"一纸谎言"，《环球报》也引用了这一点。丽兹的姐姐说，《环球报》那篇原文中提到的 25 个证人，大部分她都从未听说过，《环球报》也引用了她这句话。

第二天，10 月 12 日，该报继续公开致歉，在头版分三栏报道，并且加了铅印双边框，标题是"丽兹·博尔登案"，向博尔登发出"由衷歉意"，"因为没有人性的报道侵犯了她的女性声誉"，并且向她叔叔表示歉意，还有"其他任何遭受报刊不公正对待的人"。《环球报》"采用了这种方式，因为相信诚实是最好的对策，因为相信要做正确的事"。报纸还继续写道：

> 我们更喜欢构建而不是拆毁，更喜欢帮助而不是伤害，将阳光而不是悲伤带入新英格兰的家园。
>
> 当我们犯错时，无论是否为我们的过错，我们认为出于对读者的公正，应该在《环球报》中同样显眼的地方，也是错误出现的地

方，公平、诚实、大胆地宣布这一事实。

这种忏悔式的坦诚似乎起到了作用——《环球报》也确保让读者知道这一点。当天的头版还刊登了一篇后续报道，这篇报道有个刻意修饰，分了好几层的标题"诚实的修正。《环球报》的道歉让读者感到很高兴……奥利弗·S.豪斯先生说：'这是一件很有男子气概的事情。'E. A.塔特尔先生说：'这是一个公开、诚实的立场，有正义感的公民谴责了麦克亨利的行为。"这篇文章接着说，"《环球报》今晚在这里用高尚的行为交到了朋友，所有认可诚实作为弥补方式的人都很钦佩这一行为"（我们自我纠正；你们鼓掌）。

《环球报》"高尚的行为"及其自我祝贺式的报道在很大程度上是一种防御策略：该报一定很害怕其天花乱坠的谎言会遭到诽谤诉讼（在此案期间，《环球报》确实是"构建而不是毁掉"丽兹·博尔登，为她的言行提供了大体柔和甚至支持性的评估。她被宣判无罪，但是并没有其他人受到谋杀罪的指控，直到今天，人们还是普遍认为她是有罪的）。该报当机立断的行为并不是什么高尚之举，它把所有罪责都归咎于福尔里弗警察局狡猾的侦探和所谓的帮凶，却不承认自家记者的鲁莽和可能的渎职行为——据报道，该记者受到陪审团起诉，罪名是收买证人，仅仅几天过后，在一次原因不明的加拿大匆匆之行中，他就被火车"意外"碾压。《环球报》发表了一系列花哨的悼词，哀悼特里奇的"悲惨"死亡，赞扬他的忠诚、活力和开朗，只是简短而隐晦地提到了他由于年轻气盛和竞争精神过度而造成的"错误"。很多其他地方报纸也加入进来，发表自己的悼词，搁置竞争，帮同行兄弟开脱并保护他们，确保指责聚焦局外人麦克亨利（当时，他们没有一个人把记者的神秘死亡当回事，只将其视为一场不幸的事故）。《环球报》也转载了其中的一些悼词。[32]

然而，即便该报在同行的帮助下努力转移责任，将报告中可能存在诽谤性内容的责任转移到远离该行业的地方，它首先没有否认该报道是虚假的，也没有为其虚假信息代理人的身份提供任何辩解，一家来自竞争对手报纸的警事记者后来称，这种报道是"有史以来摆在读者公众面前最大的'虚假'"。[33]可以肯定的是，这个假新闻就是弥天大谎，以至于很难想象出任何听起来不可笑的辩解：这篇报道涉及的不是一个拳击手对运动的看法，而是一个引起公众极大兴趣、令人发指的谋杀案；刊登出来的错误不是什么吸引人的修饰，而是过度捏造的诽谤，很容易被证伪；而且来自地方报纸的竞争压力也很激烈。但被迫澄清之后，《环球报》又抓住了这种叙事的主导权，通过承认和纠正故事中的错误，努力修复其可信度并重新确立权威。《环球报》正在支持建立应对新闻谬误的方式，这种应对方式逐渐成为标准的主流反应：公开承认、公开纠错、公开声明并重新承诺遵守专业新闻工作管理的标准和界限。

按照今天的标准，《环球报》决定保护行为不端的特里奇，而不是把他从新闻行业队伍中开除，这不符合传播学者所称的"范式修复"的成熟范例。记者们对珍妮特·库克和杰森·布莱尔违规行为的反应，很容易让人联想到更多最近的例子，即通过将违反规范的同事拉入黑名单来识别、遵守和修复其职业规范的策略。[34]但特里奇事件中一个更重要的元素是，《环球报》坚持将其作为一个专业问题来处理，由专业人员自己正确有效地处理。专业人员值得信任，不会为其开脱或掩饰，正如朱尼厄斯·布朗捏造豌豆岭事件的20年后，他同事所做的那样。专业人士会说出真相，即便真相让人受伤。

黄色报刊对阵专业报刊

1895 年开始，随着"黄色"报刊兴起，造假之争变得更加尖锐——威廉·伦道夫·赫斯特全新的《纽约日报》(*New York Journal*)、约瑟夫·普利策受欢迎的《纽约世界报》以及其他大都市报纸，通过耸人听闻的报道、引人注目的标题、色彩鲜艳的漫画、厚厚一叠的周日版报纸以及花里胡哨的插图，在大部分工人阶级和中产阶级读者，尤其是新移民中收获了巨大的发行量。对于许多黄色报纸的粉丝来说，报纸无害的虚假内容似乎概括了大众媒体的一切快乐、娱乐和民粹主义。然而，对于这些报纸的批评者来说，假信息不可能是无害的，因为它象征着这类报纸的粗俗、不诚实和错误。在他们眼中，"虚假"和"黄色"这两个描述词几乎是同义的。正如《路易斯维尔信使报》(*Courier Journal*)在题为"造假的生意"一文中所说，"所谓'黄色报刊'的主要业务是系统、持续地欺骗公众……它们的行为基于公众是傻瓜的理论"。一向幽默的杂志《顽童》(*Puck*)对待黄色报刊的态度甚至更加严厉，批评黄色报刊"断章取义、歪曲事实、不加修饰地撒谎、目的邪恶，还有狂热、歇斯底里、说谎式地煽动"，但该杂志仍认为提高"民众的基本修养"是比审查制度更好的补救方式。[35]

黄色报刊最臭名昭著的违规行为是对美西战争的报道。1896 年，西班牙派遣瓦莱里亚诺·韦勒将军去古巴镇压死灰复燃的叛乱,《纽约日报》和《纽约世界报》的竞争愈发激烈，为了争抢读者，不惜花费巨资、大肆炒作，几乎枉顾事实。起初，由于西班牙官员对美国驻古巴的记者实行严格审查制度，并经常驱逐他们不喜欢的记者，这造成报纸自家实地记者的短缺。为了弥补这一点，报纸急切且不加批判地接受了一些暴行故事，这些故事由古巴叛乱团体和位于纽约的叛乱支持者提供。同时，那些设法从岛上发稿的记者为了应对家乡的行业竞争，编造了一些离奇夸张的情节：根本不存在的叛军在进军；打败西班牙军队的虚假战报（同一城镇被包围和摧毁的消息在三天内就出现了两次）；一位叛军领袖遭受背叛毒杀，而实际上他是死于一场常规战斗；一队队漂亮的亚马逊女战士挥舞着弯刀。[36]

然而，很快有几十名记者开始涌入古巴，包括赫斯特本人，他乘坐了一艘蒸汽船，专门配备了流动新闻编辑室，与朋友、工作人员、仆人和至少几名情妇挤在一起。《世界报》在资金和胆量上都比不上赫斯特的报纸，它经常发现自己只是在担心一些《日报》的边角事情，它会编造或美化一些报道，包括揭露缅因号沉没真相的官方电报遭到"压制"；粗暴的士兵搜查脱光衣服的纤弱古巴女士；叛军少女从兽性十足的西班牙官员魔掌中逃脱；被激怒的古巴人斩杀了40名西班牙游击队队员。在最后一个事例中，《日报》将这个数字夸大了十倍，但赫斯特通常只会勉强承认无法否认的错误，同时设法攻击那些没有去过古巴的对手编辑。[37]

当然，报道中还包括虚假采访。1898年3月19日，早晨的《日报》在头版刊登了对海军部副部长西奥多·罗斯福的采访。巨大的标题写着"罗斯福副部长通过《日报》表示军队不会退缩"，该文章报道了即将向基韦斯特派遣四艘双炮塔战舰的消息。据报道，在与该报的谈话中，罗斯福从讨论海军战略转而夸奖他的采访者："一份有巨大影响力和发行量的《日报》，能够讲述事实，忽略各种不爱国或不忠于国家旗帜的信息来源，能有这样的报纸是多么令人欢欣鼓舞的事。"

　　罗斯福立即通过美联社发表声明，否认他曾与《日报》的任何记者谈过这个问题。然后，当《日报》厚颜无耻地问他是否"考虑"对该采访提出质疑时，他又向美联社提出了更加强烈的否定。罗斯福冷冰冰地说："我不是考虑否认，而是已经用最明确的措辞否认了这个故事……你们自己应该知道，我不可能接受过这样的采访，如果没有其他原因，我也从没有为那家《日报》的品德提供证明。"罗斯福后来补充说，他以及他认识的每个人都会觉得"接受（《日报》）采访就是在同一条疯狗打交道"。[38]

　　《日报》继续遵循其一贯策略，拒绝退让或承认虚假，并且一再抨击罗斯福撒谎。但是这位海军副部长不可能在密集讨论海军战略时停下来，接受一家声名狼藉的报纸采访，这说明该采访即使不是全部捏造的，也大部分是捏造的。《国家》（Nation）认为罗斯福的信是一个"模范"回应，这件事的寓意很清晰：受尊敬的人应该停止"纵容"黄色报纸，不应该在报纸刊登虚假采访时保持沉默。《国家》认为："采访知名人士现在已成为影响公众舆论的主要新闻模式之一。"当采访是真实的，并且报道得体，那么这种采访最多是有用的，最差则会很愚蠢。"但黄色报刊早已不再刊发任何有良知的报道，而且几乎所有的公众人物都习惯将关于他们的欺骗性采访或捏造性故事置若罔闻，也直接推动了这一邪恶行业的发展。"[39]

　　换句话说，新闻界持续不断的暴行，部分是那些公众人物的错，无良记者盗用他们的名字，并把一些话强行加给他们，通过这种方式增加一些信息的权威性和真实性，而这些信息本身既不权威也不真实。当这种情况出现时，公众人物太尴尬、太谨慎、太心高气傲了，以至于不敢抱怨。这些人是新闻界邪恶力量的受害者，却温文尔雅地拒绝强调这种滥用权威的行为，实际上是在助纣为虐。

一直以来就有传闻，黄色报刊的好战言论煽动了美国民众要求干预古巴事务，这一点已经被学者们广泛揭穿了。总是自我膨胀的赫斯特在当时鼓动了这个传闻，后来一些为这场荒谬战争寻找合理解释的人也接受了这种说法。诚然，在疯狂争夺发行量的过程中，纽约的黄色期刊激发了彼此极强的热情，但是这些期刊的报道更多是为了证实读者已有的观点，而不是改变任何人的想法，它们的影响也没有延伸到自己的城市之外。[40]然而，狂热的报道在那些不经常关注黄色报纸的人中产生了另一种影响：它证实了广泛传播的观点，即大众媒体是疯狂的、不可信赖的、充满虚假的。

非黄色报刊也不能免于合理的批评。在一个由大企业、大银行、大财团、大城市和大腐败联盟主导的时代，大报纸也对小人物越来越不友好。有数据可以证明这一点：到1900年，广告商平均占据了报纸一半以上的栏目，提供了报纸一半以上的收入，其中许多广告对产品做出了疯狂的承诺和虚假的宣传，结果是令人失望的、无效的，甚至是致命的（就像专利药品和掺假食品的案例）。人们偶尔会听到报社高管承认，满足公共服务的新闻需求是置于他们企业的商业需求之后。正如《波士顿环球报》发行经理在1901年对同事们所说："印刷报纸的主要目的是赚钱。"[41]

到20世纪初，美国新闻界的公信力已到达危急时刻。同时，美国社会激荡的巨大变化使得虚假与其他知识、社会和经济发展之间的冲突日益激烈。很多美国人被"现实主义"这种直截了当的文化观所吸引，这种文化观正渗透进文学、艺术、摄影和其他表达形式。美国人还被新兴的科学探索模式所吸引，这种模式以理性和系统观察为基础，观察者立场中立且不参与其中。商业人士、专家、公务员和其他人需要准确且可靠的信息来源，以便成功参与日益复杂的工业化经济。进步主义的改革者认为政治党派对公共生活产生腐蚀性影响，这些改革者致力于解除期刊与政党政治之间的传统联系，而其他改革对象则是那些无情的商人和公司，他们的欺骗性广告让许多读者眼花缭乱。

对所有这些利益相关者来说，重视公正和理性的专业化新闻报道，有助于解决黄色报刊不可信、低级和粗制滥造的问题。这种方式对报纸也有好处，可以赢得更多可敬的读者，而不是碰巧的追随者。正派、理性、公民职责以及公开承诺将可证事实放在首要位置，都是吸引读者和广告商的分类标志，而这些读者和广告商喜欢认为自己也拥有这些品质。[42]

那些希望被认真对待的报纸，特别是《纽约时报》在 1896 年被极富声望的阿道夫·奥克斯收购后，利用黄色报刊作衬托，实施了学者所说的专业"边界工作"。他们的目的是标明做新闻可接受和不可接受的方式，并将自己打造为专业人员，与赫斯特等不光彩和不专业的同行相比，他们占据道德制高点。赫斯特明目张胆地印刷任何可以卖得出去的内容，而且很少承认自己的错误。[43] 在 20 世纪的头几十年里，严肃报纸逐渐获得管辖世界事实信息收集、核实和传播的社会任务之权。

严肃报纸建立了一些标准和道德准则，强调他们的独立性和自主性，并承诺承担责任。他们挑出了一些过去常见的杂七杂八、毫无价值的内容，比如小说、笑话和诗歌，将这些内容放入带有明显标记的栏目，有些内容甚至被完全抛弃。严肃报纸越来越支持这样一种观点：报道是一种特殊技能，需要特殊的知识和训练，而学院或大学可能是学习这种技能的合适场所。与那些具有想象力和"波西米亚"风格的记者相比，他们更看重自我约束、谦逊和受人尊敬的记者。他们为新闻业开发了新语言，一套交流惯例——不偏不倚的语气、标准化的格式、审慎的经验主义、强调佐证与核实，这体现和加强了他们代表世界真实情况的表述。他们与特定类型的读者对话，并为这些读者服务，奥克斯将这种读者描述为"有思想、想法纯正的人"。[44]

严肃报纸也在向那些有思想的读者宣传一种新的契约，解除他们的传统责任，或者说，传统的机会，即让他们自己决定愿意相信报纸上的哪些内容。决定真相的责任从读者转移到了报纸，从民众转移到权威专家，报纸的功能不像是亲密对话的伙伴，而更像是一个讲师，客观冷静地向潦草写画的学生传授智慧。[45] 这是一种微妙的再调整，针对报纸是一种消费品的传统观念：购买一份"严肃"的报纸意味着购买并接受一种默认理念，一个现成的事实（我们报道；你们相信）。

这个新契约的一个关键因素是，受人尊敬的报纸否定了所有形式的虚假，尤其是假采访，认为假采访是黄色报纸所有不雅、尴尬、不可信和不准确的缩影。造假与可敬的媒体所宣称的一切恰恰相反；任何造假的报纸都不可能是严肃或专业的，而专业的报纸是永远不造假的。到了世纪之交，"虚假"（fake）这个词已经从一个欣喜的赞美之词变成了一个羞耻的术语，呈现出更暗淡、更不可靠的色彩，并逐渐进入一般话语，适用于欺诈和欺骗等远远超出新闻范围的众多领域。"假黄油小贩"将黄色的人造黄油强加给不知情的顾客；园艺师抱怨实为山核桃的"假美洲胡桃"；不满和受骗的人将"虚假"这个标签贴在一切事和人身上，从催眠师、保险索赔到天气预报，有时甚至贴在他们想诋毁或抹黑的事实上。当 1900 年爆发的黑死病威胁到本就表现不佳的旧金山经济时，该市的报纸编辑与州和地方领导人一起，将来自公共卫生官员的警告斥为"瘟疫假象"。[46]

与此同时，严肃记者用这个词来恰当描述他们和他们的报道所未涵盖的一切，并强调他们自己严格的准确性、责任感和正直性，将一个坏记者可能犯下的几乎所有罪行都斥之为"造假"：拼凑电报篇幅、开展俗气的比拼、与消息来源方做交易。在当今新闻消费者熟悉的策略中，社会批评家乐于驳斥他们不同意的观点、事实或事件，他们不把报道说成是片面的、错误的或曲解的，而说成是彻底伪造的。例如，1914 年，马克斯·谢洛弗发表了一篇 80 页的冗长文章，专门讨论"美国新闻业的虚假"。作为一名积极的社会主义者，他通过写作和演讲支持党派理想，并担任几家社会主义出版物的编辑，他在"虚假"这个宽泛的类别下涵盖了无害的恶作剧、愚蠢的错误、耸人听闻的犯罪报道，还有他所描述的一些厚颜无耻的企图，包括让广告商受益、遮掩政治丑闻、通过操纵公众舆论反对工会与和平活动家。他认为，美国新闻业"保持着造假纪录"。[47]

受人尊敬的新闻业努力建立新行业的边界，即便如此，还是有许多令他们鄙夷的对手更坚持传统的耸人听闻、娱乐大众和满足情绪的内容，与那些只关注信息、无聊和清高的报纸保持距离，并找到最大盈利点。

威廉·伦道夫·赫斯特一如既往地对发行量比对服务更感兴趣，继续以其报纸的花里胡哨为主要卖点，并为此感到自豪。《丹佛邮报》（*Denver Post*）仍然忠实于它的绰号"一桶血"——编辑办公室的红漆墙，还有他们为自己喜欢的头条新闻所配套使用的墨水颜色。

芝加哥在报业领域保留了其无奇不有的城市名声，在这里，报道是一种行为艺术，目的是让竞争对手的新闻编辑室感到眼花缭乱和不知所措，从而吸引读者。对于本·赫克特这类人来说，这是个适意的家。本·赫克特16岁时离家出走，跌跌撞撞地进入《芝加哥日报》（*Chicago Journal*）工作，并成为"追照片"能手。他在受害者家悲痛欲绝的氛围中"偷拍"照片，这是一种微妙的艺术。他后来回忆起在城市街道上收集"独家新闻"时说："法院从未见过的诉讼故事，包括城市通信录中从未出现的名字，都从我的打字机中涌出。浪子回头的故事、流浪汉发财的故事、被鬼魂逼疯的家庭、以友好聚餐为结局的家族世仇，所有这些故事都充满奇异的转折，涉及鹦鹉、鸡、金鱼、蛇、诙谐短诗和重新开始的一幕，这些都是我编造的。"[48]在芝加哥街道上频频出现的鬼魂、家族世仇和鹦鹉学舌，很难想象读者没有发现，这些故事是虚假的或者至少有时是虚假的。

其他报纸也努力在不断变化的新闻环境中寻找定位。对一些人来说，新兴的专业标准不仅可以用作对付竞争对手的武器，还可以作为自己的路标。大量关于严肃问题的虚假采访继续出现，但现在它们往往有两种不同受众：喜欢它们的读者和急于挑战它们的竞争对手报纸（通过浮夸地援引新闻准则来挑战它们）。

例如，有一份医学期刊揭穿了《纽约时报》与一位声称能治疗酒精中毒的医生的访谈。该期刊在指出"崇高而纯洁"的《纽约时报》的虚伪时，似乎欢呼雀跃。《纽约时报》是"公共道德的审查者"，"完全厌恶假货和造假者"，针对不值一提的主题会大发"狂热言辞和严厉谩骂"，却传播了未能识别出的假新闻。[49]

1908 年 2 月的某个星期，在一个经济特别动荡的季节，几十家报纸转载或引用了据说是对美国两位最知名金融巨头的采访。与古怪的千万富翁海蒂·格林（又称"华尔街女巫"）的谈话首先出现在波士顿的一家报纸上，但很快被几乎所有人所忽略。J. 皮尔庞特·摩根被《世界报》形容为，在另一个时代可能是"文艺复兴的'佣兵队长'，甚至蒙古征服者"。据称，摩根告诉该报记者，他认为金融危机是让工人保持一致的好工具。那次采访也被广泛指责为是虚假的，极其站不住脚。《新展望》（*New Outlook*）不屑地指出，任何正派的新闻工作者都知道，要采访到这位隐居大亨是多么困难。该报抱怨称："那个接受这篇报道真实性的编辑，犯了最反常的无知或轻信错误。"[50]《世界报》坚持自己的报道，这一点是否属实仍不清楚。

之后，有关德皇轻率言行的错综复杂事件发生了。

德皇发声

1908 年 7 月，随着欧洲紧张局势发酵，著名记者威廉·贝亚德·黑尔对德国皇帝威廉二世进行了一次罕见的采访，这位权力不稳的君主正处于危险的易怒状态。这篇具有煽动性的文章受到争论、拒绝、修改、压制、恢复，据说还重构出了不同版本，其真实性引发激烈辩论，近十年后仍沸沸扬扬。但故事中最重要的因素绝不是关于德皇言论是否有真实成分。而更能说明问题的是，关于采访的虚假与否，有很多不同版本——几乎所有参与方都为了自己的目的采取不同的操纵方式，这些操纵包括针对普遍和长期的怀疑、期望、关于可信度和虚假的假设，还有报刊事实上的黄色程度。一份报刊造假与否最终更取决于谁指责它造假，谁认为它在造假以及为什么。

这一事件的核心是普利策和他的仇敌赫斯特之间的常年斗争，一些批评者将威廉·麦金利的遇刺归咎于《纽约日报》对总统的无情攻击，在此之后，赫斯特将《纽约日报》改名为《纽约美国人》（*New York American*），听起来更爱国。然而，这种竞争已经变得比美西战争残酷无情的时期更复杂。尽管大家普遍认为普利策太受欢迎，虽然不可能受到所有人的尊敬，但他还是比赫斯特和其他黄色报刊同行更有原则，而大家经常把普利策和这些人混为一谈（事实上，这种两极分化在他出版的两个版本报刊中得以体现：一个是略微清醒的《世界早报》（*World*），在办公室行话中称作"高级版"，另一个是更显青涩的《世界晚报》（*Evening World*），称为"初级版"。《世界晚报》创办于1887年，是为了与该市更粗俗、更耸人听闻的下午报竞争。普利策总是更喜欢"高级版"，但"初级版"在发行量和知名度方面都有明显优势）。[51]普利策在青年时从匈牙利来到美国，当时他身无分文，几乎不会说英语。19世纪80年代，普利策依靠生动、有力和通常耸人听闻的报道在纽约获得成功，这些报道主要针对纽约庞大的移民人口。他对自己绝不墨守成规的形象感到很自豪。据说有一次，普利策觉得报纸正在失去活力，他认为问题在于员工中没有人喝醉，于是他命令业务经理出去找一个喝醉的人，并马上雇用了他。[52]

但他也真正认为新闻业是一项公共服务，是致力于"民众的事业"，而不是"唯利是图"，正如他在 1883 年 5 月 11 日的就职社论中所说。他坚持认为，即使是最生动的报道也可以是准确的，尽管日常现实中，城市大众新闻业竞争激烈，与"准确、准确、准确！"的劝诫频发冲突，印有这些劝诫的卡片贴满了新闻编辑室的四周。普利策晚年在哥伦比亚大学设立一所专业学校和一系列有抱负的奖项来改善新闻实践，这些举动在某种程度上源自他的懊悔，后悔自己在古巴战争期间的过分行为，还有他与赫斯特的发行量之争。[53]

德皇的采访重新检验了这种陈旧的战时竞争关系。这位健谈的皇帝对黑尔青睐有加，黑尔曾担任过圣公会牧师并成为《纽约时报》文学编辑。德皇对全球事务发表了一连串极具煽动性的言论，《纽约时报》的编辑恪守绅士治国之道的传统，直接去找西奥多·罗斯福总统，询问他是否真的应该发表德皇的评论。罗斯福回答说："天哪，不应该。"他认为发表这些言论不仅会"危及世界和平"，还会危及《纽约时报》的声誉，因为德皇肯定会否认这次采访，"许多读者也会认为《纽约时报》伪造了采访"。[54]由于德国外交部也表示了强烈不满，《纽约时报》中止刊发这篇文章。黑尔随后向格调高雅的《世纪》（Century）杂志出售了一个新版本，其中最具煽动性的言论被一位德国部级官员删改。但是，就在印刷厂开工的时候，柏林方面又有了新想法，并请美国大使帮忙向《世纪》杂志施压，要求完全取消刊发这篇文章。编辑们很主动地在印刷过程中停下来，并将纸张锁了起来。[55]

延缓只是暂时的。此时，关于采访的传言甚嚣尘上，各种摘录、笔记、信件和草稿副本在大西洋两岸的新闻编辑室和政府办公室里毫无阻碍地流传。11月20日，赫斯特的《美国人》一跃而起，刊登了所谓被压下去的采访摘要，这个摘要是通过刊物自己的渠道获得的。在赫斯特的重磅炸弹扔出后的第二天，普利策的《世界报》将其竞争对手的版本斥为"不负责任"和"不准确"，并发表了它所谓的"第一个真实的采访摘要"。这两篇摘要，每篇都只有几段简短的文字，措辞不同，但内容都耸人听闻，涉及英国的腐朽、欧洲列强之间战争的不可避免、英国与日本结盟对白人国家的危险、德国与美国团结一致的好处，还有德皇与他叔叔英格兰的爱德华七世之间的个人恩怨。[56]这两篇文章在美国和欧洲的报刊上被广泛转载。

黄色报刊的行为让德国官员倍感愤怒，不仅因为德皇受到公开羞辱，还因为低俗的外国媒体干涉了国家大事。不过，这些报刊低俗的声誉确实为德国总理伯恩哈德·冯·比洛的止损计划提供了可信的基础。总理简单地指责美国报刊在造假，而考虑到这些报刊的声誉，这么说不无道理。由于德皇要求官方否认采访，总理命令外交部谴责《世界报》的报道是"笨拙的骗局……粗糙的故弄玄虚和从头到脚的虚构"。[57]

许多出版物，特别是美国的出版物，接受了这些摘要，认为它们既真实，也令人愉快。但以《纽约时报》为首的其他出版物则坚持认为，这些作品不真实。赫斯特的《美国人》则挑衅般地不断坚称自己的版本是真实的，而《世界报》只是由偷来的材料构成的"乱七八糟的大杂烩"。黑尔公开驳斥了这两份摘要，并对《世界报》的文章尤其蔑视；他谨慎选择用词，宣称"这是彻头彻尾的垃圾——纯粹的虚构——绝对的假货"。[58]在整个过程中，《世界报》似乎泰然自若，在头版详细解释了该报如何与黑尔直接合作，以确认文章中的每个字都是准确的。[59]

新闻一如既往地发展，到 11 月 25 日，这个故事基本上从《世界报》的版面上消失了，被更及时的事件所取代，比如大象内利从马戏表演场逃跑。之后在 11 月 30 日，《世界报》突然以惊人的转变重启了德皇受访事件。在报纸内的第八页，有个很小的"更正"标题，承认经过"艰苦调查"发现之前的摘要"没有令人信服的事实依据"。该报表示"不怕承认错误，德皇不可能说出……一些愚蠢荒唐的话"，并得出结论说，"对发表黑尔的采访感到十分抱歉，因为采访是错误的、有误导的和恶意的"。

但是，即使该报表达了歉意，也没有完全承认错误，而且明确表示，无论出了什么问题，都是黑尔的错。报纸坚持认为，黑尔在发表前已经审阅并同意了校样。该报说，这位受挫的记者无疑是想把被压制的独家新闻刊登出来，而不需要承担泄密责任。报纸得出结论称："整个事件可以很好地服务于黑尔牧师的自身利益，同时满足了他的极端虚荣心和进一步获得国际恶名的欲望。"

时至今日，黑尔的角色和动机仍然是神秘且可疑的。他的儿子 1934 年在《大西洋月刊》（Atlantic Monthly）上撰文，坚称老黑尔自始至终都表现得很体面。[60] 但这位昔日的神职人员是公认名声不太好的人，至少在一战期间他已经成为这样一个人，当时他作为德国在纽约宣传活动的作家和顾问，秘密领取 15000 美元（相当于现在的 40 万美元左右）的丰厚年薪。根据一些说法，赫斯特于 1916 年 5 月雇佣黑尔作为特约记者前往柏林，即使如此，他依然从德国领着工资（虽然赫斯特是一个著名的亲德者，但据说他并不知道黑尔还另有一份工作）。战争后期，在他秘密的第二职业被曝光后，黑尔背井离乡去往慕尼黑，并于 1924 年在那里去世。[61]

《世界报》写了什么

对《世界报》来说，否定这篇报道一定是令其无比痛苦的决定。该报所盼望的正是一个充满全球性阴谋、有争议的采访：这样的采访吸引全世界的注意力，表明该报是国际政治中的玩家；它对竞争保持警惕；面对外国人和精英的反对，它的发表再次证实了该报的活力、无所畏惧和在小人物知情权上的贡献。事实上，该报在近期有一个拒绝屈服于压力的先例：它曾支持约翰·皮尔庞特·摩根可疑的采访，该采访也涉足了敏感的政治事务。现在，该报做出了明显的专业上的悔过和自罚行为，不可抗拒地成为最无情的新闻对手甚至整个世界的嘲弄对象和幸灾乐祸的目标。

近十年后，1917 年底，随着德皇口中"不可避免"的战争最终爆发，《纽约论坛报》重新审视了这一事件，得出了一个惊人的结论，这个结论很快得到其他一些报纸的支持:《世界报》报道的摘要是真实的。然而，问题仍然存在：为什么《世界报》退缩了？在这一点上,《纽约论坛报》感到很困惑。该报写道："唯一知道《世界报》为什么这样做的人已经死了，那就是约瑟夫·普利策本人。"[62]

这件事令人捉摸不透，来自柏林或华盛顿的压力像进入《纽约时报》一样进入《世界报》的新闻编辑部，这并非不可能；德国驻华盛顿代办给柏林发送了一份秘密电报，这份电报可以解释为是罗斯福在向《世界报》和《美国报》施压，要求他们撤回报道。[63]但是，尽管罗斯福向几位记者吹嘘在《纽约时报》上的成功，罗斯福在信中并没有提到个人对《世界报》决策的干预。此外，倔强的罗斯福和傲慢的普利策彼此厌恶，就在采访风波发生的同时，罗斯福也开始了后来"沙威式"①的努力，要求以刑事诽谤的罪名给《世界报》定罪，因为它积极报道了巴拿马运河交易中可能存在的腐败，而这一交易是罗斯福任内的标志性政策。双方都没有退缩；罗斯福在法庭上不断败诉，尽管《世界报》未能证明其指控，但也从未撤回指控，在大胆的社论中坚持认为它不能缄默。[64]

因此，普利策屈辱地向罗斯福投降时，还郑重坚称不会向罗斯福投降，尽管这种场景不是不可能，但让人难以想象。华盛顿外交界似乎也没有感到整个事件有多么紧迫。正如代办在他的电报中指出的，美国"较好的媒体"接受了黑尔对摘要的否定，而"当地政府圈子"则认为这两份"著名丑闻报纸"上的文章没有更广泛的意义。[65]黄色报刊的耸人听闻和虚假名声可能使其免受精英和外国人的外部压力，因为这些人低估了黄色报刊的影响力，瞧不上它们的大众吸引力。

但是，如果真的没有人向《世界报》施压要求其改正，那么它为什么非要纠正一个一直以来基本属实的"虚假"呢？问题似乎在于，《世界报》的故事摘要并不是来自被压制的黑尔给《世纪》的投稿，而一定是来自一份秘密或非法获取的文件。《世界报》摘要的语言与一封未经授权的信件非常接近，这封信是一位不愿透露姓名的《纽约时报》高管秘密寄给英国报业大亨诺斯克利夫勋爵的，其中叙述了黑尔私下告诉《纽

---

① 沙威是《悲惨世界》中的角色，在故事中努力追捕主角冉阿让，并发誓永不放弃。——译者注

约时报》编辑关于德皇的惊人言论。这些评论有关英国堕落、日本的危险野心以及其他类似问题，德国外交部后来将这些事情从黑尔在《世纪》的文章中删去。因此，《世界报》说它的信息是通过黑尔获得的是正确的，但黑尔公开（且准确）坚称这个摘要不是来自他在《世纪》的文章，这严重削弱了该报立场。同时，《美国人》的摘要也有属于自己方式的真实性；它几乎和另一封私人信件的部分内容一字不差，这封信是黑尔匆忙写给《纽约时报》总经理威廉·雷克的，内容是他刚刚和德皇的煽动性谈话。赫斯特只是继续叫嚷，表示《美国人》说对了，《世界报》造假了。[66]

因此，《世界报》似乎处于尴尬境地，感到无法为针对自己的造假指控进行辩护，因为必须对真正的消息来源保密。如果情况确实如此，该报决定发布这一令人尴尬的更正，将是以一种令人印象深刻的方式自然地展示其职业操守，而不是证明其与赫斯特不同。11 月 25 日，《世界报》才华横溢、脾气暴躁的首席编辑弗兰克·科布在一份秘密备忘录中告诉普利策，对已发表的故事梗概的处理方式"很不恰当"。科布写道，《世界报》发表了一个读者不感兴趣的来源神秘的采访，而就在一天前赫斯特宣称做了同样的事情，这看起来好像《世界报》只是用自己的假新闻来反驳《美国人》的假新闻。虽然他认为这个报道梗概"基本上是真实的"，但他写道："在我看来，这件事的处理方式就像一场造假，它具备所有造假的特征，并且留下了造假的印象……在我看来，《世界报》的最佳做法就是完全放弃它。"《世界报》下一次提及这个报道时，只是为了纠正它。[67]

《世界报》的两难困境说明了报纸面临的紧张局面：一方面是传统导

向的经验主义休闲娱乐，另一方面是越来越强调公开表现的新闻严谨性。科布的问题在于，故事梗概即使是"不容置喙的事实"，出版环境也使其"不可能说服普通读者相信这一事实……那么每一个字还不如完全不真实"。[68] 换句话说，如果它走起路来像假的，叫起来像假的，它不是假的这件事也就不那么重要了。《世界报》已经落入陷阱，此前罗斯福就警告过《纽约时报》不要落入这样的陷阱，《世界报》在与一个不可战胜的敌人斗争，愚蠢地牺牲了自己的可信度。

读者不禁怀疑，《世界报》就像《波士顿环球报》一样，以刚毅的姿态坦白并设法将责任推给博尔登案中的可疑侦探，《世界报》通过"承认"自己是无辜的，是被狡猾的黑尔带入假象中，而不是继续为自己积极参与玷污真相的行为进行辩护，希望以此修复诚信。像《波士顿环球报》一样，《世界报》可能已经下定决心，觉得被大家视为上当受骗比视为虚假更好；将其错误定义为轻信他人而不是有意欺诈，这种做法可以让人们认为该报将令人痛苦的诚实作为其特征，将谋求准确性的职业承诺作为其目标。此外，通过为这种轻信承担责任，该报似乎慷慨地免除了读者必须承认过于轻信报纸的责任。

似乎可以这样说，所有关于新闻界对德国皇帝轻率言行的争论，最终都没有对公众舆论或世界和平产生多大影响。德皇已经遇到麻烦，和平亦是如此。那些已经认为黄色报刊是大胆和反精英的人不会打消念头。那些本就对黄色报刊所说的话不屑一顾的人将继续不相信它。在很多方面，《世界报》不可靠的声誉超过了它在坦率方面的自我牺牲式尝试。12月1日，更正刊登后第一天，各地报纸都出现了抨击该报"虚假"的头条，从《蒙特利尔公报》（*Montreal Gazette*）（"纽约世界报撤回：承认所谓的德皇采访是假的"）到《伊利诺伊州石岛阿古斯报》[*Rock Island (IL) Argus*]（"纽约世界报承认其德皇的采访是虚假的"）。

此后，学者们经常忽视或否定（或者很可能一开始就没读过）《世界报》的报道梗概，而轻易接受更有权势的冯·比洛、更受尊敬的《纽约时报》和（暂时）更圣洁的神职人员——记者黑尔的说法。对该事件的政治后果有一份详尽的学术分析，甚至指出一个"奇怪"的事实，即《世界报》的梗概在最重要的地方与诺斯克利夫的笔记有着惊人的相似之处，即使这一分析粗鲁地将该报的版本斥为完全"虚假的""捏造的"和"耸人听闻的"。[69] 这是黄色报刊，当然会造假。

这一事件表明，尽管新闻的权威和可信度是问题的核心，但争论的焦点远不止某篇报道是否真实，还与读者、新闻人物和记者期望和想要的真相有关。当事件的每一方都在为自己的目的争夺叙事控制权时，"虚假"一词灵活多变、有时令人困惑的含义被操纵和利用，最终使人们对什么是真、什么是假更加怀疑。外交官和政客们把一个具有破坏性但真实的故事说成是假的，以此来抹黑它。一家以正派和值得信赖为豪的杂志，因为担心真实报道会被视为造假，于是中止了报道。一个急于吸引眼球的记者似乎泄露了自己的热门故事，然后大声斥责这个故事是假的。两家竞争激烈的报纸因为被发现造假而互相抨击，从而助长了长期竞争关系。最后，其中一家竞争对手急于提高其地位，并与不光彩的竞争对手拉开距离，因此将自己的真实故事称为一个错误，以避免被视为虚假。新闻消费者可以自由选择他们喜欢的新闻愿景和世界政治版本，并且都能得到验证。

1911 年约瑟夫·普利策去世后，经过普利策儿子拉尔夫的努力，最终将《世界报》从黄色报刊的阴暗领域中拉出来。第二年，拉尔夫在向新成立的哥伦比亚新闻学院第一期学员发表讲话时，抓住机会对造假行为进行了明确而响亮的否定。他向学生们呼喊："造假者就是骗子，如果他造的假没有造成伤害，那他就是一个无害的骗子，如果他造的假伤害到他人，那他不仅是一个恶毒的骗子，还往往是一个道德杀手。"[70]

拉尔夫·普利策承认，新闻编辑部的工作节奏令人惊叹，编辑每天要处理大量材料，这不可避免造成不准确的报道（以及由此产生的尴尬和诉讼）。尽管如此，他还是承诺忠于父亲的信条，对他来说，准确无误是"一种信仰"，并在一年内建立了自己"真正的教会"。[71] 为了一劳永逸地消灭虚假，拉尔夫以戏剧性姿态在《世界报》内部成立了"准确和公平竞争局"，任务是揭露、承认并公开纠正设法进入报纸的错误和蓄意造假。该局的工作人员对错误保持警惕，仔细梳理每一个版本，邀请读者直接向他们的办公室提交投诉，并建议解雇那些错误过多的记者和通讯员。这是一个宏大的、有计划的、可见的、有规模的问责制，也有助于防止诽谤[72]（我们承认错误，你们原谅错误）。

当编辑艾萨克·怀特向几十位当地编辑、记者和其他撰稿人发出第一封通函，解释"准确局"的计划并征求意见时，多数人都表示赞同，尽管偶尔也会有些嘲讽的味道。《纽约沃尔顿纪事报》[Walton (NY) Chronicle] 的编辑和出版商写道："据我所知，没有哪家报纸比我们更需要这样一个部门了，祝贺美国最伟大的报纸之一正翻开如此重要的新一页，准备摒弃不准确和虚假内容，这也正是多年来我阅读该报看到的最大特点之一。"[73]

但是，即使大多数编辑都发出了预期的声音，强调把事情做对的重要性，但还是有些人抵制，他们利用传统的新闻学为"无害"的虚假辩护：他们只是想通过给单调乏味的文章"注入生命"来取悦读者。[74]这又是一次准确性和快捷性之间的紧张关系：每个人都知道新兴的新闻写作传播惯例，旨在体现严谨的经验主义，往往伴有致命的沉闷。正如林肯·斯蒂芬斯在 19 世纪 90 年代回忆自己在《纽约晚报》（*New York Evening Post*）接受的培训，"记者们要像机器一样报道新闻，没有偏见、没有色彩、没有风格；都是一样的。在我们的报道中，幽默或者任何形式的个性化都会被捕捉、斥责并被及时压制"。[75]

尽管"造假"一词已经失去光彩，但在许多读者眼中，它的精神并没有消失。为艾萨克·怀特工作的一位记者说："造假是为了努力缓解单调，在全国范围内都是如此普遍，如此受到读者欢迎，一家报纸如果因为造假涉及的危险就完全放弃它，就会处于某种不利地位。"[76]有几位记者指出，"温斯特德人"的创作特别值得怜悯。记者兼编辑 L.T. 斯通，也被称为"温斯特德骗子"，他在《公民晚报》上发表了数十年的奇谈故事，内容涉及当地森林中出没的裸体野人、长出烤苹果的树，还有小鸡下蛋这一搞笑主题的各类版本，大家都认为所有这些故事都比欺骗更具有迷人的想象力。

事实上，即使打假的《世界报》本身也不能完全免于"造假"魅力的影响。1913 年 3 月 21 日，《世界晚报》的头版刊登了引人注目的标题"四点钟的蜥蜴咬人——那么你会准时死去"，而就在 3 个月前，拉尔夫·普利策才冷静地告诫哥伦比亚大学的新秀记者不要发表"掺假作品"。据称，这篇报道是根据对一位健谈的老水手的采访所写，内容关于巴哈马的自然奇观，例如吃鸡毛的巨型虫，但真正令人惊奇的是那只徒有虚名的蜥蜴。文章告诉读者，无论它在什么时候咬你，你都会在下一次钟声敲响四下时死去，无论是早上还是下午，这个故事被其他几家报纸引用和转载，所有报纸都给这个故事加上了含糊的标题，或者核心导语，但并没有选择以任何明显的物理方式将其与专栏中的其他新闻故事区分开。[77] 这是一种无害的虚假。

第一次世界大战结束时，"准确局"的知名度逐渐下降，在 1931 年报纸出售时也未能存活下来。但该局和四点钟的蜥蜴象征着 20 世纪初两种竞争的新闻愿景。蜥蜴的故事出现在《世界晚报》上，即《世界报》初级版，旨在与大众媒体中更粗俗领域的竞争。像这样的爬行动物故事是不允许进入"高级版"的，即《世界早报》，该报把德皇的采访说成是错误而不是虚假，希望通过这种方式努力挽救自己的声誉。

《世界晚报》仍然为尊重古老的传统留有余地，人们可能会乐于自己选择相信什么和什么是真实的——报纸的作用是娱乐、提供信息，而且确实存在无害的假新闻。《世界早报》采取了一种较新的方法。它说，读者希望知道他们在报纸上看到的东西是准确的，并且已经有严肃的人替他们进行过认证工作，这些人知道真相和虚假之间的区别，并且会站出来纠正他们的错误，无论这么做多么令人尴尬。确保准确、准确、再准确的方式就是通过要求专业、专业、再专业来明确谴责虚假。

第四章

"我相信虚假"

点和线组成了晦涩难懂的文身，这成了发生时间不足一小时的新闻！战场尸体的悲惨图片出自臭气熏天、满是化学品的浴缸！客厅的盒子里传出人声却不见人影！新传播技术要成为制作新闻的工具，不可避免地要经过试验。新闻的基本任务是为人们提供有关世界的真实信息，创新者总是想方设法将新设备或新事物应用于新闻的基本任务中，让新闻收集和呈现更快速、更贴切或更有效。但是，新技术也有一种趋势，就是不符其发明的初衷；一旦放开，它们往往会满足一些目的，回应人们从未预料到的需求。对于同样的设备或事物，创新者也总能发现新的使用方法，从而诱导、挑战、操纵和利用人们接收真实信息的期望。作为伪造新闻的工具，新通信技术也不可避免地要经受考验。

在 19 世纪 90 年代到 20 世纪 20 年代之间，新闻业的改善和技术的利用以特别重要的方式相互纠缠。同时，对于记者与准确性和真实性的职业关系，很多记者有了新理解。世纪之交出现了三种重要的通信技术，其中两种是新的，另外一种是重新调整利用的，使用者也在弄清这些技术是如何发挥作用的，还有对呈现现实生活带来哪些好处和限制。一项经典研究的发起人写道："这三种技术与任何新技术一样，都在明确其用途，为界定自身含义提供新想法。"这位发起人曾研究过冰箱的所有非常规用途，他表示："（技术的）好处是其使用的结果，而不是其使用的决定因素……并且这些技术有助于界定他们所解决问题的含义。"[1] 出现在世纪之交的三种通信技术，每种都有助于解决用不同方式呈现真相的问题。

摄影术在当时已经有半个世纪的历史，当"新闻摄影师"这个新职业的从业者开始争取独立身份时，"后期修图"的惯例，或者我们称之为"造假"的惯例已被广泛接受。在新兴电影行业，商业娱乐是重点，只要观众喜欢，什么都可以做。没有人会计较具有娱乐性的"真实"电影与实际娱乐之间的界限。无线电设备创造了神奇且超凡脱俗的以太世界，为造假者提供了如此受欢迎的避风港，以至于联邦政府最终认为应该制定一条或几条相关法律加以规范。

摄影技术伪造真实世界

1839 年，摄影技术问世，人们认为它能够传达"更绝对的事实"，正如埃德加·爱伦·坡所赞美的："这（摄影技术）绝对比任何手工绘画所呈现出来的都要准确。"[2] 然而，到 19 世纪末，摄影技术又再次引发了关于新闻造假的辩论，而此前报纸所引发的造假辩论还尚未得出结论。

在摄影技术问世后不久，从业者就瞥见了一种潜力，可以利用人们对真理和现实本质不断变化的观念。一个典型的例子是，19 世纪 60 年代和 70 年代在波士顿和纽约，一位前雕刻师将自己宣传为"威廉·H. 穆姆勒，灵魂摄影师"，赚取了巨额费用。他为死者拍照，或者按照他的说法：他会安排活着的被拍摄者摆出常规姿势，这些姿势都是按照标准的摄影室样片摆的，之后他会退回暗房，过一会儿就拍摄出了一张照片，上面清楚地显示已故亲人幽灵般的身影，悬浮在被拍摄者的肩膀上或椅子后面。事情就这么发生了，穆姆勒说，不知何故，镜头和光线的奇幻组合能够穿透死亡的面纱。

嘲笑和谴责从四处涌来。专业摄影师对这种行为表示抗议，认为穆姆勒破坏了摄影技术的诚实性；记者和科学家捍卫逻辑和理性，反对骗子；机会主义的政客们也迅速采取行动保护公众利益免受危害。甚至连P. T. 巴纳姆也参与其中，巴纳姆此前精明地利用了善意虚伪和恶意欺诈之间的区别，打造了成功的事业。他嘲笑那些对灵魂摄影信以为真的客户，比如有位妇女从自己死去儿子的灵魂照片中获得安慰，之后她相信自己的兄弟在战场上牺牲，也买了一张他的照片。不久后，她"死去"的兄弟安然无恙地回到家，这位妇女却始终拒绝动摇自己的信念，她说有"恶灵"假扮成兄弟的样子来欺骗自己。[3] 巴纳姆对此嗤之以鼻。

然而，这位妇女并不是唯一坚决拒绝纠正固执念头的人。在死亡泛滥的年代，穆姆勒的很多顾客都更愿选择接受超自然的慰藉，将其视为一种恩赐，不容任何置疑，当然也不允许专家和精英蔑视和唱衰：他们有意识地选择绕过那些无情的权威，去拥抱他们从虚假中看到的真相。1869 年，穆姆勒因被控盗窃和欺诈而被拖进曼哈顿的法庭接受预审，此时，他的数十名支持者和信徒冲到法院，为他提供证据，并宣称他们相信穆姆勒提供了更仁慈、更温和的事实。经过三周调查，法官拒绝将此案送交大陪审团。法官表示穆姆勒"从道义上讲可能存在欺骗行

图 4.1　廷卡姆夫人和一个幽灵朋友。

来源：蛋白照片，威廉·H.穆姆勒，波士顿，1862 — 1875。数字图像由盖蒂开放内
容计划提供。

为",但不能否认,控方未能证明穆姆勒是如何做到的。[4]

对理性主义者和怀疑论者来说,这是一次惨败,同时也公开承认,摄影的作用比爱伦·坡和其他人想象的要复杂。期望摄影只是现实生活的纯粹写照,这显然过于简单;而不承认它可能存在欺骗,这显然又太天真。《纽约世界报》(当时还不归约瑟夫·普利策所有,仍保留最初在纽约市诞生时的报刊名)是穆姆勒主张最大的挑战者之一。在穆姆勒案被驳回的第二天,《纽约世界报》就刊登了一篇专栏文章,开头像是表达了对失去信仰的哀叹:

> 至此之后,谁还能相信照片的准确性?从前,我们一直接受引导要相信本质,相信整个事件的本质,除了本质之外别无他求;但现在,我们可能在照片中看到亨利·沃德·比彻在节日花女郎的怀抱中,已故的哀悼者可能成了手拿生皮鞭的鬼魂,对着棉花地里的一帮黑奴发号施令。当这些事情发生时,我们又该向何处去?这种事情会对个人声誉造成什么破坏,对未来的历史学家造成多大的困惑?人们一直很珍视照片,认为照片和真人一样,不会撒谎,但是这件事却揭示了照片的准确性也最具欺骗性,人们可能利用照片的这种特性来撒谎。[5]

但是,承认照片可能存在欺骗也开启了从文字中解放出来的可能性,我们通常可以从报道中意会到一些信息,即便是虚假的照片也能传递某种事实。大名鼎鼎、广受崇拜的比彻牧师可能会被描绘成和"节日花女郎"寻欢作乐,这无疑让一些人感到震惊,但这一幕也并非空穴来风;

当时，有关比彻玩弄女性的传言已经有好几年了[6]（他因与最好朋友的妻子偷情而遭指控，这一引人注目的审判经过了将近六年才平息）。与其说《纽约世界报》的评论是一种哀悼，不如说这事实上是在眨眼示意，任何事情都不像表面看起来的那样。无论是否有照片捕捉到，任何表象都不可信。

随着摄影照片在日常生活中越来越常见，美国人也愈发适应照片的种种表达方式，这些方式可能是模糊的、复杂的、具有欺骗性和诙谐的。就像消费者对待报纸报道和文字准确性之间的关系一样，他们也在定位和评估照片和"绝对真相"之间的微妙关系方面收获了经验。摄影师们想着如何给模特拍出三条手臂，或者让模特的头脱离身体放在盘子上，眼睛圆睁，他们因为一种全新的客厅游戏而分享意料之外的丰富乐趣，发出困惑的笑声。艺术家精心制作垂死少女的造型、长着翅膀的小天使、童话中的人物、圣经中的人物以及其他幻想中的场景，他们沉浸在自己的创造力之中，对再现现实的传统进行了试验。没有一个顾客会相信，摄影师曾冷静地肢解和重新组装摄影工作室中的模特，或者小红帽遇到狼的那一幕恰好发生。图像确实很逼真，但没人信以为真。[7]

同时，开拓进取的阿尔弗雷德·斯蒂格利茨和其他艺术摄影师决心证明摄影完全是一种要求很高的艺术，与绘画或素描一样都具有表现力，需要使用海绵、刷子、木桩和暗室装饰，以增强他们底片和照片的阴影、雾气、光线和氛围效果。在商业化的肖像摄影室，使用所谓"后期修图"和"手工修图"技术成为常规操作。少数纯粹主义者反对机械化操作，将其看作是承认摄影师失败的做法，其他人则坚持认为，被拍摄者订购了他们眼中的真实场景并支付了费用，摄影师的工作就是为被拍摄者进行呈现。[8] 1897 年的一份行业杂志上发表过一篇摄影从业者写的文章，文章标题是《后期修图的恳请》，作者在文中写道："在我看来，出于某种原因，如果一个 60 岁的人想要看起来尽可能接近 30 岁，摄影师越能实现这一目标就对他越有利。我认为，摄影师从事这项工作主要不是为了热爱，而是为了谋生，最好是以最轻松的方式谋生，同时尽可能让顾客满意。"[9] 顾客只要有钱，他们说的就是"更绝对的事实"。

但是美国人想要看到的被调整、修饰和美化的不仅仅是肖像、艺术场景、静态画面和其他可塑造的现实，还有当今新闻消费者乐意归类为"摄影新闻报道"的工作——这个概念和词汇在 19 世纪时还不存在。[10] 确切地说，一些摄影师确实拍到了新闻事件的照片，但这些照片在全球摄影作品中占比和影响力都不大，部分原因是在系统性捕捉和传播当前事件的事实、有用图片方面，现有技术很失败。新闻事件通常是突发的，但是那个时代的照相机又慢又笨重，照片冲洗过程很烦琐，很难在忙忙碌碌中管理。在大约 1880 年之前，技术还不足以支持以足够便宜的方式快速复制照片供日报使用。半色调工艺出现，其所呈现的图像往往是模糊且没有吸引力的，而且在很多人看来，半色调工艺呈现的图像还不如一位眼光敏锐、想象力丰富、双手灵巧的艺术家所创作的，令人印象深刻的插画信息量大。在大众媒体可以使用照片的几十年里，几乎没怎么看到照片的出现。[11]

所有这些都意味着，即便新闻事件进展缓慢，更符合摄影师设备的移动方式，使用银板照相法或名片肖像也缺乏一篇优秀新闻报道所需的影响力、及时性、责任感、情景化、商业价值和明确性。这些新闻事件包括世界首例麻醉手术、总统就职典礼上拥挤的人群、内战战场上标志性的成堆尸体、失事后的火车头或火灾后的废墟等。

这些呆板的限制也有助于塑造人们对当前事件图像的看法。由于新的摄影媒介完全独立于我们所熟悉的"新闻业"信息系统，如果消费者碰巧看到了新闻事件的图片，他们就没有理由将其归为特殊类别，也没有理由对其真实性抱有和其他类型照片不同的期待。记录时事的摄影师也觉得没有任何义务使用特殊技术，或在工作中遵循与工作室同事常规做法所不同的道德准则。例如，波士顿的银板摄影师索斯沃斯和霍斯与一个医生团队合作，在镜头前重现他们对麻醉病人的划时代手术，或者亚历山大·加德纳和蒂莫西·奥沙利文在葛底斯堡战场上把阵亡士兵的尸体重置于更戏剧化的场景中，他们这么做也是在遵循惯例，以自己的方式呈现图片，虽然逼真但不是事实。[12]

针对造假的争论

在20世纪的头几十年里，关于摄影如何同现实联系有着持续争论，关于新闻造假的辩论也一直持续，两者纠缠在一起。那时，报纸造假已经被普遍否定，虽然在实践中并非总是如此，但造假是新闻业一切不专业行为的象征。与此同时，商业和艺术摄影师也开始有意识地使用"造假"一词描述一些做法，这些做法原本就已有很好的词汇来描述，比如"后期修图"和"手工修图"。正如在报纸早期不用负责且常常受人追捧的时代，一些记者所做的一样。一些摄影师开始把他们版本的造假描述成无害的嗜好，一种对公众的服务，对创造性的许可，还有最重要的是一种给公众提供更好、更真实事实的方法。

一位行业期刊的撰稿人认为:"造假做得好不一定使照片更接近本质,但是……它应该会显得更加真实,但这绝对不是一回事。"正如另一位从业者在美国摄影家协会发表演讲时所宣称的:"我相信造假,我欣赏合法的造假、成功的造假、能产生理想效果的造假。"他在总结中督促同事克服"超现实主义的造假",从而获得"不是字面上,而是精神上的和永恒的事实"。这次演讲收获了经久不息掌声。[13]

然而,与此同时,另一种对事实的看法正在新一代摄影师群体中生根发芽,这个群体非常新颖,给自己作了正式介绍。1900 年,《美国摄影年鉴和摄影时代年鉴》(*American Annual of Photography and Photographic Times Almanac*)的一位撰稿人解释说:"每家重要的报纸都雇用了一名专职摄影师,报纸派这些摄影师去城市和乡村的每个角落,甚至世界各地,用相机和笔来收集新闻。这些聪明、活跃、勇敢的年轻人现在被公认为新闻摄影记者,他们的工作被称为新闻摄影。"[14]

这种新型摄影的演变受到各方面发展推动。技术起到了支持作用:照相工艺加工最终生成了可以在日报上发表的图片,而更轻的相机、更快的快门、更多功能的镜头和闪光装置以及更高效的暗房技术,都为捕捉更逼真的图片提供了可能。美学的转变也发挥了一定作用,像斯蒂格利茨这样著名的摄影师开始倾向于更自然的风格,即众所周知的"直拍"摄影。但是新闻摄影师也有一个职业榜样:有原则和可信的报纸记者,他们强调自己与耸人听闻、满是虚假的大众媒体不同,通过强调这一区别确立自己其身份。与报纸记者一样,新闻摄影师坚持认为他们的作品忠实客观地表现了现实,避免了后期修图、手工修图或人性情感的介入。《美国摄影年鉴和摄影时代年鉴》记者补充道:"这种新闻摄影真实讲述新闻故事，笔下没有不准确之处，没有虚构，没有夸大事实，没有不是新闻的新闻。相机不会撒谎，它展示人们的真实面貌，以逼真的精度再现场景。城里的编辑没有机会在这里把自杀的丑女变成美女，也没有必要通过伪造图片呈现发生在世界另一端的事情。"[15]

事实就是如此：新闻摄影师不需要造假，正如之前的报纸记者所做的，新兴的专业摄影记者骨干承诺自身的真实性，并且公开承诺绝不操纵新闻或篡改事实，通过这种方式将自己与同领域工作的其他人区分开。是否否认造假已经成为衡量专业程度的一个重要标准，而且行业期刊也在确保人们知道这一点，并举出了一些极其失败的案例。例如，一家报纸因无法获得旧金山大火的照片，便刊登了一张两年前巴尔的摩大火的照片；还有一家报纸付给一位年轻女子 10 美元，让她在脖子上套上绳索，在镜头前把自己吊起来几秒钟，以冒充自杀者。但是，一位作者明确地向读者保证，他设定了职业内的界限："假照片在真正高级的报纸上通常不受认可，更高级的报纸从不使用它们。"[16]

爱伦·坡称赞摄影能表达"更绝对的真相"，在此后的几十年里，摄影与真相之间的关系已远没有宣传的那么绝对。事实证明，摄影不仅为艺术灵魂提供了灵感，让实验者和业余爱好者欣喜不已，摄影自身还可能作假，鼓励欺骗，把商业成功看得比真实更重要。新兴的新闻摄影领域声明拒绝造假、修饰和操纵的立场，明确表示愿意坚守自己的边界，并将可能损害其声誉的不端者驱逐出去。这个后来被称为新闻摄影的专业领域已经站在其新闻传统一边与之共命运，并且拒绝摄影方面的粗陋价值观。

20 世纪 20 年代，小报的出现挑战了这一切。

画面开始动起来!

巴黎大咖啡馆黑暗的地下室中，约二百名观众每人花了一法郎，挤在屏幕前，屏幕中一辆火车头不顾一切地冲向这些观众，惊慌失措的观众从座位上跳起来，尖叫着跑向出口。

或者并非如此。

观众被卢米埃尔兄弟的虚拟火车迷惑吓跑，这故事在某种程度上是虚假的。没有任何同时代的目击者描述、新闻报道或警察档案证实1896年春天的那个晚上，有大批人从大咖啡馆疯狂逃出。当时尽管大多数观影者对看到的东西感到惊讶甚至不安，但他们也非常清楚，屏幕上的火车图像并不会把他们撞倒，而这个经久不衰的故事，温和地嘲讽了人们在面对新技术时的下意识恐慌，一位电影历史学家称之为"电影的创始神话"。[17] 但是这个神话的持久吸引力有助于阐明一些问题，包括古老而熟悉的问题和专门针对这项技术的新问题，这些问题显示了早期观众努力去理解这些会动的真实图片。

有关电影的创始神话之所以能够流传下来，部分原因是它传达了关于所有关键技术诞生的重要信息——这些时刻包括人们正在弄清这些技术可能用来做什么，可以做什么，将由谁控制，对日常生活可能意味着什么。"这个新事物将改变一切"，这是早在所有人知道什么将会改变或如何改变之前，大家常说的话；这必然会对人们产生巨大影响。很显然，技术常常如此。

然而，这个大家常说的话中经常出现一种精彩言论，涉及所谓的"他人无知的迷思"：人们有一种强烈的信念，认为只有其他人才会被新机器带来的东西所吓倒或操纵。只有幼稚、懵懂或落后的人才会这样，就像世纪之交的老套角色"乔希叔叔"一样，他是留声机唱片的乡巴佬明星，甚至还在 1902 年发行过自己的影片《乔希叔叔在电影院》。这种频繁反应可以起到明确提醒的作用，提醒我们任何时候当我们试图评估造假者、伪装者、观察者对恶作剧、伪造事件和欺诈事件的说法时，都要谨慎。当然，所有人在塑造针对自己的特定报道时，都会带有自身利益，任何人"哈哈，我们愚弄了他们所有人！"的言论与"哈哈，没人能骗过我！"的信念一样，对历史学家来说都应该是危险信号。

一些媒体自诞生之日起就与商业娱乐世界有着密切联系，评估这些媒体的影响尤为复杂，尽管其承诺提供一种关于世界的全新真实信息。电影出现的最初几年，关于电影的原始资料和间接资料里都是有关可信和轻信的矛盾故事：电影制作者伪造场景，吹嘘他们在伪造场景方面的独创性，编造关于观众如何看待伪造场景的报道；观众知情并享受观看伪造场景，观众被伪造场景愚弄；历史学家坚持认为观众被伪造场景愚弄了，历史学家坚持认为观众完全清楚场景是伪造的。资料记录的谈话涉及谁被愚弄、谁没有被愚弄，还有为什么愚弄他人的部分过程与为之付出的努力同等重要。这场交谈对假新闻的历史有着特殊的重要意义，在电影商业化仅仅几年后，电影业就出现了首次争斗，欺骗、愚弄和博弈的产生顺理成章，一些技术的出现为其提供可能，而且这些技术在更广阔的新闻领域中占据了令人不安的位置。在这个领域，虚假开始听起来像是一个肮脏的词。

从一开始，整个"电影"类别就与现实有着复杂的关系。第一批想看电影的顾客并不是去"看电影"；他们大多是去杂耍剧院、游乐场或去看帐篷表演，在那里他们可以欣赏到魔术师、吟游诗人、杂技演员、喜剧演员、男扮女装者，甚至可能看到屏幕上短暂闪烁的图像中跳舞的大象。人们普遍认为，或者至少有文化修养的人认为，电影只是提供给大量移民和工人阶级城市大众的另一种低俗娱乐，只是商业化大众休闲世界时而污秽的另一个特征。因此，电影更接近于一种在公共场合购买的新奇事物，而不是一个有义务呈现真相的信息系统。[18]

这一观点在 1915 年得到了权威证实，当时最高法院将电影审查制度合法化，裁定由于电影是"纯粹的商业行为"，而不是新闻，因此不在宪法对言论自由保护的覆盖范围内。但事实上法院认为，电影这种新技术具有空前强大的能力，黑暗中与陌生人坐在一起的敏感人群，他们的情感会受到电影影响，他们的道德感会被电影破坏，公共秩序和礼仪的守护者必须能够控制电影行为。电影不会是最后一项激怒道德家的技术，也不会是因为在公共舞台上被塑造为既戏剧化又有害的形象，而被贴上半官方社会问题标签的最后一项技术。[19]

但是，比起引发不道德的机会，电影的新颖性更引起了最早期观众的注意。就像 19 世纪的大杂烩报纸一样，由爱迪生制片厂、比沃格拉夫电影公司、维塔格拉夫制片公司、卢米埃尔兄弟公司、百代电影公司等美国和国际领先公司制作的几秒钟或几分钟电影，模糊了现实生活和虚构小说的界限、启蒙和娱乐的界限、可信信息和令人愉悦的捏造之间的界限。最早期的摄影师拖着笨重的机器到处走动，目的是寻找"任何在户外快速移动的事物"，正如一位早期摄影师所回忆的那样：（这些事物包括）呼啸而过的火车、成群结队的工厂工人、在城市街道上行驶的有轨电车、正在工作的消防员、为小牛打烙印的牛仔，甚至是总统的就职典礼和沙皇的加冕仪式。[20]电影观众经常可以在屏幕上看到路人向摄影机镜头投来疑惑的目光，证明虽然（在镜头中）看不见摄影师，但他的存在却很明显，并且不经意间承认了魔术背后的公开秘密。

诸如工厂工人和总统宣誓就职的实况报道可以合理归类为写实报道，甚至是新闻报道（无论有意或无意），因为确实捕捉到了日常生活中真正自发的或有新闻价值的活动。但很快就出现了在摄影棚里拍摄的人们日常生活的影片，就像自然而然发生的一样：一个男人在打喷嚏，一对情侣在接吻，一个强壮的男人在活动身体，一位女士在跳舞旋转，或者1897年的一个具有挑逗性的例子，一个女仆帮女主人脱去舞会礼服洗澡［这位女主人的扮演者之后成了乔治·梅里爱的妻子，她在那部影片中穿了一件连体袜，但确实看起来像是裸体］。[21]

这些简短影片的大部分兴奋点在于是对现实生活的有趣反映。有电影展示"寡妇琼斯"和她的追求者亲热接吻了18秒钟，《纽约世界报》在谈到这部影片时滔滔不绝："这是世界历史上第一次，我们能（在影片中）看到接吻的样子。"这场接吻是发生在舞台上的，而不是偷拍的，这对恩爱的情侣应《世界报》要求，再现了一部受欢迎戏剧中的一个场景，但观众真正的快乐并没有减少；这个吻看起来很真实，或者说足够真实，现实生活中一个转瞬即逝的片段被神奇地捕捉、保存下来，并分享到黑暗中坐满观众的剧院。[22]对于大多数有这些特征的片段，观众最常见的反应既不是恐慌也不是困惑，而是愉悦——"毫不掩饰地觉察到（并乐见）电影引起幻觉的能力"，一位学者认为："观众的反应与原始反应相反：这是一场与现代性的相遇。"[23]而现代性的标志之一就是复杂性。

商业压力和竞争很快挤走了这些没有情节的简单电影，转而支持更有创意甚至更加荒诞的电影，这些电影通常使用演员、布景、服装和拍摄脚本。阿尔伯特·E.史密斯和他的伙伴 J.斯图尔特·布莱克顿在 1897 年创立了维塔格拉夫制片公司，只用了不到一年，就差点宣告了电影的终结。史密斯回忆说："毕竟，美国人的头脑富有想象力，能对一棵在风中折弯的树或一个正在挤奶的人感兴趣多久？"史密斯从他女儿的玩具堆中选了几个木头人，用定格摄影法制作了一个故事，又将海西德夫妇与催眠大师的杂技表演事故编成了另一个故事。[24] 托马斯·爱迪生的电影公司制作了大量轻快的喜剧片，这些喜剧片以万无一失的策略为特点，比如人从椅子上摔下来和人掉进水里。在其一部广受欢迎的 20 秒影片中，两只小猫戴着小拳击手套对打，开创了"小猫表演"这种永不过时的影片类型。

乔治·梅里爱是最奢侈的创新者之一，他是法国的魔幻摄影和特效奇才，他的电影经常在美国放映，或是通过合法渠道或是通过非法拷贝。他曾让一位女士消失，把火箭发射到"月亮人"的一只眼睛里，并在《一个顶四》（*Un Homme de têtes*，1898 年）中，戏剧性地拍摄了将自己的三个头颅复制品一个接一个从肩上拿下来，并将自己快乐的头颅放在桌子上，然后和它们一起用班卓琴演奏了四重奏。然而，梅里爱的其他电影则属于更加模糊的类别，利用演员、舞台、布景和剧本来重现真实生活事件。最受欢迎的是《爱德华七世的加冕》（*Le Sacre d'Édouard VII*），该电影于 1902 年国王爱德华七世加冕之日在伦敦首映，内容包含了所有人期待的、一个正统加冕仪式应有的盛况和威严：剑和盛装、王座和华盖、跪拜和昂首阔步、披风和高耸的假发，阳台上挤满了衣着华丽的女士，她们从高处向下看。但是由于威斯敏斯特教堂禁止拍摄，梅里爱研究了有关礼仪规定后，布置了一个场景，雇用了一名洗衣房服务员和一名舞蹈演员来扮演这对皇室夫妇。[25]

尽管这部电影是对事实的自由改编，但观众还是很喜欢它，很可能就是因为这种自由改编。幻想家梅里爱从不假装自己没这么做，公开把这部电影和其他再创造的作品贴上标签，包括1897年希腊－土耳其战争的场景、佩雷火山爆发、11部关于德雷福斯审判的系列作品，称这些都是"人为安排的场景"。[26]如果这些电影场景能让没有去世界各地旅行的人目睹大灾难，让不是公爵或公爵夫人的人有机会接近"新国王"，谁会在意它们不是严格意义上的真实呢？只要它们看起来"真实"，谁又会在乎呢？

其他流行的电影重构涉及对历史事件的现实呈现，主要围绕那些已经去世很久的人。例如爱迪生制片厂的电影《苏格兰女王玛丽的死刑》（*Execution of Mary, Queen of Scots*, 1895）中，一位双眼被蒙、衣着华丽的女士跪在刽子手面前，在不显眼的定格镜头编辑下，一个衣着华丽的假人替换上去，斧子落下，这位不幸的皇室成员的头在地板上弹跳和滚动（这是令人毛骨悚然的画面，但并不恶心：画面中没有血迹）。许多美国人已经熟悉了历史重现类的影片，他们对小比格恩战役和其他"真实生活场景"的场面重现感到兴奋，这些场景常年流行于水牛比尔的"荒蛮西部"巡回表演中，或者常年出现在马戏团、集市和杂耍屋的舞台上。[27]就像那些装扮成《卡斯特和疯马》的活生生的演员、公开承认报纸造假的人、耶稣在十字架上的艺术摆拍照片和小红帽在丛林中的艺术摆拍照片一样，电影对真实或貌似真实事件的重构从来不是为了欺骗。相反，电影向观众展现的英雄、浪漫或凄美场景，是尽其想象力所能描绘的，让观众随着情节在自然虚构空间展开，有身临其境的刺激感，同时充分享受看台带来的安全感。这些娱乐活动甚至比现实更令人满意，在超越现实的同时又能安全地控制这一切。

电影开战，或近乎开战

美西战争在古巴爆发，给尚在襁褓中的电影制片业带来新的紧张局势，也让可靠度和可信度问题更加紧迫。从奇幻的娱乐到朴实无华的生活片段，这个提供一切事物的体裁突然开始接受一项新任务：拍摄真实战斗的动态影像。换句话说，电影正在做类似新闻的工作。最终，这种相似性仍然只是名义上的，因为许多自诩其作品真实的电影制作人也在使用越来越巧妙的策略进行伪造。然而，在这点上，电影制作者与政治家、军事家、公众人物以及刊物记者并没有太大区别，他们竭力将一场争吵变成具有崇高意图和光荣结果的"辉煌小型战争"，这场争吵与"旧世界西班牙"展开，针对其对待"新世界古巴"的问题。缅因号战列舰意外爆炸，机会主义斗士针对此事喋喋不休，事实上这仅仅是一个最明显的例子，反映了在有关冲突的公众对话中，强烈的民族情绪、愤怒和幻想凌驾于事实之上。[28]

与他们在出版业的同行一样，电影制作人迫不及待想要参与这场战争，许多美国人把这场战争看作入场券，可以让他们年轻的国家在世界的帝国主义列强中占据一席之地。与出版业同行类似的地方还在于，电影制作人明白，新闻消费者对电影作品会有不同的期待，比如戴着拳击手套的公猫帕鲁卡这类电影和描绘真实新闻事件的就不一样。但是，与出版业同行又一个相似的地方，或至少与偏黄色报纸相似的地方在于，很多电影制作人同时面临巨大压力（或者利用无法抗拒的机会），以耸人听闻和沙文主义的报道介绍美国在战场上的超凡实力，从而吸引越来越多的观众。激烈的竞争不仅发生在互为对手的电影制作人之间，还发生在电影制作人和庞大的记者队伍之间，这些记者以其他各种可能的新闻形式报道战争，也包括使用一些非新闻形式去报道。信息的洪流是巨大的，虚假信息的泛滥也是如此，要找出两者的差别很困难。

例如西奥多·罗斯福和他向圣胡安山冲锋的仓促之举。似乎每个人都对罗斯福的英勇行为有话要说，而且他们说的话有时甚至是真的。1898年，罗斯福已经是个具有传奇色彩的人物，他是一个精力异常充沛的人，也是一个善于宣传的人，他在荒蛮的西部当过牛仔，在纽约州立法机构与腐败斗争过，并努力清理纽约市腐败的警察队伍，他一生都渴望有机会亲身体验对男子气概的终极考验。战争一打响，罗斯福就辞去了海军副部长的职务，在志愿骑兵队中担任中校，这支队伍很快获得了"莽骑兵"的称号。7月1日在圣胡安山周围的激战中，他迅速得到了所期望的所有赞誉和刺激。在那里，"莽骑兵"和其他几个团，包括一支全体由黑人组成的"水牛战士"部队，突击并占领了高地，同时也蒙受了重大伤亡。

新闻、传说、现实主义和准确性都以多样化的形式呈现。对圣胡安交战的视觉呈现不经意就获得少有的逼真效果。在诸如《罗斯福中校率领莽骑兵在圣胡安发起广为人知的冲锋》（*Colonel Roosevelt Leading His "Terrors" in the Famous Charge at San Juan*）这样振奋人心的图画中，可能从未离开过美国的报纸素描艺术家描绘了这位无畏的中校挥舞着剑，带领着一队士兵，这些士兵挥舞着步枪，跃跃欲试想爬上圣胡安山。[29]
受欢迎的艺术家和雕刻家弗雷德里克·雷明顿曾到古巴为哈珀和赫斯特
的《纽约日报》撰写文章并绘制插图，之后他创作了大型油画《莽骑兵
的冲锋》（*The Charge of the Rough Riders*, 1898）和《圣胡安山榴霰弹的
呼啸》（*The Scream of Shrapnel at San Juan Hill*, 1898），将简短的版画升
级为完整的叙事剧目。7月8日，《纽约日报》用双页展示了一个巨大标
题"古巴战场的实际场景，为《晚报》拍摄"，标题称这些是"来自血
腥战斗现场的第一批真实照片"。但是由于照相制版复制存在实际困难，
日报出版时间紧迫，因此"真实照片"在日报中仍然很少见，该标题最
终还是标注了这一明显事实。报纸上刊登粗糙、泥泞的战斗场景版画只
是"真实照片的副本"，旨在"再现相机拍摄出来的产品"。与之相反的
是，在流行杂志中，真实照片已经成为常见形式，例如在《莱斯利画报》
（*Leslie's Illustrated*）、《科利尔画报》（*Collier*）和《哈珀》，真实照片可
能是最不具说服力的视觉形式，因为摄影师要应对难以驾驭的设备、难
以接近的困难，而持续不断的烟雾往往使他们拍出来的照片看起来不如
素描艺术家的创作真实。[30]

出版的报道也有可信度之分。战争鹰派人物赫斯特一如既往将巨大
的标题、煽动性的插图、引人注目的噱头、大量修饰的报道和爱国主义
的夸大言辞混杂在一起，他喜欢将这些称为"日报的战争"，包括他欣
然写下的以及从战场上受伤的记者发来的报道，还有一系列指出竞争对
手报纸造假和错误的争论性公告。《纽约时报》《纽约晚报》和《芝加哥
每日新闻》等严肃机构努力平衡他们的报道，避免他们所不屑的黄色报
道过多出现，同时仍努力抓住读者的注意力。据说约有500名报社记者

和摄影师前往古巴，其中许多人来自当地报社，他们资源有限，所以他们也能把自己家乡的志愿者塑造成英雄。[31]斯蒂芬·克莱恩为普利策的《世界报》报道了这一行动，并几乎立即将他收集到的一些最佳素材重新用于短篇小说集《雨中的伤痕》（*Wounds in the Rain*），这部小说集的作品在风格上与他的新闻作品几乎没有区别。与其他大多数报纸相比，他对罗斯福的关注明显更克制；在他的一篇报道中，他甚至直截了当地将莽骑兵的首次交战斥责为"英勇的失误"，失误产生的原因是他们对"西班牙人如何在丛林伏击的想法明显错误"。[32]

也许报道莽骑兵战斗最有影响力的记者是理查德·哈丁·戴维斯，他精心把自己打造成风度翩翩的典型外国记者形象。在前一年，赫斯特新闻品牌出现罕见的内部抗议，戴维斯退出了赫斯特的报刊。他感到很愤怒，因为弗雷德里克·雷明顿在一幅插图里展示了一个年轻貌美、一丝不挂的女士被三个"野蛮的西班牙人"动手动脚，这幅画附到了戴维斯的报道中，戴维斯在报道中写道，西班牙官员怀疑古巴女士为叛军传递信息，因此对其搜身[33]（事实上，这些妇女的脱衣搜身都是由女舍监在私下进行的）。然而，戴维斯的原则并没有阻碍他继续为《斯克里布纳》（*Scribner*）和其他出版物进行报道，他的报道色彩鲜明、生动活泼，人们普遍认为戴维斯的报道成就了罗斯福的国内政治生涯。戴维斯没有粉饰战争的肮脏和混乱，细心的读者看到他对圣胡安山周边战斗的描述就会明白，这次行动虽然是勇敢的，但并不是旗帜飘扬、刺刀在阳光下闪闪发光的光荣战斗。事实上，罗斯福带领了大批没有骑马的部队穿过高高的草丛，躲过西班牙神枪手的射击，经过极其艰难的跋涉，拿下凯尔特山，然后又支持其他部队成功攻克了更陡峭的（而且名字更响亮的）

圣胡安山。

戴维斯创作的故事出现在 1898 年 10 月的《斯克里布纳》杂志上，当时大多数美国军队已经回国，去古巴冒险已经渐渐变成朦胧的往事，但对渴求浪漫和英雄主义的读者来说，戴维斯创作的故事提供了很多比汗水和鲜血更令人难忘的画面。其中有一段话令人印象深刻，戴维斯写道："罗斯福骑在高高的马背上，孤身一人向散兵壕冲去，你想要为此欢呼。他的宽边帽上挂着一条蓝色波点手帕作为遮颈布，当他前行时，手帕就像是队旗一样在头的后方飘扬。"[34][可以肯定的是，罗斯福做出了许多传奇的贡献。杜利先生是芝加哥专栏作家芬利·彼得·邓恩观察力敏锐的挚友，他曾评论称，罗斯福对这场战役的描述应该命名为《独自在古巴》(Alone in Cuba)[35]]两年后，威廉·麦金利选择罗斯福作为竞选伙伴，主要是看中了他在军事上的辉煌时刻，而一年后，麦金利的遇刺让罗斯福这位前中校成为美国总统。

许多匆匆奔赴古巴的电影制作人很快意识到，他们笨重的摄影机实际上并不擅长捕捉移动的画面，至少并不擅长捕捉战争中的画面，这些画面多变且难以预测。例如，摄影师比利·比泽曾拖着一吨多重的蓄电池为比沃格拉夫电影公司的巨型摄像机供电，他甚至没有试图靠近潜水员，去拍摄他们从缅因号上打捞尸体的过程，只是简单拍摄了从岸上看到的船只情况。[36]爱迪生的手下在战场拍摄的镜头里大量展现了士兵玩毯子抛人游戏、列队行进、渡河、登船、在船上升旗或者下船等场景。所有这些场景都可以在白天安全拍摄，摄像机安静地放在三脚架上。没有一个场景能比得上罗斯福戴着波点手帕全速前进时辉煌喧闹的场面。对于那些期待第一次真正看到战争激烈场面的电影观众来说，看到他们勇敢的士兵小伙子在毯子上打滚，那种兴奋程度或许就和耐着性子看完一个人打喷嚏一样。

所以，大多数电影制作人很快提出了替代方案，采用了与之前一样的策略和技巧，就像他们让玛丽女王头身分离，或者让木制马戏团玩具活起来一样。梅里爱实际上并没有费心去加勒比海，他向法国观众提供了一系列"人工安排的场景"，这些场景有他的个人特色，其中至少有一个场景应用了异想天开的方案，解决困扰现场摄影师（比如比泽）的取材问题。在《缅因号沉船上的潜水员》（*Divers at Work on the Wreck of the Maine*，1898 年）中，人物穿着深海潜水服、戴着巨大的头盔在一艘沉船的残骸上徘徊，拖出一具"尸体"——一个松软且明显的假人，而活鱼则在场景中穿梭。摄像师通过一层薄纱拍摄，这层薄纱营造了朦胧的水下氛围，而鱼则是由水族馆的玻璃墙提供。[37]

然而，对于爱迪生、比沃格拉夫、维塔格拉夫、阿梅特以及其他在战场上（或邻近战场）的美国电影公司来说，战争太过严肃，不适合异想天开的创作。《射杀被捕的叛乱分子》《古巴伏击战》或《莽骑兵的战斗》等电影标题明确，电影中叛乱分子靠墙排队站着，被西班牙士兵射杀；美军开火，马匹冲过烟雾，英雄们挥舞着帽子冲锋陷阵，战士们高举手臂，倒地而亡。热衷于爱迪生电影的观众在看到这些场景时，不禁发出嘶嘶声和欢呼声。电影和公司的宣传材料都没有承认这些激动人心的动作场面是重现的，这些场景不是在古巴拍摄的，而是在制作人西奥兰治工作室附近的丘陵地带拍摄的，那里距离曼哈顿 14 英里。也没有人承认这些"士兵"是由新泽西州国民警卫队休班队员热情扮演的。爱迪生公司的产品目录指出，在处决叛乱分子的电影中，"闪闪发光的步枪和飘散的烟雾构成了非常引人注目的画面",而伏击战则有"良好的烟雾效果",在小规模战斗中,一队骑兵在行进的"身后留下团团灰尘和烟雾"。所有这些说法都是真实的,而且都更强调画面的戏剧性、刺激性和真实性,而不是事件本身,更强调其娱乐价值而不是新闻价值。[38]

爱迪生公司的产品目录主要是为电影发行商而不是为电影观众准备的,但现实再现的主题反复在报纸评论中出现,这些评论更加公开,尽管不一定更加自发。极少数报纸确实表达了温和的批评;宾夕法尼亚州《泰隆每日先驱报》[Tyrone (PA) Daily Herald]埋怨道:"战争影片就像战争一样,有些短暂。喜剧电影很受欢迎,但战争场景却很难达到预期。"(不幸的是,泰隆的吹毛求疵者并没有明确指出他们首先期望的是什么)在新闻专栏中更常见的是对电影的溢美之词,赞颂电影多么"栩栩如生"和"异常逼真",爱迪生称之为战争摄影的设备是多么完美地"在实际动作中,再现了动人、逼真的场景,雄伟的战舰……"。[39]不过,合理的猜测是,很多昙花一现的东西并不是新闻报道而是"广告",这些无处不在的东西看起来像新闻,实际上只是不明显(或者有些明显)的免费广告,相当于给广告商的小赠品——也是另一种形式的假新闻。[40]

战后很久,一些电影制作人喜欢揭露他们是如何最巧妙地实现"逼真"效果的。维塔格拉夫制片公司的联合创始人阿尔伯特·史密斯在1952年的回忆录中描述,缅因号爆炸事件发生后,他和布莱克顿迅速制作了一部名为《扯下西班牙国旗》(Tearing Down the Spanish Flag)的简短影片,影片中布莱克顿赤裸的手臂伸进画面,将一面微型西班牙国旗从微型旗杆的顶端扯下来,然后拉着绳子,升起同样微型的星条旗。但当用这些小道具拍摄出来的镜头投射到30英尺的屏幕上时,产生了

"轰动"效果。史密斯回忆道："这促使我们去寻找类似的主题。随着民族主义情绪高涨，我们开始拍摄人们想要看到的东西。"[41]

人们想要看到的东西，史密斯在这里似乎在暗示，维塔格拉夫制片公司只是善于预测和回应流行的情绪，那些愈演愈烈的情绪自发且纯粹，并进入公共场域，这与被广泛揭穿的"黄色媒体应该为整个事件负责"的迷思一样，是对战争压力的不完整解释。缅因号的灾难发生后，大家确实开始追捧像维塔格拉夫制片公司出品的"爱国"题材电影，但这些电影也推动公众情绪高涨，并保持了这种热情。为了让公众满意，需要艺术、手艺和诡计的加持，因此史密斯和布莱克顿毫不犹豫地运用了这些技能。

当观众们吵着要看圣地亚哥港大海战，这个被电影制作人完全漏掉的场景时，这对无所畏惧的制作人组合在摄影棚桌面上重现了这场海战，使用了一位业余爱好者的帆布、木材、棉花、线和火药。模型是按照大型商业船照片制作的，烟雾则来自史密斯妻子的香烟。史密斯自豪地回忆说，整个过程有一种非凡的现实主义氛围。他确实承认，"这是对现实战役的危险的妥协，但这不是衡量欺骗的时候……当我们看到《圣地亚哥湾之战》（*The Battle of Santiago Bay*）和长达 30 分钟的《与我们的弟兄在古巴战斗》（*Fighting with Our Boys in Cuba*）所引起极大兴奋和热情时，这种欺骗给吉姆和我带来的良心自责就越来越少了。"[42]正如他在电影《扯下西班牙国旗》中以及此前报纸造假者所做的那样，史密斯实质上是在争辩说他们不得不这么做，公众希望他们造假。

史密斯回忆说，当他们设法前往古巴时，他们与罗斯福还有他的手下同船航行，拍摄了一卷又一卷的战斗镜头，包括一些著名的冲锋场景。

然而，这些影像在视觉上令人失望，与许多报纸和杂志上描述的壮观突击完全不同。与其说是冲锋"不如说是在浓密的灌木丛中跋涉，这就是突击。没有什么光鲜可言，也没有欢呼声和乔治·M.科汉；这是一种残忍、恶毒、致命的对敌跟踪任务，敌人随时有可能悠闲地在你背后开一枪。直到我和布莱克顿回到纽约，才知道我们参加了著名的圣胡安山'冲锋'"。[43]

目前还不清楚这段没什么特色的"冲锋"片段是否保留了下来。[44]甚至不清楚这两个人是否真的去了古巴，历史学家们多年来一直在争论，史密斯关于前往战区诙谐而生动的描述，是否与他拍摄的港口战役一样都是虚假的。[45]然而，即使史密斯从未踏上战场，也没有亲眼看过冲锋的场面，他对"残忍、恶毒、致命事件"的回顾性描述，实际上比现场许多记者和电影制作人所拍摄出的光荣和魅力史诗更加真实。史密斯的颠覆性坦诚迟到了半个世纪，未能在塑造罗斯福艰难前行的公众形象方面起到任何作用。但是，在1898年，几乎不会有公众想要看到人们徒步穿过灌木丛的真实景象（你想象；我们提供）。

相信或不相信

显然，人们喜欢战争电影；电影院中挤满疯狂鼓掌的观众，同时代的报道中满是这样的描述。但是，那些在当今观众看来无疑是虚假的场景，当时的人们是否真的相信，这个问题几乎不可回避，也没有什么特别的参考价值。对于那些去世很久的人，我们无法观察到他们的内心世界。这个问题也不例外，很难通过实际验证回答。而且这个问题更复杂，因为很多同时代的流行观念都起源于无休止的陈旧对话，这种神秘的对话占据上风，涉及谁欺骗了谁以及谁被新技术欺骗。制片人、评论员、观众和其他有意确认自己没有被骗的人，频繁引用"他人无知"。鉴于这种情况，遇到像维塔格拉夫制片公司前助理编辑这样的人着实令人耳目一新，这位编辑在 1938 年回忆了史密斯（在电影中）使用模型船这一众所周知的骗局。他写道："如今，他们讲述了同时代的观众完全受蒙蔽的故事，但是我不相信观众会被骗，真的。几年后，出于好奇，我私下看了这部主题电影，那是厚颜无耻地粗制滥造，即便在当时来看也是如此。"[46]

与其重提旧时争论，我们或许应当思考公众如何选择观看战争电影，还有他们对战争片的期望。与其提出"观众是否相信他们在屏幕上看到的东西"这种简单的问题，我们不如思考这些电影如何融入观众对战争信息或者新闻等方面的整体需求，还有这些信息与其他情报和娱乐系统的现有关系如何塑造观众对战争的态度。

用"奇迹般地逼真"来描述这一场景可能意味着银幕上的海上战舰看起来就像真的，或者用帆布、棉花和香烟烟雾构建的画面看与一艘真的海上战舰相像得惊人，就像史密斯和布莱克顿迷人的木制马戏团，虽然毫无疑问是玩具，但看起来却出人意料地像真的。观众可能已经接受了挥舞帽子、短兵相接的冲突画面，认为这是真实生活的一部分，就在镜头前展示出来。或者像"水牛比尔的荒蛮西部"演出中坐满看台的观众一样，他们可能认为画面中的景象令人满意地体现了想象中与敌人真正冲突时的场面。

观众们可能会觉得电影再现动人、逼真的场景本身就非常令人满意，或者认为这些策略很聪明，克服了技术上的不可能，就像期刊上的复制品"再现"了"真实"的照片，没人能想到如此真实的照片会印在上面。看到这么多不同电影制作人出品的不同版本的圣胡安冲锋，观众可能会感到困惑，或者他们可能只是简单同意所有这些电影中的观点，就像理查德·哈丁·戴维斯对这场冲锋戏的夸张叙述一样，这些电影的重点不在于真实性，而是"让人觉得想要欢呼"。

看电影的一个独特元素是，它要求观众们进入一个特定物理空间，这个空间努力塑造与普通家庭环境完全不同的炫耀性壮观场面。那个时代的报纸广告让大家可以一窥观影者夜晚外出，在杂耍屋或娱乐场所遇到的情况。电影广告通常出现在"娱乐"一栏中，与其他令人愉快的内容混杂在一起，证明了无论是在大城市还是小城市，都有大量商业化的休闲活动，吸引着无聊的人去享受喜剧小品、戏剧朗诵、魔术师表演、吟诗表演、现场戏剧、歌剧和无数其他乐趣。

一些电影推介人强调了他们战争影片的信息价值。当战斗仍在激烈进行时，纽约的基思联合广场剧院不仅提供了来自比沃格拉夫电影公司的"更多新战争场景"，还承诺通过直接沟通获取最新的战争新闻，并且在剧院公布。[47]然而，大多数情况下，其首要目标恰恰也是报纸标题所承诺的：娱乐。例如，芝加哥共济会教堂的屋顶剧院以一张海报拉开了夏季演出序幕，海报上展示了从杂技演员到木琴手的各类表演者，还包括战争图片，其中包括"展示最新的战争美图系列——最新轰动。还有其他各类绝妙的剧目"。[48]底特律《自由报》上有一则广告称，一家名为"仙境"的"欢乐宫"用比沃格拉夫电影公司"新奇电影的精美清单"来吸引观众，其中包括"泳装女孩跨栏赛跑"，接着是在圣胡安山战役中脱颖而出的美国第四步兵团。[49]

在亚特兰大，希伯尼安大厅代表圣约瑟夫·洛雷托修道院修女会为圣诞季慈善活动做了广告，宣传的内容一点也不神圣，是"爱迪生的战争影片：生命、运动、现实——莽骑兵将震撼所有美国人的心。不要错过19世纪的精彩娱乐！"[50]《纽约时报》报道，伊甸园博物馆已经因其"所有战争英雄"的蜡像和大量战争电影收藏而闻名，博物馆会一个接一个地连续播放电影几个小时，兜售匈牙利吉卜赛音乐家和圣胡安以及圣地亚哥的电影。[51]而在洛杉矶的"哈扎德馆"则宣称周四晚为州长候选人举行盛大的共和党集会，周五是爱迪生重现"40个伟大场景——激动人心的场景……战舰在全速行驶中发射大炮"。[52]

因此，会有人付25美分或50美分坐下来观看全新的华丽枪战，观影是在杂技演员在台上表演翻身之后，木琴演奏者拿起木槌演奏之前。观众为跨栏的泳装美女和圣胡安山的老兵欢呼，用脚为恰尔达什舞打拍，为莽骑兵鼓掌，支持修女为那个时代精彩的娱乐而兴奋，听一场振奋人心的竞选演说，然后见证令人激动的海军胜利。战争电影只是众多类型和感官印象中的一个元素，由于能和数百个全神贯注的陌生人分享，所以这种感官更显强烈。

西格弗里德·克拉考尔有一篇文章写到了魏玛柏林的电影院以及这些电影院对"分心的推崇"，这些电影院既有现场表演，也有银幕大戏，克拉考尔将这些活动描述为"有效果的全面艺术品"，"用各种可能的方式冲击每种感官"。他认为，平面的二维电影和生动的三维现场表演，二者之间的不一致性清楚表明：电影只是幻觉。[53]但无论是否为二维，战争电影确实与其他娱乐节目一样有着更重要的相似性。所有这些电影都更具吸引力而不是启发性，运用感官和情感吸引观众。争先恐后的泳装美女令人激动；战争场面也令人激动。魔术师充满魔力；战争场面也充满神奇色彩。杂技演员引人入胜，战争也扣人心弦。关于他们看到的战争是否真实——大家是否知道看到的是新泽西的山丘而不是古巴，又是否看穿了帆布浴盆里的微型船模型假象，似乎无关紧要了。

然而，战争片与喜剧片、艺术片和其他娱乐片在一个重要方面有所不同。除了场面壮观之外，战争片还深深卷入了对"宏大"冲突的广泛沙文主义 ① 支持，这场冲突最终以对菲律宾的残忍干预而告终，并且牢固确立了美国在帝国主义列强中的地位。无论人们是否认为这些电影呈现了战争的真实情况，很多人都觉得它们呈现了战争中积极和爱国的画面。这幅画面鼓励并肯定了公众对战争的支持。

关于战斗的海量公共信息，包括正派报刊、黄色报刊、杂志、绘画、插图、盛大活动、小说以及英雄和冒牌英雄讲述的故事，很大程度上充斥着幻想、直觉、热情和假象。电影作为信息大厦的一部分，显然在引发或支持战争上不是唯一的责任承担者，它们很可能只是融入并加强了宣传。但考虑到战争的高风险，任何能促进战争信息流动的事物都至关重要。

黄色媒体像电影一样寻求娱乐，也像电影一样声称其真实性，却一直因其在战争报道方面的明显失败而遭受严厉批评。但是，报纸媒体中确实有一股反力量，这支反击势力规模虽小但影响力越来越大，它们标榜自己的身份可敬、可信和准确，并直言不讳地反对造假。在整个战争

---

① 沙文主义（Chauvinism）原指极端的、不合理的、过分的爱国主义或民族主义。现在沙文主义定义为"认为自己的群体或人民优越于其他群体或人民的非理性信念"。——译者注

期间，诸如《芝加哥每日新闻》和《纽约时报》等报纸经常对黄色期刊散布的"巨大谎言"表示厌恶。缅因号爆炸事件的四天后，E. L. 戈德金格调高雅的《纽约晚报》表达了一连串愤慨，对耸人听闻的媒体"严重歪曲事实和故意编造故事来刺激公众"表示强烈愤怒。[54] 那些受人尊敬的报纸不仅履行其职业责任，以一种他们认为负责的方式报道战争，还树立职业工作界限，通过给其他报纸打上不负责、不可信的标签，认定他们不符合可接受的新闻业标准，而这些标准由受尊敬的报纸树立。主流报纸声称有权监督它们自己的同行，指出错误并要求改正。尽管这种权威经常被忽视或无效，但它代表了新闻工作者所做的开创性努力，即告诉其他新闻工作者要为失败、失误和造假负责。

电影业则不同。在最初的几年里，电影没有这样的权威（无论是否自称有），并且也没有这样的分裂（无论是否承认）。电影制作人追求创新，并努力争取更多观众，他们揭露自身造假，以显示自己的聪明，或者通过出卖对手造假来打击他们；他们声称自己很聪明并嘲笑他人的无知。但是没有人以他们对公共利益的贡献衡量他们的成功，也没有人以他们对真实信息的忠诚度或对造假的原则性拒绝来确定他们的声誉。无论是官方还是其他审查机构，都可能会反对在黑暗的影院里播放过多裸露身体、犯罪或者亲热场景，而电影业将逐渐建立起自己的监督机制，如国家电影审查委员会和海斯办公室，以抵御外部监管。但是他们关注的是体面，而不是准确：内部并没有专业界限来划分可信和虚假；没有电影制作人从事边界设定工作，将同行判定为造假者而排除出行业；也没有哪个电影公司会要求另一个电影公司纠正自己的捏造或错误。

1922 年，罗伯特·弗莱厄蒂出品《北方的纳努克》(*Nanook of the*

146

North），开创了一种之后称为长篇纪录片的形式。他的影片讲述了一个名叫纳努克的因纽特人、他的家人和其他因纽特人的故事，记录他们在加拿大北极地区的日常生活，就像他们之前几代祖先的生活方式一样。不过，尽管弗莱厄蒂确实把摄像机拖到了哈德逊湾，但他在那里拍摄的大部分情节都是提前安排好的，是经过设计和操纵的，就像爱迪生在新泽西的"古巴冒险"一样。因纽特人已经多年不用鱼叉猎杀海象了，他们更喜欢用枪；经过滑稽的拉锯战，他们从冰面的通气孔中拉出来一只海豹，但这只海豹其实从头到尾都是死的；冰屋的墙壁残缺不全，以便摄像机能够放进去。《纳努克》并没有真正打破纪录片的任何制作规则，因为当时规则还不存在。弗莱厄蒂的目的不是要复制现实，而是要保存即将被现代世界吞噬的传统社会景象（确切地说，这被高度浪漫化了），如果这意味着要伪造传统，这是一个好理由。[55]

电影业诞生的时候，报纸和新闻摄影师都在努力使自己专业化。当公民做出定义自己民族身份的重大决定时，电影业开始确立其身份。然而，尽管电影新技术的可用性本可以为它在新闻专业化项目和公共辩论中赢得重要地位，它却把聪明才智用在假扮的陆军和浴缸里的海军上。布鲁斯·哈克特和劳伦·卢岑瑟提醒我们："技术的好处是其使用的结果，而不是其使用的决定因素，技术有助于定义所要解决的问题。"[56]如果娱乐是电影的优点，那么造假就不会被定义为一个问题，也不需要解决。

以太中的噪音

在那个时代的新通信技术中，无线电是最神秘也是最混乱的。19世纪后期，被称为"以太"和"电波"的领域开始崭露头角，这是一个前沿领域，海军、商业航运商、发明家、企业家和业余爱好者竞相争夺所有权，这个前沿领域不受单一权威控制，基本上不受监管和规则约束。以太本身是一种既有限又无形的物质，只有那些拥有由晶体管制成的"法宝"才能听到喋喋不休的声音，只有那些知道密码的人才能理解，而且通常难以仔细检查、保存甚至追踪。虽然照片或电影的消费者可以通过检查作品判断其真实性和可信度，但无线电听众面临评估技术产品的挑战，这项产品没有明确的创作者，没有可见的"手工"痕迹。

然而，对于那些即将被称为"业余无线电台操作者"的听众来说，以太的复杂性提供了不可抗拒的机会。他们是一群无组织的业余爱好者和工匠，用废料和电器残余物建造了自己的晶体管接收机，并把电波设施看作成熟版本的后院树屋——这个树屋上通常挂着"禁止大声喧哗"的标志。在 20 世纪初，对于许多美国中产阶级男孩和男青年来说，他们一方面要做传统绅士，另一方面又推崇真挚、独立、罗斯福式的男子气概，在相互矛盾的社会压力之间左右为难。而熟练掌握一种神秘而强大的新技术，能为他们提供一种为社会所接受的逃避方式，让他们能够进入父母、爱人和姐妹不能跟随的领域。这个领域重视专业技能和聪明才智，而且常规礼仪也不适用。[57]

以太引发的混乱接踵而至。西奥多·罗斯福总统参访科德角舰队时，业余无线电爱好者干扰了本该发给他的信息；1909 年 2 月，美国海军大白舰队结束了为期一年的环球友好之旅凯旋时，业余爱好者拦截了传播该消息的电波。当他们陶醉于无线电波的"荒蛮西部"式自由，并与任何试图控制无线电波的私营公司和军方作斗争时，一些人从过度热情发展到恶作剧。"业余无线电爱好者会向海军舰艇发出假命令,并声称这些假命令来自海军将领;他们发出虚假的求救信号,让海岸警卫队和其他船只疯狂地四处搜寻,试图找到遇险船只……由于没有法律限制这些业余爱好者的伎俩,警方很少甚至没有对他们进行搜查,无法确认最恶劣违规者的名字和所在地。当收到无线警示时,这些人倾向于用咒骂和下流话来回应。"[58] 想象一下,业余无线电操作者飞快冲入以太中,搞了个恶作剧,然后又消失了,和伙伴一起为他的壮举而窃喜:业余无线电爱好者在 1910 年扰乱以太的不法行为就像 2020 年黑客入侵网络的不法行动一样。

但在 1912 年 4 月,泰坦尼克号上包括男人、妇女和儿童共约 1500 名乘客死于寒冷的北大西洋,这一事件使得了业余无线电爱好者和无线运营商做出了一些重大改变。在受损的泰坦尼克号上,有人用马可尼无线电报机发出第一个求救信号,之后美国海岸附近的业余无线电波爱好者都拿起发射器请求获取信息并散布谣言,传播错误信息;"泰坦尼克号上所有乘客都被安全送往哈利法克斯市",这样一条消息被几十家报纸转载,时至今日,都没有人清楚这是一个不幸的错误还是一个残酷的骗局。在这场难以想象的灾难发生后,矛头直指各处,其中一些责难对准了这些业余无线电爱好者——一些社论作者称他们为"无线小人"或"无线海盗"。在营救过程中,他们通过无线电波干扰了所有人,一些人认为,他们应该对"残酷无情的……假消息"负责,这些假消息给世界带来了虚假的希望。英国官员尤其愤怒,他们抱怨虚假信息导致伦敦劳合社的再保险费率下降了一半,并暗示存在操纵金融系统的阴谋。[59]

这场混乱,连同众多失败、失误甚至涉及官方无线通信的谜团遭到曝光，促成了四个月后《1912 年无线电法案》的通过，法案旨在规范以太。其中一项规定是，任何操作无线电发射器的人，包括业余爱好者，都必须获得许可；而任何"不通过无线电波进行实质商业交易的发射者"，也就是纯粹出于兴趣发射的人，他们发射的电波频率必须被限制在最不常使用的部分。法案接近结尾的部分规定，"在美国管辖范围内的个人、公司企业不得故意发出或传送，或导致他人发出或传送任何虚假或欺骗性的遇险信号、呼叫或其他任何类型的无线电波"。[60]

该法案代表了国会首次将无线电波作为一项公共产品来监管的重要主张。尽管该法案侧重点对点的通信，实际上并没有提到广播，但可以说该法案是一个重要里程碑，意味着联邦政府宣称有权力和意愿禁止虚假新闻进入公共电波。然而，由于执行和遵守情况不一，该法案成为首批缺乏实际效力的法规之一。无论如何，《1912 年无线电法》对业余无线电爱好者的限制在 1917 年变得毫无意义，作为当时的一项战时措施，海军控制了无线电波并下令禁止所有业余无线电波操作活动。然而，《1912 年无线电法》不会是政府最后一次尝试监管以太中的谎言，业余无线电爱好者也不会是政府试图通过法律控制的最后一个造假者。

第五章

"我们不管这叫宣传"

人们对大战的一切感到吃惊。帝国主义、民族主义、军国主义、经济甚至家族关系（想想看，有多少欧洲大陆的王室成员可以称维多利亚女王为"祖母"），欧洲多年来设法遏制的紧张局势，却突然出现武装冲突，就因为一辆敞篷车在偏远的巴尔干半岛首都转错了弯，无意中将尊贵的乘客直接送到了惊愕的暗杀者面前，而暗杀者本以为和同伙已经错失机会。在阳光进步的时代，人们相信理性、科学、效率和善意可以解决现代社会的问题，但是在四年令人震惊的工业化大屠杀下，这种信仰被粉碎了，并且没有人能够想出如何阻止这一切。在索姆河战役的"大推进"中，协约国领导人确信最终将打破战壕中的僵局，战壕在头几个小时就消灭了近两万名英国士兵，四个月后战争因冬季到来而停止，而此时已有超过100万名士兵伤亡，最终协约国的领土向前推进了大约六英里。政府、军队、公司和日益庞大的媒体作出了巨大努力，在不断恶化的战争灾难中发动前所未有的虚假信息闪电战，以保障征兵人数、维持士气高涨和公众的坚定支持。正是在第一次世界大战期间，"propaganda"（宣传）得了一个坏名声，这个中性的单词原本指的是组织大量信息，之后在英语中则变成权力机构操纵和欺骗的代名词。[1]

最后还有一点令人震惊，战争残余呈现一个明确的信息：这种宣传也给新闻业带来了坏名声。在战前不久，严肃的美国记者一直自信地将自己作为权威的专业人士呈现在读者面前，他们拥有讲述真相和揭露假象的特殊技能。然而，在战争期间，政府和军方宣传人员篡夺了记者对陈述事实信息的管辖权，还有记者监管自己行业的权威。

更有甚者，有记者甚至打着新闻的幌子，这标志着我们可能称之为"假新闻"的开始。然而，"假新闻"一词指的是新闻机构发布信息中的各种骗局、笑话、欺骗、伪装和错误，"假新闻"一词更适合形容那些假装是新闻机构或者像新闻机构一样行事的机构，他们创造并传播不实信息，精心制作的形式看起来就像独立媒体的真实产品。在真正的新闻业建立之前，假新闻是不可能被界定的。专业新闻基于公认的道德和实践原则，并按照已接受的标准运作。假新闻的势力和影响力只会继续增长，它侵占并利用真正的记者努力争取来的信誉和权威运作。有时，假新闻也攻击个别真记者的信誉和权威。

战争最终结束后，真正的记者发现自己不被信任，感到尴尬，并且处于被动状态。部分是因为他们自己对战争的报道有缺陷，但也因为政府在造假上有难以抹去的污点。他们还发现自己被一种新型报纸甩在了后面，这些新型报纸的读者缺乏热情，似乎并不关心报纸是否说了真话。这些记者也被日臻成熟的广播技术抛在了后面。随着广播技术的发展，广播业也在制定自身规则。严肃的记者发现自己几乎要从零开始，努力夺回他们对世界进行真实描述的管辖权，并证明他们与造假者的区别。

兜售一战

1914 年 8 月德国入侵比利时之后，英国和法国政府几乎立即开展了宣传活动，在国内外制作和散布传单、书籍、海报、插图报纸、新闻报道和影片。这些宣传为战争提供了更发自内心的理由，以弥补在军事和外交上信服力的不足，这个理由就是：从野蛮中拯救文明。这些宣传传递的信息是：德国人是渴望征服的低等野蛮人，他们接受德皇领导，正如很多人还记得的那样，1900 年德皇敦促德军参与西方对义和团运动的干预，对待敌人的无情就像匈奴王阿提拉对待敌人一样（英国人鲁德亚德·吉卜林 1914 年写的一首诗有助于唤起人们的回忆，诗的开头写道，"为了我们拥有的一切 / 为了我们孩子的命运 / 站起来接受战争 / 匈奴就在门口！"）。尽管德国人竭力用自己的宣传与协约国抗衡——包括直接尝试假新闻，在 1915 年秘密买下一家衰落的纽约报纸《晚间邮报》，这份报纸即便在新主人的领导下也没有恢复活力。德国的这些努力不尽如人意，无论是在为自己辩护方面，还是在妖魔化敌人的基本宣传任务方面。[2]

当然，德国人对此负有很大责任。这次入侵严重侵犯了比利时的中立地位，对其士兵、平民和财产实施了极其残酷的暴行。此外，到 1915 年春天，德国驱逐舰炮击英国海岸城镇，德国的齐柏林飞艇从空中袭击协约国城市，德国地面部队在战场上向协约国士兵投掷氯气（协约国很快开始编写他们自己的报道，包括化学战、杀害平民的空中轰炸和其他"不文明"行动）。5 月 7 日，一艘德国 U 型潜艇击沉了英国客轮卢西塔尼亚号，造成近 1200 名平民死亡，其中超过 10% 是美国公民。这一行为在协约国和美国（此时美国官方还是中立的）引起公愤，无论是德国（准确地）坚称客船载有弹药，还是德国大使馆提示说它已经在美国多家报纸刊登广告，在游轮出发前几天充分警告过美国人，"旅行者乘坐英国或其协约国船只在战区航行要自担风险"，但这些行为几乎没有平息愤怒。[3]

随着战争在欧洲继续，美国报纸为读者提供了大量目击者陈述、无畏的独家新闻、经审查的报道、冒险故事、编造的故事、重新包装的宣传、伪造的电影和照片以及武断的言论，这些全都得靠读者自己分辨。像其他战争中的记者一样，急于报道"伟大战争"的美国记者发现自己受到交战国的严格审查和新闻管理。尤其是视觉图像被视为对士气和安全的潜在威胁，无论是专业还是非专业人员，战争初期交战双方都努力完全禁止他们在前线使用摄像机，摄像机的使用受到了严格限制。

即便如此，聪明才智和坚持不懈的努力还是会得到回报。记者们讲述了躲避军事当局、哄骗、撒谎或虚张声势的故事；他们采取了一系列有趣的专业行动，比如骑自行车或坐马车去前线；他们在战区被捕，被关进监狱，被威胁作为间谍处决。审查制度并不总是无懈可击的，但美国报纸上大肆宣扬的泄密事件未必代表着真相的胜利。经验丰富的丑闻揭露者威尔·欧文后来回忆说，一些报纸，"特别是大都市的报纸"（这种说法通常是指赫斯特的报纸），"习惯于用生动、令人痛心和富有想象力的细节来丰富其巴黎或伦敦通讯员已被精心审查过的报道……并在开头冠以通讯员的署名"。[4]

一如既往，战争报道的竞争、混乱和局限性甚至可以把最勤奋的记者变成捏造者，无论这个记者是有意还是无意。那些进入战场的照相机或电影摄像机实际上并没有什么用，因为在混乱的战斗中，它们在捕捉动作方面表现得非常糟糕，这使得伪造的图像比真实的更常见。1915年11月的《文学文摘》为美国电影观众准确描述了，他们在影院看到的战斗场面是如何由装扮好的演员在英国"安静的乡村小路"上演的。[5]

许多美国记者都很激动能够参与英勇的战争冒险中，故意并乐于塑造出一副不顾一切的记者形象，他们对危险一笑置之，为一篇好报道不惜一切代价。那些业余记者、商务旅行者和其他普通公民更加急切但更不可信，一些美国编辑迫使他们充当代理记者，以绕过交战方对真记者的限制。1959年，长期在纽约工作的记者埃米特·克洛泽写了一本有关在西部前线美国记者的书。书中写道：一些外行"以一种节日精神"对待他们的任务。据称，其中一个"无耻的造假者"交了一份"杰作"，开头这样写道："我在巴黎附近乘坐火车时突然听到枪声。火车停下来，我们下了车，望向山的那边，看到激战正酣。我看到，一个士兵用刺刀刺穿了另一个士兵的头。"

克洛泽很快向读者保证，那个无耻的造假者会被立即剥夺资格。他坚持认为，是像造假者那样"不负责的业余爱好者"，而不是他专业的同事，最激进地利用了这样一种理解："暴行故事的新闻价值高于常规战争事务"，甚至最"不可能和荒谬"的故事也可以不经核实就发表。[6]

但是，很难说非业余者克洛泽就是无罪的；他承认，他的书在某种程度上是40年后的忏悔，忏悔自己年轻时参与编造战争故事。1918年秋天，作为《纽约环球报》（New York Globe）的一名新秀，当同事从默兹－阿尔贡战役中发来最新报道时，克洛泽却被束缚在办公桌前改稿，对此他感到恼怒。他不假思索地接受了一些戏剧性的故事，这些故事由一位名叫摩尔的资料收集老手定期带给他，摩尔坚称他是通过与战区回来的老兵闲谈获取的这些信息。克洛泽承认："当时，我肯定知道他提供的一些故事是编造的，但每当我有疑虑，一想到摩尔要抚养他长期抱病的妻子，需要我帮助他保住工作，我内心就平静了。此外……尽管是代理性质的，但这是我成为战地记者的唯一机会。"[7] 在这里，对新闻戏剧性的渴望超过了准确性的要求，这种要求是乏味的旧指令。

尽管美国大多数新闻机构，就像当时它们的大多数读者一样，对欧洲战争持中立或孤立态度，但驻派当地的记者们则是持各种看法的都有。《纽约论坛报》的王牌记者理查德·哈丁·戴维斯将那些洗劫和焚烧鲁汶的德国士兵形容为"肆意狂欢的人"，他们因"行为过度而语无伦次"——他坚称，尽管在洗劫过程的大部分时间里，德国人都把他锁在一节火车车厢里，但他还是能看到这些。[8] 然后，在戴维斯发出报道的一周后，五位一直在报道德军进军事件的美国记者给美联社发了一封电报，这封电报之后被广泛转载。他们在电报中以自己"专业和个人承诺"保证，多数关于鲁汶暴行的报道都是毫无根据的，"讲述暴行故事的难民无法提供直接证据"（五位签名者中有两位为《芝加哥论坛报》撰稿，而该报是明显反英的）。[9]

换句话说，与大多数欧洲人不同，美国读者在战争的最初几年可以接触到来自各方的新闻和观点。然而，大量随时可得的新闻报道给新闻消费者带来了挑战：关于海外发生的事件，他们需要自己调和截然不同的观点和大相径庭的事实，并且决定可以或者更愿意相信哪些记者和新闻机构是真实的（我们报道，你挑选你喜欢的）。

在 1915 年 5 月发生的新闻事件中，这些判断决定可能在某种程度上更容易些，当时卢西塔尼亚号沉没不到一周，英国政府发布了所谓的布莱斯报告。在前一年夏天，德国士兵入侵了比利时这个可怜的小国，这份报告正是对德国士兵罪行的官方调查结果。[10] 报告中的指控具有煽动性，认为德国士兵的行为不仅违反了战争规则，也违反了最基本的人道原则，报告写道：投降的士兵被刺刀刺伤，囚犯被虐待，妇女被强奸，儿童被残害，平民被屠杀，人质被杀害，房屋被掠夺，城镇被烧毁，文化宝藏被损毁。

这份报告听起来很权威，提供了大量据称是直接从事件目击者那里获得的私密细节。报告的发布获得了布莱斯勋爵的许可，布莱斯勋爵是一位颇受尊敬的学者，曾是自由党议员和驻美国大使。野蛮侵略者对单纯、毫无防备的受害者犯下的令人发指的性暴力，该事件被公众广泛描述为"强暴比利时"，但是由于这本官方出版物强调了该事件，利用了公众因想维护正义而生的怒火，所以它也是宣传的杰作。

然而，当时很少有读者注意到，作为报告基础的证词在法庭上是站不住脚的，这些证词是从比利时难民那里收集的，没有经过宣誓承诺也没有附上姓名。大多数委员会成员似乎感到压力，因为不能挑战英国政府对战争的最佳卖点——嗜血的德国人形象。委员会成员故意摆出被动姿态，没有核查事实，没有重新约谈证人，也没有核实证词中提出的证据。[11] 换句话说，他们没有证实这些指控，但也不会否认。对证词的否认出现在战后，当时几项调查揭露了报告中的大部分结论过于危言耸听，比如根本不存在一出生就没有手的比利时婴儿。

但是在 1915 年，一场出乎意料的严重冲突中，假新闻起了作用，实际上这场冲突在当年圣诞节前还没有结束。布莱斯报告被世界各地的报纸翻译成30种语言，并且被长篇累牍地摘录下来，通常还附有尖锐的评论。这份报告将德国人塑造成毫无人性的怪物，这一形象持续许久，报告还认为文明的存续取决于德国的失败。正如英国官员所期望的，美国的反应尤其强烈。报道的语言极其情绪化，语气紧迫而且通常不容置疑。

1915年5月12日，波特兰《俄勒冈口报》(*Oregon Daily Journal*)的一个典型头版标题写道："布莱斯报告揭示了谋杀、贪婪和抢劫"；"英国政府委员会调查所谓的比利时暴行，并确信故事是真实的。过去三个世纪里还没有类似的事情。"

5月13日，《弗吉尼亚州里士满时代快报》[*Richmond (VA) Times Dispatch*] 大肆报道"德国人在比利时遭受恐怖审讯"；"对平民进行蓄意和有组织的屠杀，还伴有可怕的暴行，这些完全成立。"

5月16日，《北卡罗来纳州夏洛特每日观察家报》[*Charlotte (NC) Daily Observer*] 宣扬道："比利时遭受了可怕的破坏"；《纽约论坛报》的一位社论家在古怪的受害等级制度中，将比利时妇女受到的（大部分是捏造的）性虐待列在靠前位置，认为它比卢西塔尼亚号上美国女性的死亡更值得注意，甚至更令人毛骨悚然。文章宣称："当我们国家的女性只是被杀害时，比利时的妇女却在遭受凌辱。"阅读布莱斯的报告，"看到比利时宁愿选择战斗、死亡而不投降的第一条新闻时，我们美国人有钦佩和惊奇的快感。我们身后有列克星敦、康科德和邦克山，我们理解并颂扬列日和安特卫普的抵抗行为。"[12]可怜又弱小的比利时！

美国参战

美国对是否加入欧洲的战争深感矛盾。1916 年 11 月，美国再次选举伍德罗·威尔逊为总统，其竞选口号是"他让我们远离战争"。不到 6 个月，他就把国家直接带入战争。这一转变酝酿了数月之久，最终导火索是齐默尔曼电报的泄露和德国人决定在北大西洋恢复全面的潜艇战。那时，威尔逊已经得到许多美国议员和公民的支持，他们同意理想主义的使命，即在世界范围内维护美国进步的价值观，或者更好斗的使命，即从野蛮侵略者手中拯救无辜受害者，而其他人则期待着发动大规模战争可能带来的经济繁荣。但是白宫知道，要将分裂的国家统一起来，需要经过艰苦的努力，并且每个人都要做好必要的牺牲准备，从提高税收到破坏生活，再到失去儿子和丈夫。这就是公共信息委员会需要做工作的地方。

公共信息委员会的作用不是宣传，或者至少它的领导者和倡导者坚称不是。1917 年 4 月，公共信息委员会依据行政命令成立，更愿意把自身任务看作是一场公共关系运动，使用最现代、最有效的方法，让平民相信一个必要的事实：为拯救民主而战是必要的，也是正义的。该委员会由激进的进步记者乔治·克里尔领导，还有三名内阁成员，其中包括海军部长约瑟夫·丹尼尔，他的报纸是 1898 年威尔明顿政变背后自豪地发出"印刷之声"的刊物。战争结束后，克里尔称赞委员会的努力是"一项巨大的推销事业，世界上最伟大的广告冒险"，并吹嘘说"还没有哪个伟大战争器械是我们没有接触过的，没有什么媒介是我们没有使用过的。印刷文字、口头语言、电影、电报、电缆、无线电、海报和广告

图 5.1　这是 1918 年左右的一幅海报，是对"比利时强暴事件"的明显提示，敦
　　　　促美国人购买自由国债。

来源．美国国会图书馆印刷品和照片部

牌——所有这些我们在运动中都使用过，使我们自己的人民和所有其他人民了解美国被迫拿起武器的原因。"[13]

他还坚持（用斜体字印刷）："无论从何种程度上讲……公共信息委员会都不是审查机构，也不是实施隐瞒和压制的机器。委员会自始至终强调的都是公开和积极……我们不把这叫作宣传，因为这个词在德国人那里，已经与欺骗和腐败联系在一起了。"同时，很多德国人，包括埃里希·鲁登道夫将军都把耻辱性的失败归咎于自身拙劣的宣传，认为他们这一方缺乏"钢铁般的意志"，无法效仿敌人使用像武器一样无情的文字。[14]

事实上，公共信息委员会中有大量进步记者，在很多方面，它就像一本巨大的丑闻揭发杂志，与丑闻揭发者一样，对真理的价值有着真诚的信仰，并且在道德层面确信，对准确的信息和事实进行他们喜欢的"宣传"，将激励读者做出正确选择，采取正确行动。[15]然而，"不把委员会的工作称作宣传"，这本身就是一种宣传。这是一个庞大的政府企业，政府部署了巨大的力量和资源来"争取人心"，正如克里尔所说，"为'征服他们的信念'而战"，他毫不夸张地声称"这种战线贯穿每个国家的每家每户"。[16]公共信息委员会为学龄儿童提供教科书，并为漫画家推荐主题；委员会派电影明星进行巡回演讲，并制作关于自由国债的电影；委员会设立信息局，接触妇女、工会工人、非裔美国人和在外国出生的人；委员会仓促贴出招兵买马的海报，向入伍者承诺他最终会赢得美人，并告诉女孩，应该把芳心留给入伍的人。

公共信息委员会也深入到新闻界，其新闻部门发布了成千上万的新闻稿，包括一系列鼓舞士气和交战的消息，还有每日《官方公报》

（ *Official Bulletin* ），这是美国有史以来第一份政府发行的日报。公报提供有关政府法规和总统讲话的信息，这些信息都经过仔细审查，公报还宣布最新法律，报告关于征召入伍者和自由国债的最新统计数据，并建议公民如何为战争贡献力量，包括在后院种植蔬菜，在法国驾驶红十字会的卡车等。尽管公共信息委员会自己的出版物并不完全是"假新闻"——政府并不掩饰自身的参与，全国各地的报纸欣然将公共信息委员会提供的内容填入专栏中，但不总是明确指出这些报告来自哪里，或者与报社记者的工作有何不同。正如克里尔所称，新闻部门还充当了"中央信息局"的角色，为工作过度、努力确定报道内容的记者提供便捷的一站式服务。克里尔坚持认为他的职责不是控制报纸应该印刷什么内容，他认为，新闻界自愿的自我审查会避免不受欢迎的内容。[17]但是，公共信息委员会孜孜不倦地发布自己版本的"新闻"，并不断提出为各地不堪重负的记者减轻工作负担，这使得其对新闻内容也有巨大影响力。

公共信息委员会的措施聚焦于一个明确的信息：支持战争是爱国的，而质疑战争是颠覆性的行为。但是其他官方和半官方机制也在努力确保颠覆分子（无论如何定义）会被铲除并受到惩罚。审查委员会由克里尔和臭名昭著的反动派邮政局长阿尔伯特·伯勒森以及一批军人组成，该委员会有权阻止"危险"的出版物进入或离开该国。新法律被宣传为战时必需品，用来防止煽动、破坏、间谍活动，避免对总统的威胁和与敌人的交易，但新法律获得了十分广泛的解读，以至于即便是对战争表达最温和的保留意见，公民也可能遭到监禁，出版物也可能被禁止邮寄。社会主义领袖尤金·德布斯就是最著名的受害者，他因为在一次演讲中劝阻人们参军而被判处 10 年监禁。他对听众说："你们需要知道，比起去当奴隶和炮灰,你们适合去做更好的事情。"司法部鼓励志愿者提供警惕性的帮助,来自美国保护联盟的 25 万平民志愿者监视邻居,闯入私人住宅、偷窃邮件、渗透社会主义与和平主义团体、欺负外国人和拒服兵役者,所有这些都被冠以寻找和惩罚"不忠"行为的名义。[18]

与后方记者不同,前线记者不能抱有独立工作的幻想。威尔逊总统要求广泛控制美国国内新闻界,但国会议员的反对和许多报纸的强烈反对挫败了威尔逊总统的努力。但他衷心赞同军事当局对战地报道实行严格的审查制度,这种审查基本上会将战争新闻栏目变成政府批准的假新闻。如果记者想要获得随军采访资格,其所在的报社必须缴纳 1 万美元的保证金,确保其行为举止符合"新闻绅士"形象。记者必须同意将所有稿件提交给军方审查人员。他们不能说出姓名或引用地点;未经许可,他们不能引用任何军官的话。他们必须以书面形式承诺,将"向美国民众传达真相"——这的确是一项微妙的任务,因为他们也受到明令禁止,不能报道任何会打击士气、让国家"难堪"或对敌人有利的事情。[19]

与新闻官员发生争执很常见。一些聪明的记者想出了躲避审查的策略,比如用私人信件或旅行者的行李把稿件寄回国,但他们发现官方有很多反击方式。前体育编辑和戏剧评论家海伍德·布鲁恩是一个常年衣冠不整的和平主义者,对军官阶层不屑一顾,他曾为《纽约论坛报》在法国做了六个月的访问。《纽约论坛报》倾向于共和党,对威尔逊没什么好感。1918 年 1 月,布鲁恩回国后就不受军方审查管控了,《纽约论坛报》刊登了他肆无忌惮揭露军方重大供给失误的文章,抨击军方审查制度是压迫性、不民主、不诚实的。[20]

布鲁恩后期写了一篇关于海上军事将领安全失误的文章,在这篇文章中他犯了一个小的事实性错误，并且他自己也承认了。克里尔狠狠回击，抓住了这一点错误，让他们面对被他称为"反爱国主义的道德行刑队"，以报复他们做了"帮助和安慰敌人的工作"。[21] 毫无疑问，克里尔是有意为之，他把重点放在布鲁恩的小失误可能带来的危险后果上（通常是想象出来的），而不是放在他对真正的供应混乱和审查负担的批评上，这为军事当局提供了公众认可的借口，来免除《纽约论坛报》1万美元的保证金。军队和政府沉浸在经典的操作手法中，将记者的小错误变成恶意造假，尤其是为了削减一个顽固批评者的可信度。

在这种狂热氛围中，批评性言论可能被视为叛国，正义事业中的极端主义得到了丰厚回报，政府官员得到了大量帮助，在真相的幌子下推广宣传资料和假新闻：很多热心的美国人都自愿传播这些信息。谣言、诽谤、暴行和捏造像壕沟里的虱子一样从报纸跳到公民身上，又从一些公民身上跳到另一些公民身上，再从公民身上跳到报纸上，这个过程往往经过润色和"改进"。1917 年春天，国际上开始流传一则谣言，这个经久不衰且具有破坏性的谣言为我们提供了一个案例，让我们能够研究一个精心策划的宣传谎言的持久性，还有虚假新闻可以对公众理解带来的持久损害。

无中生有的尸体工厂

从伦敦到巴黎，从香港到新加坡，从悉尼到里约热内卢，再到华盛顿特区，这些地方的报纸都在大肆宣传一个令人震惊的故事：德国人把自己国家的士兵尸体捆起来，拖运到"尸体开发机构"，将尸体中的脂肪煮成油脂，用于制造弹药，骨头被磨成猪饲料。[22]

虽然"尸体工厂"的假新闻看起来像一件自发的轰动事件，但事实上，它是由强大的政府机构和英国两家最具影响力的新闻机构暗中勾结、精心策划的。这两家新闻机构是诺斯克利夫勋爵的报业帝国，包括发行量超过百万的《每日邮报》（*Daily Mail*）和充满贵族气息的《泰晤士报》（*Times*），还有客户遍及全球的路透社。起初是一组关于德国人亵渎墓地和虐待尸体的报道，主要出现在半官方的比利时难民报纸和法国媒体上，之后诺斯克利夫手下的两名记者在一家柏林报纸上发现了一篇漫不经心的报道，关于一家工厂将尸体加工成油脂和骨粉，这篇报道让此前德国人虐尸的报道又焕发新生。《泰晤士报》和《每日邮报》趁机误译了德国人通常只用来指代动物遗骸的词，然后迅速将这个含有误导性词汇的报道精心制作为关于"德国兵食尸鬼"的骇人传闻。他们于 1917 年 4 月 16 日首次报道这一消息，并在第二天扩大了报道——并非偶然的是，在美国加入反德战争不到两周之后，路透社就立即报道了这一消息。

这篇报道的发表若非得到英国政府公然鼓励，也显然得到了暗中批准。1917 年，诺斯克利夫本人和路透社总经理都在官方宣传部门任职。政府还刚刚促成了一项秘密交易，拥有了对路透社的多数股权和控制权，路透社定期向不知情的国际客户发送电报，正如外交部所要求的，这些电报是为了政府的利益而编写的——换句话说，就是假新闻。愤怒的读者来信和英国政客的不否认让"尸体工厂故事"持续了数周。诺斯克利夫用一篇广为流传的观点文章，向这个新的协约国盟友传达了这样一个信息，告诫美国人"杀死普鲁士这条眼镜蛇是一项缓慢的任务，但对世界未来的幸福至关重要"。这篇文章故意实事求是地提及了德国的物质匮乏。诺斯克利夫告诉美国人："德国的肥皂，主要是由黏土混合制成，每磅①卖1.25美元。德国人不得不煮沸士兵的尸体来获取油脂，从而生产用于制造炸药的甘油。德国需要各种各样的油。"[23]

那些习惯阅读战争新闻的读者可能已经厌倦了暴行内容，但看到这个故事肯定会让他们重新清醒，故事揭露德国人食尸鬼似的终极形象令人战栗，以夸张的方式确认了对德国人的普遍憎恶。全世界有这么多出版物为这个故事担保，谁会怀疑它的真实性呢？一些支持协约国的报纸和一些读者确实公开质疑过故事的真实性，或者指出翻译"错误"。一些最重要的美国报纸选择不提这个故事，《纽约时报》在4月20日的一篇短文中表示，整个事件可能是"某人开的愚人节玩笑"，这是"德国报纸热衷的一种习惯"。但是这个故事无处不在，对许多读者来说，听起来既令人作呕，又令人信服。在过去两年半的时间里，有关敌人兽性暴行的宣传与日俱增，很多读者已经沉浸在这些越来越令人毛骨悚然的宣传中，对他们来说这个故事听起来很真实。

事实上，"尸体工厂"的故事近乎不朽，战争结束后的多年里，多数政府都不再积极管理新闻，而"尸体工厂"仍在继续引发争论和假新闻。1782年，当英国和新美国在巴黎举行和平谈判时，富兰克林曾试图用他的假报纸进一步羞辱屈服的敌人，报纸中满是对英国暴行的夸张叙述。1919年，最新战事催生了最新一轮巴黎和谈，此时，前协约国士兵和战俘，或自称是前协约国士兵和战俘的人，正用自己精心编造的暴行故事做着本质上相同的事情，其中许多故事都涉及尸体工厂。

---

① 1磅约0.45公斤。——译者注

1920 年 3 月 21 日的《洛杉矶时报》（*Los Angeles Times*）中有一篇很浮夸的报道，介绍了一位加拿大人在战时耸人听闻的经历，此人名叫亚瑟·范德比尔特·波斯特，是"维多利亚十字勋章获得者，曾经的胜利国债讲师，在协约国控告德国领导人的案件中担任证人"，当时他在洛杉矶从事护理工作。文章称，1913 年，波斯特在柏林看护母亲的财产，当他拒绝当德国人的间谍时，"骷髅骠骑兵"找上他，把他赶到劳改营。波斯特承受了前所未有的痛苦。食物少得可怜，只有用椰子壳磨成的咖啡和用斧头切的硬面包，他获释时的体重已经降到 97 磅。从早上 4:30 到晚上 9:00 或 10:00，他都被迫在一个巨大的肥皂厂里做"解剖员"的苦工，每天都有整车的士兵尸体运到那里，"操作的细节……无法刊登出来"。

波斯特说，在 1915 年有数千名婴儿死于牛奶荒，他们的尸体被煮熟炼出油脂供厨房使用。他的父亲死于虐待后，尸体消失了，可能直接被扔进了锅炉。波斯特因为预测德国会战败而遭受惩罚，和其他八人被拴住大拇指，赤身裸体地吊在铁丝网上一整夜，当他的拇指从绳索中滑落时，一名军官将其钉在柱子上，之后逼迫他们选择是被挖眼睛还是以其他方式致残。作为一份家庭报刊，《洛杉矶时报》出于谨慎没有说出是哪种致残方式，也没有报道波斯特选择了哪种惩罚方式，不过显然可以看出来，他没有被挖眼睛。

名叫亚瑟·V. 波斯特的人确实存在。文章中提到的大部分传记细节与 1920 年人口普查中记录的一位 29 岁同名男子相符，他是洛杉矶基督教青年会的一名护工，是加拿大公民，母亲是德国人。几份报纸上的通告显示，1919 年 4 月，亚瑟·V. 波斯特主要在印第安纳州的城镇群中做了几次演讲，演讲地点包括基督教青年会、扶轮社和杂剧院，波斯特至少做过一次胜利国债活动的志愿者，还有一次是在一个通知规定仅限男性参加的聚会上。有几家报纸评论了他虚弱的身体状况，称他"身体残缺"或者他身上缠满了绷带。[24]但没有书面证据证明他获得了维多利亚十字勋章，或者他在议会委员会作证的说法。

当然，也没有任何证据证实这个辞藻浮夸的传奇故事：恶毒的骠骑兵、肥皂厂、被煮熟的婴儿、失踪的父亲尸体以及铁丝网上难以形容的残害。这些故事似乎是由一个想象力丰富但身体残缺的人创作出来的，他挪用了几个广泛流传的暴行故事元素，对其进一步夸大，炮制成引人入胜的叙述。当然，在"真实的"尸体工厂故事中，生产的产品不是肥皂，而是军火的润滑剂。加拿大人波斯特在铁丝网上受刑的故事迅速传播，这个故事与另一个流传已久的暴行故事相呼应。另外这个故事是关于"被钉死的加拿大人"，在第二次伊普尔战役后，一个加拿大人被德国人用刺刀活活钉在门上、树上或十字架上。那位加拿大人的故事也从未得到过确切证实。

然而，这些不符之处和夸张言论都没能阻止《洛杉矶时报》全心全意接受这个可疑的故事。1920 年 3 月 21 日，这个故事刊登在《洛杉矶时报》颇受欢迎的周日专题版头版，还起了一个装腔作势的标题："关于德国兵'人体肥皂'的真相：在以尸体为原料的德国工厂当'屠夫'多年，工厂因犯在本报权威揭秘著名的战争谜团。"这篇报道的开头同样具有权威性："揭秘战争中最著名的谜团之一，一个广为流传又常遭到德国人否认的故事，即德国人在极度缺乏油脂的情况下，将巨大的工业设施变成皂化工厂，用从战场上运来的尸体制造肥皂，事件真相由亚瑟·范德比尔特·波斯特讲述，他是维多利亚十字勋章获得者，曾经的胜利国债讲师，在协约国控告德国领导人的案件中担任证人，被迫长期在德国人体肥皂工厂做'屠夫'。"

此处不探讨波斯特的动机，只想说，他似乎符合本杰明·威尔科米尔斯基（原名布鲁诺·多塞克）所概括的创伤幻想者特征。威尔科米尔斯基写了一本悲惨回忆录，记录自己作为一个孤单的小孩，是如何在纳粹占领波兰后从死亡集中营存活下来的。1995年，这本回忆录短暂赢得了世界的赞誉，后来被揭露这完全是捏造的，至于是欺诈还是妄想就不得而知了。[25]这里更关切的问题是独断专行且强大的《洛杉矶时报》背后的动机，该报即便是在战争最激烈之时也几乎没有提到尸体工厂，为什么却选择在几年后刊发并积极维护一个耸人听闻且具有煽动性的故事，况且这个故事的讲述者并不靠谱，《洛杉矶时报》至少应该怀疑过这个故事是假的吧？

这篇文章刊发的时机让人想起一种熟悉的解释：这条新闻是出于政治目的而伪造的。加入亨利·卡伯特·洛奇保留意见的同时，亲共和党的《洛杉矶时报》强烈支持签署《凡尔赛条约》，但经过数月的激烈辩论后，参议院第二次投票仍否决了该条约，《洛杉矶时报》深感失望。那次投票是在3月19日星期五，仅仅两天后的周日，《洛杉矶时报》就刊登了尸体工厂的故事。在同一天的报纸上，就在波斯特故事之后的三页，该报发表了一篇题为《和平条约政策》的评论文章，指责威尔逊"将其政党推进沟里"。文章称，美国人容忍了民主党战争的浪费和开支，因为他们相信战争目的终会实现。但他们"现在看到胜利的和平在参议院投票中被民主党否决，这个时刻他们不会忘记。在阿尔贡森林和马恩河畔，那些长长的战壕里满是阵亡的美国人，如今在痛苦的回忆中浮现。20 万人发出这样的声音：难道我们孩子的牺牲就是为了现在这个结果？"

细心的读者在阅读专题版前四页时都会发现其中的联系：难道就是这个原因，亚瑟·波斯特受到了德国人无法言说的残害？当然，尽管德国人并没有残害他。但是，《洛杉矶时报》接受并发表波斯特的虚假暴行故事，是在提供对事件的一种解读，这种解读可能不准确，但感觉是真的，很多读者对美国未签署《凡尔赛条约》感到失望，这篇报道提醒他们想起战争的利害关系，共同满意地发泄对领导人背叛行为的强烈不满。报道还在读者中投下一枚重磅炸弹，这枚炸弹完全有可能让人们对媒体的理想期待幻灭或者在下次德军来袭时在他们面前爆炸。[26]

战争结束后的几年，那些遭受虐待的尸体无法安然入土，但随着越来越多的公民开始权衡战争的巨大损失和它微不足道的成就，对政府宣传力量的质疑增加了，懊恼占据上风，长期的批评变得越来越大胆，最终，尸体开始发臭。1925 年 10 月，前英国陆军情报局局长引发了一场"批评风暴"，在纽约的一次极其轻率的餐后演讲中，他借着酒劲表示，尸体工厂的故事是他捏造的，是一则假消息。演讲结束后几天，《纽约时报》报道称："新闻界对此表示极大愤慨，英国军队竟然堕落到用这种宣传方式。"[27]该情报局局长坚持认为，有人错误引用了他的话，但他还是被召至陆军部；反对派议员要求他做出解释；首相和内阁含糊其词、遮遮掩掩；辩护和指控不绝于耳，世界各地的报纸纷纷参与讨论，批评者也在报纸上发表意见。

1925 年 12 月 2 日，下议院出现的尴尬一幕将整个事件推至高潮。在德国总理和外长访问参观的情况下，英国外交大臣奥斯汀·张伯伦正式宣布：德国否认存在尸体工厂，英国政府也接受了这一否认声明。这实质上承认英国政府与英国媒体勾结，做了他们声称从未做过的事情，也正是他们指责德国人一直在做的事情：煽动公民支持一场基于宣传和假新闻的战争。他们撒了谎，然后又在撒谎的事情上撒了谎。

受骗民众注意到了。美联社报道了两篇有关张伯伦坦白的简短新闻故事，许多美国报纸刊登了其中的一篇或者全都刊登了，并在文章最上方加上不留情面的标题：12月5日，宾夕法尼亚州钱伯斯堡的《民意报》（*Public Opinion*）刊登"'尸体工厂'的宣传故事是一个谎言"；12月6日，《加利福尼亚州圣贝纳迪诺县太阳报》［*San Bernardino County (CA) Sun*］刊登"承认谎言"；12月4日，《蒙大拿州比林斯公报》［*Billings (MT) Gazette*］刊登"煮沸尸体只是一个战争谎言：英国正式承认该宣传故事是谎言"。这些单一的、直截了当的谎言掀起了国民的羞愧和愤恨，人们开始明白领导人并没有告诉他们真相，也没有告诉他们关于尸体工厂和其他一切，而是迷惑他们去支持战争。然而，未提及的事实是，这三家报纸和其他许多报纸也都撒谎了。英国政府可能制造了假新闻，但协约国新闻界则帮助传播了假新闻。前文引用的那三家报纸都在1917年4月或5月认可发表了尸体报道的某个版本，通过这种方式认同了"尸体工厂"故事的准确性。[28]大家熟悉的地方报纸、受人尊敬的大城市报纸、广受欢迎的大众报纸，都加入进来，把骗局传递下去，并且在生死攸关的问题上合力欺骗美国。

受骗民众也注意到了这一点，很多人因为上当受骗而愤怒，他们发誓再也不相信任何关于战争暴行的故事。当同一个敌人（德军）在20年后以更残暴的方式卷土重来时，这种立场将带来灾难性的后果。乔治·奥威尔对宣传的了解不亚于任何人，他曾写道："'暴行'已被视为'谎言'的同义词，关于德国集中营的故事是暴行故事，因此它们是谎言——普通人这样推理。"民意调查证实了他的观点，1943年，盖洛普公司发现，在接受调查的美国人中，一半以上把针对犹太人的大屠杀报道视为纯粹的谣言，或者对此事没有看法。但不仅是普通人的推理是错误的，同样在1943年，一位英国情报高级官员驳斥了关于纳粹用毒气杀死波兰人的报道，维克托·卡文迪什·本廷克说：这些说法"让我想起了上次战争期间用尸体提炼油脂的故事，那是一个荒唐的谎言，导致德国真正的暴行被大家当成宣传而置之不理"。一代人过后，第一次世界大战中最臭名昭著的骗局仍在继续玷污公众辩论，教给人们关于战争、信任和假新闻的错误教训。[29]

第六章

"无趣的事情不是新闻"

　　在一战留下的残局和幻灭中，美国的生活制度几乎难以毫发无损——人们普遍认为进步是一种错觉，理想主义太天真，"大众"是一群听从于非理性情绪的人，事实不可靠，民主很可能行不通。但是，战时宣传尴尬的成功，包括像"煮沸尸体"等宣传，对新闻业的声誉尤为不利。就在一代人之前，美国新闻业的一些人还自豪地宣称自己与黄色报纸不同，并将新闻业分成两类：可信任的报纸和不可信任的报纸。这种说法认为，第一类报纸是专业、可信、权威的，他们会弄清事实，为公众利益服务，了解自己的权力所在并明智使用，绝不会弄虚作假。

　　然而，证据似乎很清晰：他们会造假，也确实这么做了。事实上，他们比大吹大擂的推销商好不到哪里去，用自己巨大的影响力和权力操纵公众欲望，像蛇油推销员一样迷惑公众思想。专业记者努力在正派、可信、权威的新闻与充满虚假的黄色新闻之间划分界限，但他们的努力却遭到批评家、读者和其他记者的挑战。例如，丑闻揭发者厄普顿·辛克莱尔创作了长篇作品《黄铜支票》（*The Brass Check*，1919 年），在书中审视了自己的职业，认为报纸基本上为了强大的企业和政治利益而出卖自己，并且努力破坏任何挑战其权力的东西。辛克莱尔本人之后也成为挑战者，1934 年他作为民主党人竞选加州州长，提出了消除贫困的"社会主义"计划，遭到欧文·塔尔伯格等人的强烈反对。塔尔伯格这位好莱坞大亨制作了一系列新闻短片，并起了"加州选举新闻"这样平平无奇的标题，显然他使用脚本、演员和片段营造出令人忧虑但虚假的画面，以显示加州到处是寻求政府救济的"流浪汉"和"乞讨者"。[1]

新闻行业的内部界限并不是唯一面临压力的。记者们也在努力划清新闻业与广告和公关这两种典型现代行业之间模糊的界限，这两种行业的主要产品也是信息，至少其从业者是这么说的。像记者一样，广告和公共关系代理人坚持认为他们是在提供公共服务，为人们提供他们在日常生活中做出正确决定所需的信息。像新闻业一样，广告和公关行业在卷入一战灾难性的信息管理后，也遭遇了形象问题。这三个行业都面临相似且痛苦的问题：关于客观事实的可能性、使用欺骗手段，还有在日益以消费为导向的社会中，专家和权威的可信度。他们面对的公众都愈加愤世嫉俗，这些公众认为说客和记者之间没有什么区别。

在 20 世纪初的几十年里，大众广告市场蓬勃发展，成为一项大业务，广告机构的作用也越来越强大，一些广告专业人士发现自己正努力应对与"可敬的"记者一直面对的类似挑战：一些同行公然针对竞争对手产品撒谎，或吹捧专利药物的神奇疗效，而这些药中往往含有一些未披露的毒素，比如酒精和鸦片，这些行为让同行难堪。一些广告商找到了（与新闻业）相似的解决方案：树立专业边界。那些认为自己为消费者提供了重要信息的从业者，试图与那些只对骗取钱财感兴趣的造假者划清界限。

1911 年，美国联合广告俱乐部发起了一场"广告真相"运动，并赞同由行业杂志《油墨》（*Printers' Ink*）推出的示范法规，这些法规最终在一些州以某种形式采用。包含以下内容的广告宣传，法规将其列为轻罪：任何将不真实、具有误导性的内容断定、介绍、陈述为事实。一方面是为了让公众放心，另一方面是为了抵制联邦监管，该运动建立了自己的地方和国家"警戒小组"——也是商业促进局的原型，以警惕欺骗性广告，回应投诉，并倡导道德标准。[2] 一个行业通过宣称对真伪的管辖权来维护自己的边界，听起来又像是《世界报》的准确和公平竞争局。

但就像许多自我监管的努力一样，广告商的警戒行动往往是和解性的，而不是强制性的。事实证明，"真相"本身在广告界就有着更加灵活的含义，在广告界，公然的谎言是不允许的，但是夸张、热情和华丽的修辞——恰恰是那些记者使用就会被蔑视（或辩护）为"造假"的手法，已经被广告商视为工作的一部分而欣然接受，即便那些最坚定的职业道德维护者也认可这一点。甚至 1906 年《食品和药品法》的最初版本也无意中强化了这一信息。1911 年最高法院裁定，密苏里州堪萨斯城的 O. A. 约翰逊博士在兜售"抗癌药片"时，对有关成分进行的欺骗性的宣传，尽管根据该法案裁定，其行为是违法的，但也不能阻止他陈述（错误）观点，即他的药片可以治疗癌症[3]（后来该法案的修正案禁止虚假宣传治疗效果，但前提是出于欺诈意图）。

不管怎样，战后广告正远离基于商品质量和性能（比如，"李施德林：安全杀菌"）的传统宣传方式，开始拥抱更新的宣传方式。这种宣传方式根植于潜意识情感中的混沌世界，往往与"广告中的真相"没有什么关系。比如有这样一个广告故事：一位年轻女性"总是当伴娘却从没机会做新娘"，原因是她没有使用某种漱口水。这个故事令人悲伤和不安，甚至令人害怕，但它是"不真实、具有欺骗性或误导性的"吗？甚至它是一个"事实"吗？还有什么"事实"值得信任？

新兴公共关系学科在使用新的劝说方法上更大胆，一些该学科的从业者更愿意称之为"宣传"，尽管这个词有令人不快的意味。爱德华·伯纳斯就是该学科的代表性人物之一，他在1928年出版了一本书，书名直白，就叫《宣传》（他最终获得了"公共关系之父"的绰号，默认了"宣传"这个词存在公关问题）。伯纳斯自己最出色的宣传活动表明，正确的宣传对民主有益。凭借他在公共信息委员会的工作经验和他叔叔西格蒙德·弗洛伊德的见解，伯纳斯在《宣传》一书和其他书中提出：大多数人都不会理性思考或独立思考，而是被无意识的欲望所支配，是"群体思维"的俘虏。只有一小部分"天生"的领导者，他们理解普通人的想法，能够熟练地"组织"公共生活的混乱局面；只有这些领导人能够具备"有意识、明智地操控群众有组织的习惯"，要让"大量人口在顺利运转的社会中一起生活"，这一点至关重要。伯纳斯总结说，这就是为什么宣传是"民主社会的一个重要因素"。[4]

但是，无论以何种名义，伯纳斯式的宣传在和平时期的目标不是说服人们必须为民主而战、拯救世界，而是利用他们的情绪，设法让他们早餐多吃培根，或者不要剪短发。[5]这些行为的真正受益者不是世界秩序，甚至不是全球消费者，尽管他们可能会因此吃得好并且戴上了压发帽；真正的受益者是肉食加工厂或发网公司，他们一开始就悄悄雇用了公关顾问，以科学的方式操纵吃早餐的人或长发女性，让这些人做出一些本来可能不会有的行为，而且还没有意识到自己被操纵了。这些信息、动机和操纵者都是假的，就像是与民主的联系一样假。正如《国家》杂志在评论《宣传》一书时所说：公关就只是"给恶臭加香""让坏东西看起来好一些"。[6]

对于一些美国人来说，广告和公关令人不安的黑暗艺术似乎与新闻业的现状没什么区别——而且很难与他们争辩。赛拉斯·本特长期担任新闻学教授，他是 1920 年民主党总统竞选的宣传人员，并在美国国内一些重要报纸担任记者和自由作家，包括赫斯特和普利策的期刊以及《纽约时报》。在《大吹大擂》（*Ballyhoo*，1927 年）一书中，他展现了自己广泛的视角，并且批评了新闻界的"推销和表演"。本特尤其蔑视新闻界与广告商和新闻代理人的亲密关系，这种关系使得公民无法分辨哪些新闻是客观真实的，哪些是为了满足有钱人的利益而精心制作的。本特称，《纽约时报》12 月的一期中，有 147 篇报道"几乎肯定"来自推广者，82 篇不是来自推广者，还有 26 篇不确定。这意味着，这家美国旗舰报纸的内容中，有 60% 来自拿薪水的广告员（我们报道，你去购物）。然而，尽管本特的指责很具讽刺意味，但这些指责既不新鲜也不惊奇。正如《大吹大擂》的一位评论人士所说："他在书中提供的证据是必要的五倍……（这本书）证明了显而易见的事实。"[7]

记者没有履行基本的职责，没有让公民了解涉及公众福利的事务，这一点对于任何关心民主和公共利益的人来说，似乎都不可否认。或者就像沃尔特·李普曼在 1919 年直言不讳："目前西方民主的危机是新闻业的危机。"[8]李普曼是战后最著名的新闻批评家（事实上，他是有史以来最著名的新闻批评家之一），他曾是伍德罗·威尔逊的追随者和最积极的进步人士，对于战时宣传活动的成功与和平会议机会的丧失，他深感失望。他认为，问题的部分原因在于，人们对公民在民主中的角色普遍抱有不切实际的期待。多数人都不能充分认识世界的真实面貌。这并不是说他们愚蠢（广告商和公关人员似乎经常这样说），而是他们心烦意乱地忙于日常生活，既没有时间，也没有专业知识，更没有动力去理解日益复杂的环境。他们在头脑中形成的世界图景，尽管在解释事件方面可能令人满意，但也不可避免地被扭曲和过度简化。大多数新闻报道只是助长了这些扭曲。

最好的补救办法不是改变人们的思维方式，这对他们要求太高了。最好的补救措施是改变记者的思维方式。李普曼认为，记者们应该接受更好的教育。他们应该把自己打造成多数人不能或不愿成为的专家，并运用他们的专业知识工作，为人们提供信息，而不是像伯纳斯和他的同类那样操纵他人。他们应该学会以科学严谨的态度，有逻辑地、批判性地、冷静地处理工作。他们应该将工作基于所观察的事实之上，而不是基于公关和广告人员挖掘的不可靠意见、价值观或情感上。如果他们发表了错误言论，那么，我们就应该做点什么。

李普曼在《自由与新闻》（*Liberty and the News*）中写道："我们应该知道每份期刊所有员工的名字，每篇文章都应该记录下来，虚假记录应是非法的……接下来，人们不禁要问，是否可以想出一些办法来应对新闻界的弊端。谎言一旦开始传播就永远无法追溯其根源……那么，是否有可能建立荣誉法庭，迫使出版商直面指控者，如果认定犯有失实陈述的罪行，则命令出版商以法院裁决规定的特定形式发表更正文章并重点强调？我不知道。"他确实不知道，李普曼承认，如何纠正错误这个问题，是很难回答的，而且"充满陷阱"。但很显然，公众"越来越感到被媒体迷惑和误导"，这个问题不能置之不理。[9]总的来看，至于该做些什么，李普曼的建议与世纪之交的报纸（他们试图将自己与黄色报刊区分开）所提倡的有异曲同工之妙：都主张应有独立的声音，遵循具体的方法来收集和核实证据，遵循表达惯例，压制记者个性，打击错误和虚假。但李普曼在此观点之上进一步强调职业培训，"客观证词的理想典范至关重要……无法用精确的表达来陈述新闻，这并不重要。事实上，正因为新闻复杂易变，好的报道才需要运用最高尚的科学美德"。[10]

"客观性"与新闻的专业性正是在这方面紧密相连，尽管"客观性"的使用并不总与李普曼所想的一致。他并不是说记者应该摆脱所有偏见和意见，而是认为记者应该有意识地将事实与观点区分开来，以科学严谨的态度开展和检测他们的工作，防止不可避免的偏见影响他们的准确性。他指的是新闻工作的实践，而不是记者的态度。但是，人们能够残酷地意识到宣传的力量、公关的影响力、人类不可避免的主观性以及"专家"的玩世不恭，在这样现实的世界中，正是这种"客观性"的态度引起了最多关注。记者拥抱客观性，一方面是出于理想，一方面是为了将自己与公关和广告区分开，还有一方面是为了抵御一种不可接受的信念，即真正不偏不倚的立场实际上是不可能存在的。[11]

无论如何，在大众心目中，客观性不是对战后新闻报道的愿景，专家也绝对不是多数美国人选择信任的对象。可以肯定的是，20世纪20年代和30年代的新闻景象杂乱无章、纷繁复杂、动荡不安，但如果有一种新闻形式似乎可以为公众概括战后时期，那当属广受欢迎且被同时代人贴上经久不衰标签的新类型——爵士新闻（jazz journalism）。作家西蒙·迈克尔·贝西在1938年表示，人们都谴责爵士乐和小报"粗俗、堕落、恶毒"，注定很早衰亡，然而，他却认为两者都由体面的事物发展而来，都服务于大众需求，代表了时代的"真正节奏"。[12]

此外，两者的一个决定性因素都是即兴发挥。小报记者和爵士乐手都很重视创造力和表现力，挑战被视为"阳春白雪"的传统，并努力与观众建立情感联系。小报和爵士乐都赢得了大量粉丝，但是对于那些将新闻视为一种职业或者批判型公共服务的人来说，这种"艺术"方式可能太有创造性和情绪化，追求"下里巴人"可能会破坏批判性理解，而这种批判性理解正是新闻在民主国家中应该如何发挥作用的核心。爵士新闻恰好与李普曼和其他严肃批评家的想法相反，爵士新闻也更受欢迎。

小报进城

如同 19 世纪 30 年代的便士报和 19 世纪 90 年代的黄色报刊一样，20 世纪 20 年代的小报也撼动了主流新闻业的格局，就像一个不良少年冲进了乡村俱乐部。和先前的报纸一样，小报在洞察读者需求和愿望方面也有独特技巧。在 20 世纪 20 年代，这些需求包括一种热情的渴望，渴望抛弃过去十年的恐惧，渴望拒绝引发这些恐惧的精英，这些精英傲慢且顽固。许多美国人接受了现代世界的新奇事物：广泛的（尽管并不是普遍的）繁荣，（对一些人来说）安排自己生活的新自由，新的文学、艺术和舞蹈形式，新玩物，如汽车、丝袜和香烟，新刺激，如轻松闲谈、城市生活和没有约束的性，新的英雄类型，如电影明星、运动员和歹徒。然而，这些东西也带来了深深的焦虑：花花世界中，传统价值观受这些东西影响而消亡；捍卫权力和真实性这类旧理念的新努力（有时是暴力的）也削减了。当三 K 党（Ku Klux Klan）1915 年重新出现时，其矛头不仅指向非裔美国人，还包括移民、通奸者、离婚者、犹太人、天主教徒、走私者、城里人以及其他被视为违反农村地区新教白人男性道德秩序的人。

《每日新闻》（*Daily News*）是美国第一家小报，1919 年由芝加哥首屈一指的新闻大亨的孙子在纽约创办，并以诺斯克利夫勋爵辛辣的《每日镜报》（*Daily Mirror*）为蓝本。《每日新闻》在 1919 年 6 月 24 日的第一期中宣布："《每日新闻》将成为你们的报纸，它的利益就是你们的利益，它的政策就是你们的政策……我们将每天为你们提供最好和最新的图片，展示世界上发生的有趣的事情。无趣的事情不能称之为新闻。"在六年内，这份"有趣的"小报成为美国发行量最高的日报，逼近日发行量 100 万份这一史无前例的数字。[13]

1924 年，赫斯特集团似乎在与所有新出现的新闻机构进行激烈竞争，赫斯特集团创办了《纽约每日镜报》（*New York Daily Mirror*）。同年，伯纳尔·麦克法登在他定期的"真实"浪漫、侦探和忏悔报道出版物中，增加了花哨的《纽约晚报图报》（*New York Evening Graphic*）。麦克法登是一名"体育文化"的热衷者，经常被斥责为怪人，这种斥责不失公正。从迈阿密、芝加哥到新奥尔良、洛杉矶的其他城市很快就都有了自己的小报，然而纽约市的小报激烈竞争，不知疲倦地展示出各种滑稽行为，不断互挖墙脚，正是这些行为界定了这种小报类型。

与其"前辈"便士报和黄色报刊一样，这些小报内容嘈杂、胡乱、耸人听闻且廉价（从各个层面的含义上看），小报也为大众媒体带来了新元素。它们是第一份聚焦照片的日报，照片尺寸、尺度越大越好。尽管如此，小报的尺寸也比对开报纸要小，这标志着目标读者是那些在地铁上而不是豪华轿车里读晨报的人。《每日新闻》的创刊号向读者承诺："你可以把报纸插在腰间，阅读的时候不需要任何杂耍般的技巧去把报页规整到一起。"但是，小报蔑视精英观众而支持大众读者并不意味着精英们从不去看大众新闻报刊。处于偏保守派一端的报纸未必扛得住压力，为了跟上潮流，很难不去报道谋杀、银行抢劫、惊险杀人、离婚、名人不端行为、走私贩、体育英雄和其他热门故事。

除了尺寸和插图，小报和先前流行的报纸还有一个更重要的区别。尽管便士报和黄色报刊耸人听闻、追求发行量，它们中的多数也坚持认为首要关注点是公众利益。即便早期的便士报编辑为谋杀妓女的刺激性细节争论不休，他们也谈到自身的"公共职责"是启发和告知他们的主要读者，即工薪和中产阶级者。编辑们向读者保证，中产阶级读者享有与社会精英同样的权利，可以自我教育、参与公共生活，并且就公众福利问题做出决定。[14]

约瑟夫·普利策在他的《世界报》创刊号上宣布，他们的报纸将致力于"人民"的事业，而不是富人的事业，将报道犯罪和战争与改善纽约人生活的真正斗争结合起来，尤其是像普利策那样几十年前作为移民来到纽约的人。甚至赫斯特的《纽约日报》也强调"有行动的新闻"，将《纽约日报》塑造成反对不公正和错误行为的活动家，可以完成无能机构（政府和警察）无法完成的任务。到了世纪之交，编辑们经常谈论他们的"新闻判断"，强调他们有特殊义务提供服务公众利益的新闻。[15]这种说法有时只是策略性的，甚至是虚伪的，但是代表对传统观念义不容辞的遵从，即美国新闻业是为民主和公共生活服务的，报纸是负责任的服务者。

　　然而，在 20 世纪 20 年代，就在李普曼和其他批评家哀叹新闻业危机时，小报不仅轻率地忽视了危机，还忽视了关于公共利益的言论。在一战后，这些言论往往只会唤起人们酸楚的记忆，包括新闻业的失败、政府宣传以及那些被误导的精英所编造的虚假和谎言。小报这种新型报纸提供了一种关于新闻业的不同视角，并与其读者达成了一份不同的契约。小报划清了新闻和娱乐之间的界限，更强调公众乐趣而不是公众福利。报纸公认的敌人不是不公正、不平等或不法行为，而是乏味。报纸的职责不是促进人们对民主生活的知情参与，而是从日常生活中引人注目的事件中寻找乐趣。在小报的任务声明和其他编辑评论中，看不到任何对机构权威或专业知识的主张，看不到任何对基本新闻价值的忠诚宣言，甚至像准确性这样基本的价值声明都没有。

　　这是范式修复经典策略的一个显著变化：小报没有和其他报纸一样，通过拒绝或驱逐那些违反规范的人来维护职业规范，而是有意通过拒绝职业规范来驱逐自己。这种自我放逐使他们建立了自己的新闻范式，这种范式毫不客气地接受了这个时代的兜售精神：小报读者不是公民，而是满意的新闻消费者；报纸编辑是一个商人，工作就是提供满意的服务。

　　小报间最激烈的竞争在《每日新闻》和《每日镜报》展开，这两份报刊发行时间最早，且更值得尊敬（或至少不那么声名不佳）。与《每日新闻》相比，《每日镜报》在自我介绍中意识到并提高了对"有趣性"的承诺，承诺为其读者提供"90% 的娱乐、10% 的信息"。为了避免让这个讨喜的比例听起来令人生畏，它还补充说，将确保 10% 的较少信息呈现"不会让你感到无聊"，最后还呼吁读者"写信告诉我们你不喜欢什么。《每日镜报》的座右铭是'短平快'"。[16]《每日镜报》明确蔑视传统新闻的把关者和权威解读者，承诺其所提供的信息不是某些与世隔绝的野人认为读者应该知道的东西，而是读者自己决定想知道什么（你们决定；我们报道）。19世纪30年代的便士报也通过表达对读者自身判断的尊重而吸引大量工人阶级和中产阶级读者，但他们是通过平等主义和民主的语言来实现这一点的。小报的语言风格则是轻松愉悦的。

不出所料，竞争导致两家报纸，尤其是常年位居第二的报纸陷入博人眼球、夸大其词和公然造假的螺旋上升怪圈中。事实上，他们竞争不断，甚至将一个中年出轨的不光彩故事炒作成近十年来最热门的谋杀故事，这个故事因为令人发指的死亡描述而臭名昭著。1922年9月，一对年轻夫妇在新泽西乡村的情侣小道上散步时，偶然发现两具尸体，一具是当地圣公会教堂的已婚牧师爱德华·霍尔，另一具是教堂司事的妻子、在教堂唱诗班唱女高音的埃莉诺·米尔斯。尸体很巧妙地摆在海棠树下，上面散落着米尔斯激情热辣的手写情书。霍尔的遗孀及其两个兄弟接受了询问，但在大陪审团拒绝采取行动后，人们对这一案件的兴趣逐渐消失。这时，《每日新闻》还是街区里唯一的小报。

然而，近四年后，也就是1926年7月，赫斯特新出版的《每日镜报》迫切需要一个故事，能让这家年轻的报纸超越《每日新闻》，于是抓住了一些所谓的"新证据"。这些证据由一位参与了一起不相关离婚诉讼的狡猾人士提出，之后经过报纸坚持不懈地游说活动，成功重启了针对这位寡妇和她兄弟的案件。小报的持续关注甚至迫使更有声望的报纸深入研究此事，以免读者被误导。据报道，《纽约时报》对该案件的报道篇幅比其他任何报纸都要多，尽管其发行人坚持认为，这家极富声望的报纸报道此类故事，提供的不是耸人听闻的报道，而是"真实的社会学文献"。[17]当年11月，多达300名记者聚集在规模不大的萨默塞特县法院，报道这场轰动一时的审判。事件的高潮是一位"养猪女"提供了指控被告有罪的可疑证词，她是当地一个古怪的养猪人，因患癌症生命垂危，不得不躺在医院的病床上被抬进法庭。

在整个审判过程中，《每日镜报》孜孜不倦、极富创造力，努力给被告打上有罪的烙印。例如，在没有明显证据的情况下，该报报道说，这位遗孀每周花2000美元巨额资金，来获取控方证人的"内情"，报纸还刊登了一幅漫画，描绘了霍尔夫人的一个兄弟出现在犯罪现场的场景。同时，该报编辑给这位遗孀的律师发了一封电报，为该报的准确性辩护，并煽动他去起诉。在他们被无罪释放后，霍尔夫人和她的家人确实起诉了《每日镜报》[没有其他任何人在该谋杀案中受到指控，谋杀案至今仍未得到正式解决。1964年，著名的辩护律师威廉·M.康斯特勒辩称，罪犯是三K党的人，因为这对夫妇的不道德行为激怒了他们]。[18]这个家庭最终获得了诉讼的胜利，赫斯特也被勒令与他们协议和解，但具体协议内容不明，然而，这些事情却几乎没有媒体报道；大多数提到了该事的报纸也只是引用美联社粗略的摘要，既没有细节，也没有惊讶的言辞。[19]似乎没有人关心，这份和解实际上是向世界宣告，《每日镜报》的报道是极端恶劣和犯罪性质的造假。《每日镜报》从一开始就没有声称自己是什么权威，所以现在谁又能责怪它呢？该报已经兑现承诺：提供娱乐。这就是所有人对赫斯特名下小报的全部期望。

比《每日镜报》和《每日新闻》更随心所欲的是《晚间画报》，该画报的淫秽性令人瞠目结舌，并且坦率承诺要刊登"富有生命力的悸动，让生活充满欢乐"，这些很快令其获得色情画报的绰号。《晚间画报》在其创刊号中宣布："我们将让你们兴趣盎然。"并且像《每日镜报》一样，它承诺不把自己的新闻判断强加给读者。它发布友好声明："如果你从头读到尾，发现其中有任何不感兴趣的东西，希望你写信告诉我们。"最重要的是，《晚间画报》称："我们打算把新闻和一些不新的故事戏剧化和轰动化。"尽管麦克法登经常声称，像他这样的报纸"可以用大众语言来吸引读者；可以让故事变得足够真实，可以穿透读者的心灵"，但他的任务声明也清楚表明，没有戏剧性和轰动性的新闻既不真实也不是事实，而是无趣。尽管《晚间画报》从来没有真正使用造假这个词，但它承认正通过造假让新闻变得有趣。[20]

它还伪造图片。事实上，所有小报都在发挥对其身份最重要的特征。《每日镜报》用的是犯罪现场画，当加拿大东部发生的地震在纽约引发恐慌时，《每日新闻》1925 年 3 月 1 日的最终版在"地震震动城市"的标题下用整个版面刊登了一张幻觉般的图片，描绘了摇摇欲坠的摩天大楼，倒在废墟中的小型建筑，小船无助地在沿海水域颠簸。但这是一幅图画，显然它也是这样标注的；图片显示了，"如果纽约发生比昨晚更严重的地震，将会是怎样的场景"。这幅图更多是异想天开而不是现实写照，对于数百万警觉的纽约人来说，这一目了然，因为他们当天并没有被掉落的瓦砾砸扁［然而，《每日新闻》最臭名昭著的插图是秘密拍摄的，展示了被定罪的杀人犯鲁斯·斯奈德 1928 年 1 月在纽约州新新监狱电椅上死亡时的情景，照片骇人万分，一些对小报手法了如指掌的读者都很可能认为照片一定是假的[21]］。

然而，埃米尔·高夫罗是才华横溢的编辑，在他的启发下，《晚间画报》创造出比单纯图画更有内涵的东西，一些能让人们谈论的新东西。

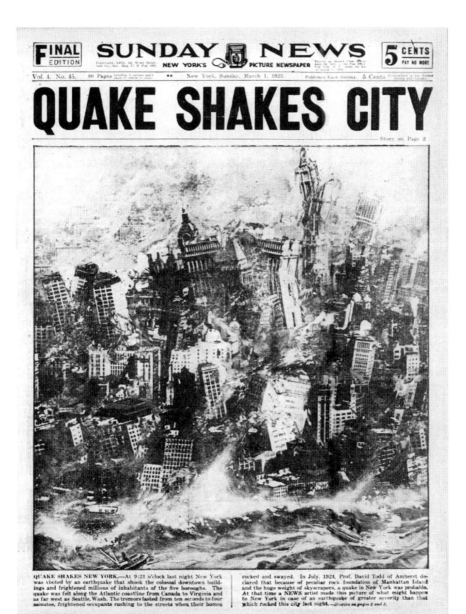

图 6.1　纽约《每日新闻》向读者展示了下次地震可能发生的情况。

来源：1925 年 3 月 1 日最终版。

高夫罗将其称为"复合相片"，据说还为这个词注册了商标；《纽约先驱论坛报》的传奇城市编辑斯坦利·沃克将"复合相片"称为"半是相片、半是梦魇"。[22] 没人称其为"新闻摄影"，就像小报耸人听闻的报道一样，它明显不屑于主流媒体记者所说的专业化价值。

该报的第一张复合相片的灵感来自 1925 年莱茵兰德起诉莱茵兰德案，这是一起情色案件，涉及种族身份、阶级特权和"异国"性行为等轰动性问题。基普·莱茵兰德刚满 21 岁，就不顾他贵族家庭的反对，娶了黑人马车夫和白人厨师的女儿，25 岁的爱丽丝·琼斯。然而，在几周内，来自家庭的持续压力和小报对"莱茵兰德有色新娘"的疯狂报道，迫使基普寻求解除婚姻，理由是妻子向他隐瞒了自己的黑人血统。在审判中，爱丽丝的律师用了一个令人震惊的策略来反击。律师护送爱丽丝和她的母亲进入陪审室（旁听者和媒体禁止入内），让哭泣的爱丽丝将衣服拉到一边（她的长外套下只穿了内衣），并让陪审员看到她胸部、背部和小腿的皮肤。这么做是为了证明爱丽丝的身体看起来明显"有色"，之前基普承认在结婚前跟她上过床，因此肯定一直都知道她不是白人（陪审团达成一致意见，解除婚姻的请求被驳回）。[23]

记者们被挡在陪审室之外，但又急于报道这段诲淫的情节，于是杜撰了很多细节。《每日新闻》的记者为了弥补照片的缺失，根据想象中陪审室紧闭房门后的事情，用文字虚构出花哨的场景。一位记者生动地描述了这位年轻女子如何在 12 个善良而又真诚的男人冰冷的评论和凝视下，像受惊的动物一样颤抖，由商人和农民组成的陪审团半信半疑地在她身边转来转去，她害怕地紧紧抱住母亲。[24]

《画报》通过设计一张照片来弥补现场图的缺失。报社从厄尔·卡罗尔的"名利场"聘请了一名歌舞女郎，让她脱下衣服，在一群匿名的围观者面前低着头摆姿势，所处的场景看起来很像法庭。照片拍完后，美术部门的工作人员拿出糨糊罐，将照片中每个人的脖子上，都接上一张参与审判人员的头像，神情严肃而真诚。照片的标题是"爱丽丝为留住丈夫在法庭宽衣"，报纸上出版的复合相片从后面展示了这位女性的形象，看不清脸，只穿了一条拉到臀部的短衬裙，身体其他地方都赤裸着。《画报》的读者可以清楚地看到她整个背部和一侧乳房的曲线。复合相片中那些直勾勾盯着她看的男人，显然能看到更多。而实际上，陪审室内真正的陪审员可以看到的明显要少得多。[25]

　　无论是《每日新闻》还是《晚间画报》，没有人亲眼看到爱丽丝·莱茵兰德展示她的身体，但是《每日新闻》的报道和《晚间画报》的图片都用捏造的细节渲染了这一场景的骇人之处，准确地说，毫无素质。这两家报纸都把爱丽丝描绘成一个被动的情色对象，被那些得到官方许可的陌生男人瞥视。二者都对爱丽丝的遭遇公开加倍羞辱。《每日新闻》的报道版本描绘称，全部由男性组成的陪审团恐吓并把她逼得走投无路，就好像她是猎物一样，蕴含着明确且令人不安的威胁意味。但是，《晚间画报》的图片耸人听闻且新颖，而且最重要的是，照片显然是永久留存的，加剧了虚假的复杂性。

　　《晚间画报》不仅具有《每日新闻》散文式报道无法比拟的视觉冲击力，而在这种冲击力还在延续，直到今天学术界和大众文学界还经常转载这张图片，在网上通过谷歌搜索就能轻易找到。这张图片的永久性让人想起一场持久的争论，争论涉及展示残酷和暴力受害者的照片是从反复侵犯行为中吸取有益教训，还是仅仅在每一个新观众的目光下让他们再次受害。爱丽丝·莱茵兰德所受到的持久伤害来自一张假照片，这张图片展示的受辱女性印有她的名字但却是别人的身体，这件事是人们争论的转折点。

其他"复合相片"提供的是比丑闻更令人眼花缭乱的刺激感。鲁道夫·瓦伦蒂诺因阑尾炎去世后，人们对他进行了深刻哀悼，在他去世后能报道的相关故事都报道了。在他去世后的第七个月，即1927年3月17日，《晚间画报》用一张头版图片介绍这位电影偶像的他人代笔自传的第一部分，图片中他身穿长袍，与同样受人喜爱的已故男高音歌唱家恩里科·卡鲁索站在一起。两个人俯视一群几乎全裸奔跑的人，这群人沿着宏伟的楼梯朝向平台上其他衣着暴露的人冲刺。巨大的新闻标题写着："鲁迪与卡鲁索会面！男高音的灵魂在讲话！"[26]

在天堂，就是这样。

这篇报道是精明神秘主义的胜利。编辑高夫罗并没有假装他的摄影师恰好把高速摄像机架到天国之门前，拍下了死去的《丑角》歌唱家卡鲁索迎接死去万人迷的瞬间。通过明确说明该图片是"复合相片"，《晚间画报》同时炫耀了报纸的诚实和聪明才智。但该标题还指出，鲁道夫·瓦伦蒂诺的妻子娜塔莎·兰波娃（真名是威尼弗里德·哈德纳，实际上是他的前妻），已经收到了他的灵魂信息，这些信息被通灵师乔治·韦纳记下，韦纳是上流社会灵媒圈的重要人物，他将收集到的信息用于描绘这幅插图（标题解释说，那些半裸着奔跑的人是精神层次较低的群众，他们要迎接在灵魂世界剧院演出的灵魂演员）。头版上的图片明确标示为复合相片，因此也可以解释说它并不是完全的造假。与此相反，头版上的信息呈现出全然的诚意，显示了死去的人和他使用笔名的妻子

（并非全然是寡妇）的沟通信息。这些信息是由一个去过星空的巫师从以太中获取的。人们很喜欢这样的故事。这篇故事让《晚间画报》的发行量飙升至80万份，是有史以来的最高纪录之一。[27]

所以，究竟是什么让这个假故事得以吸引80万读者？高夫罗全方位评论了这个故事，他平静地指出：尽管《画报》的插图明显标注了"复合相片"，但在该报大多数购买者的"印象中"，该报所有的图片都是未经修饰的相片。高夫罗《每日彗星》（*Daily Comet*）这份虚构报纸上会创作些许有关生活的真人真事小说，可以肯定的是，他的这句评论出现在该报有关"瑞普·兰德克"离婚审判的章节中，但细心的读者在评价该编辑的小说时会表示其真实性与他的回忆录差不多。受人尊敬的行业杂志《编辑与出版商》（*Editor & Publisher*）在评论离婚审判报道时，似乎对整个事件感到很困惑，称《晚间画报》的照片为复合相片，但还是感叹说，这张陪审室内近乎全裸的新娘照片是"纽约新闻界有史以来最令人震惊的新闻照片"。[28]但是，鉴于《编辑与出版商》最近吞并了行业先锋刊物《记者》，并自豪于呈现其行业权威形象，它很可能过分热衷于巡查"新闻图片"与娱乐性虚假图片之间的专业界限，而事实上这些界限根本没有被打破。

超市小报深得《晚间画报》精神真传，关于可信度的问题同样长期困扰着这类小报。伊丽莎白·伯德研究了驱使买家到杂货店收银台购买小报的因素，她发现几种不同类型的读者。有些读者讽刺性地购买该报，作为一种刻意的玩笑，或者作为一种在贫民窟的冒险；其他读者则是有选择性地阅读，例如，他们相信超感官知觉（ESP），但不相信不明飞行物（UFO），认为某些类型的故事可信，另一些则是荒谬的，而他们并不觉得这是矛盾的。有些读者喜欢挑战权威，支持这种有关超自然和来世、证伪精英科学观的刊物。[29]

毫无疑问，《画报》拥有各种类型的读者，但鉴于情爱故事本身就包含各种直截了当的真实主张、模棱两可和混淆不清的真相、公开的虚假，正如伯德所说，《画报》大部分读者似乎"都喜欢把小报上的事当作真事来阅读，玩弄现实的定义，想知道它是否可能是真的"。[30]这三家纽约小报拒绝将自己树立成权威解释，表明它们与读者达成或明或暗的交易，即关于何为新闻、何为真相、何为现实将留给读者决定，而不是由精英决定。但是《画报》最大限度地体现出随性、疯狂、即兴的精神，西蒙·迈克尔·贝西将这种精神称为爵士时代的"真正节奏"（而也有其他人有依据地称其"粗俗、堕落且邪恶"）。它的目标不是让读者相信这份报纸，而是让他们购买这份报纸。

通过广播撒谎

广播在人们看来仍是不可思议的，甚至是令人着迷的。它似乎仍能吸引听众的注意力，并削弱了他们的批判能力。但是现在，广播的受众越来越多，在家庭客厅中占据了一席之地，在家庭谈话中增添了声音。而这种亲密的、含沙射影的声音告诉听众的信息中有一些是冒犯性的、欺骗性的或者完全错误的。听众、广播公司和政府第一次面临严峻问题，如果一个传教士用公共广播告诉广大听众，天主教会暗杀了三位前总统，若是这样的事情发生，我们应该做些什么以及由谁来做这些事情。

一战结束，电波不再受美国海军的掌控，并引发了从"无线"到

"无线电"的转变——从一种主要用于点对点的通信技术转变成一种商业支持的广播系统。确切地说,广播什么内容,向谁广播、由谁出资、受谁控制,这些问题在大亨、内阁官员、海军、国会、法院、有识之士和普通民众之间争论不休。有些人认为广播是一种公共资源,应该保持免费、开放并致力于"公共利益"。一些人看到了令人眼花的潜在利润和权力,并发起了史诗般的企业斗争,从而控制该行业的基础设施。一些人担心,允许广告进入家庭这种私人场所是一种不能容忍的前景,另一些人则认为这是一种既务实又必然的商业模式。[31]

1927年《无线电法》的通过最终确立了广播系统的基本框架,这是一个以无线电波为原材料的神奇混合物,无线电波属于公众所有但不受公众控制,受政府监管,主要由私营部门利用。该法案明确规定,广播频谱将由新成立的联邦无线电委员会(FRC)监管。被认为是为公共利益服务的私营实体可以获得公共电波的运营许可,其中规模较大、以营利为目的或具有"综合性目的"的组织享有强大、固有的结构性优势,而这是以牺牲所谓宣传性或非营利性组织的利益为代价的。商业赞助和广播广告得到了默许。垄断和审查被禁止。尽管联邦无线电委员会经授权考察潜在的被许可人是否出于"公共利益、便利性或必要性"而运营,但没有人确切知道这意味着什么。委员们严谨地指出:"要准确定义这样一个词,预见所有可能发生的情况,显然是不可能的。"[32]

从一开始,一些先驱者就在设想一种与摄影新闻一样具有开创性的形式:广播新闻,这种形式的开端很坎坷。最早由商业广播电台播出的节目之一是新闻特别节目,由匹兹堡的KDKA电台直播1920年的总统选举结果。但这个节目更像是一个宣传噱头,意在销售无线电接收器（如果没有东西可听，为什么要买一套呢），而不是向公众提供信息的公益行为，毕竟在当时只有极少数人能够接收到无线电广播。无论如何，这种广播几乎不能称为新闻工作：播音员只是在等待《匹兹堡邮报》（*Pittsburgh Post*）给电台打电话，告知他们通讯社的最新信息。[33] 其他电台开始安排让播音员定期在广播中宣读新闻的特色节目，但是这些广播也只是简单借用（或抢夺）了当地报纸的专栏内容。

有几家电台大胆尝试了全新的类型，即现场直播。在这些情况下，规则往往是匆忙制定的，理解也是秘密形成的，这种依靠耳朵和想象力的媒体，一旦事情出错就为操纵和直接造假留下空间。例如，在1924年，两个主要政党宣布在提名大会上使用麦克风，让人们可以密切地窥视到烟雾缭绕的房间里的幕后故事，狂热人士对该承诺表示支持。正如一位专家在《大众科学月刊》（*Popular Science Monthly*）7月号上热情地写道："通过广播，普通人对政治和政治问题可以有更好的理解，谁敢说某天不会实现爱国者长期的梦想——建立一个完美政府呢？"同一期杂志包含美国无线电公司（RCA）的 Radiola 超外差收音机的广告，使得这个承诺更加明确。该广告承诺道："今年我们不需要有影响力来获得一个旁听席位，以前都是为了代表的妻子和政界大人物们服务，现在是为所有人服务。"[34]

最终，每个人都能听到麦迪逊广场花园里全体与会者整个漫长、艰辛、痛苦的斗争，民主党代表奋力争取获得创纪录的103张选票，最终达成妥协，提名了平平无奇的约翰·W.戴维斯。有一次，诺曼·布罗肯希尔，当时是热情年轻的 WJZ 广播电台资料收集助手，在他老板出去吃午饭时接过了广播麦克风，他抓住出风头的时机，全神贯注地描绘了会场激烈的斗殴场景。他的老板惊恐万分，赶忙把信号切换到音乐插曲，对他的助手"直截了当"地说，政党把广播权交给 WJZ "是有明确协定的，即不会报道任何形式的混乱"。[35] 记者第一次决定如何实时报道在眼前发生的事件，这可能涉及与他们广播的对象达成协议，协议内容包括记者何时应该转移视线，有时可能也包括欺骗听众。听众们相信这项激动人心的新技术可以绕过"大人物"，永远不会造假。但是"所有人"仍可能被愚弄。

那年夏末，布罗肯希尔被派往长岛的米切尔空军基地报道一场盛大的招待会，这场招待会是为了给两架陆军空军飞机的机组人员庆祝，他们正在进行为期五个月的空中环球飞行。然而，在最后一刻，招待会被重新安排，令布罗肯希尔懊恼的是，没有人想到要向电台提及此事。由于在直播中有"大坑"要填补，这名绝望的播音员把两名正在打盹的飞行员从睡梦中叫醒。在麦克风前，飞行员们频繁蹀步，模仿忙乱的接收线声音，同时编织着他们的冒险故事。布罗肯希尔回忆说："当这一切都结束时，我差点晕倒在垫子上。"他最终决定不告诉他的上级："如果我把真实情况说出来，对谁有什么好处呢？"[36] 这家电台以及大多数直播新闻电台的潜台词是：如果他不告诉上级，而且没有留下任何有形痕迹，上级会知道他广播出去的报道是伪造的吗？

1924 年，大会出乎意料的混乱和招待会的重新安排，揭示了报道正在发生的新闻事件时，可能出现新的、非常真实的失态与尴尬。即便如此，美国全国广播公司（NBC）和哥伦比亚广播公司（CBS）的高管们仍遵循一项政策，要求新闻和其他广播内容都应现场直播，并且只能是现场直播；只有在极少数情况下才允许广播播出提前录制的材料，无论是总统讲话、记者评论，还是记者实地报道。[37]

在某种程度上，禁止使用预先录制的材料反映了一种对技术固有的担忧，这种技术承诺了亲和性和及时性，但只提供听觉上而不是视觉上的短暂信息。高管们认为，听众们兴奋地觉得，客厅里这个硬塑料外壳设备将他们与世界正发生的重大事件直接联系起来，如果他们发现正在讨论的事情是几天前发生在别的地方的，他们会感到困惑，甚至会感到被欺骗。E. P. H. 詹姆斯是 20 世纪 20 年代和 30 年代美国全国广播公司的销售和推广经理，他后来回忆说，广播公司"完全、彻底拒绝"使用录音材料，因为录音材料"被认为是欺骗听众的恶作剧"。哥伦比亚广播公司伟大的记者威廉·西勒在欧洲报道日益加剧的纳粹威胁，他承认，对于听众来说，知道他们"正听着实时发生的事件"，这就是"广播提供的新维度，令人兴奋"。[38] 如果听众不能完全相信广播中的声音是谁、在哪里以及说了什么，那么很可能听到的就是假新闻。

但是，禁止使用预先录制材料的原因实际上更复杂，有时并不是出于对可信度的合理关注，而且禁令最初的针对目标不是战地记者，而是留声机唱片。联邦监管机构一开始认为，用无线电波的魔力来播放像预录盘碟这样平淡无奇、随处可见的东西是一种浪费。早期电台主管留意到，流行歌手可能会自己录制节目，然后绕过电台传播，这对电台的存在可能构成威胁。新的企业联合组织安排最终放松了一些规则，但强大的广播电台依然坚定，即使是新闻部门也拒绝例外。随着欧洲发生战争的可能性增加，哥伦比亚广播公司的执行官威廉·S.佩利听取了西勒和爱德华·R.默罗的激烈论证，他们认为，既然战争不按计划进行，炸弹也不可能在准确的时间恰好落在有麦克风的地方，新闻广播应该能够使用录音材料。西勒回忆说："这种观点看起来很简单，很有逻辑，但是佩利固执己见。"佩利的传记作者引用了佩利接受采访时说的话：哥伦比亚广播公司和全国广播公司全面禁止播放任何录音材料，旨在"保护利润丰厚的（直播）娱乐节目"免受竞争影响，最终导致"新闻采集这样重要的事情服从于商业要求"。[39]

然而，在整个20世纪20年代，广播新闻的存在感依旧不强，通常被以下事物掩盖：音乐、戏剧、谈话、喜剧、《阿莫斯与安迪秀》（*Amos' n' Andy*）这样广受欢迎的影片，以及信仰治疗师、地狱火传教士、政治家、小贩和庸医。早在新闻成为广播的主要内容之前，各类企业家就在学习利用广播声音的亲密感、情绪感和实况转播功能来提高大量观众的忠实度。有些是出于善意，有些是出于野心或贪婪；有些承诺提供精神救赎，还有些说可以提高性功能。1927年，联邦广播委员会成立时，面临一些私营印刷媒体从未遇到过的根本问题：使用公共电波的广播公司如何为"公共利益、便利和必要性"服务，如果委员会在分配许可证时考虑这些问题，那么这到底意味着什么，又有什么违反了这些原则？在一战的新闻被滥用后，随着最高法院对涉及言论自由和新闻自由问题的第一修正案产生新兴趣，政府应该或者可以做些什么来规范无线电波的使用？

在一系列决定中，联邦委员会开始尝试赋予自己广泛的权力。它决定，可以对播音员施压，要求其不使用"不雅"语言。委员会可以让庸医闭嘴，因为他使用电波不是为了公众利益，而是为了个人利益。委员会甚至可以惩罚那些通过广播散布谎言的人。在一个著名案例中，委员们拒绝为用地狱火恐吓听众的电台传教士更新执照，因为和其他违规者一样，他的广播被指控充斥着"错误的事实陈述"和"不计后果地使用事实"。[40]洛杉矶南区三一卫理公会的罗伯特·舒勒传教士正在广播假新闻，新的广播委员会决定可以而且应该干预。

很多粉丝称这位传教士为"战斗鲍勃"，他从 1926 年开始在 KGEF 上广播，通常就是一个战斗疯子，近乎永远处于愤怒状态，反对他所看到的猖獗的不义、邪恶和罪恶行为。当地的《洛杉矶时报》在 1930 年报道说"没被鲍勃传教士攻击过，证明你在洛杉矶没什么了不起"。该报认为，"一个如此充满盛赞的城市也应该是天下反变革斗士的家"，这是再合适不过的了。《洛杉矶时报》列出了舒勒在 KGEF、在讲坛或在他的杂志上谴责的一系列人和机构。舒勒列举的一些政客可能也有不光彩的时候，但令他愤怒、指责为邪恶的对象还包括：公共图书馆（因为有宣扬"异教徒"和"无政府主义"的书籍），基督教女青年会（因举办舞会一直持续到深夜），犹太人（因为破坏了美国的理想主义），政府（因为其"邪恶、腐败的官员"），《洛杉矶时报》（因为与他意见相左），天主教会（因为从控制媒体、刺杀林肯、加菲尔德和麦金利等事件）。[41]尽管舒勒因其杂志上的评论而多次被起诉诽谤，但陪审团在审判时要么陷入僵局，要么宣告他无罪，显然不愿把他的动机归为恶意。[42]

1931 年 1 月，一位当地商人对舒勒的执照续期提出质疑，之后联邦委员会就他是否适合做广播员举行了听证会。舒勒自愿出席听证会，接受了极端主义者和煽动者的标签，并为自己的使命辩护，认为是为了"让坏人更难在社区做坏事"，"让好人尽可能容易做对事"。他承认，他确实做了"一些愚蠢的事情"，而且在整个听证会期间也多次承认使用了二手信息或匿名信息，并且没有核实。但是，他坚持认为，他的言论都是为了公众利益，而且无论如何，他都受到言论自由权的保护。[43]数十名证人为他作证，表示支持。

然而，检控团队拿出了舒勒堆叠如山的广播文本，他所针对的人也提出了反驳，证明他的攻击不仅是一时过激或针对个人，还充斥着错误和捏造。正如《洛杉矶时报》总结一天的诉讼程序时所说，"一个接着一个证人，控告三一卫理公会的广播传教士对各种公共事务发表错误信息、虚假陈述、破坏性观点和无知评论"。[44]一些遭受指控的谎言近乎愚蠢，例如舒勒声称南加州大学正在培训年轻女性从事歌舞杂耍、"商业舞蹈表演"，还有如何作为"歌舞剧女王"生活（该大学校长说：那只是单纯的"民间舞蹈"）。[45]然而，其他许多指控的后果要严重得多：例如，舒勒虚假指控陪审团的不正当干预，破坏了一起谋杀案的审判；他曾编造煽动性故事，称加州健康委员会要求有上进心的女服务员脱光衣服接受体检。[46]

联邦无线电委员会在11月作出裁定，谨慎解释说它不是在审查舒勒，它也没有这种权力。它只是在行使职责，判断广播许可证的使用是否符合或将符合依法规定的标准，撒谎不符合这个标准。委员会认为，舒勒对教会、政府官员和法院的攻击，在宗教教派之间散播敌对的种子，与其说有教育意义不如说是耸人听闻。他"往往是基于对事实的无知，也很少努力去查明真相"。委员会表示，当舒勒没有事实依据时，他就会含沙射影，"不计后果地使用事实"和"基于事实的错误陈述和暗示"充斥着广播内容。这些行为让委员们得出一致结论："批准舒勒广播电台执照续期的申请不符合公共利益、便利和／或必要性。"[47]一年后，美国哥伦比亚特区上诉法院维持了该委员会的决定。

联邦委员会坚持认为，打击通过公共电波传播的虚假和误导性信息，这并不违反美国宪法第一修正案。委员会没有进行事先限制，这本就是不被允许的；它没有干涉舒勒的广播，也没有事先阻止他，没有不让他说自己想说的东西，该案件是一个政策问题，而非宪法问题。委员会所做的只是利用舒勒过去实际说过的话为证据，来判断他是否适合继续播音，而他说的很多话都是不真实的。

并非所有人都同意联邦委员会的做法。舒勒的律师路易斯·G.考德威尔曾是联邦委员会的第一任总顾问，1933 年 1 月最高法院拒绝审理舒勒的上诉后，考德威尔指出，法院最近裁决尼尔诉明尼苏达［283 U.S. 697（1931）］一案的裁决中指出，即使对"恶意的、不道德的和诽谤的"报道进行事前审查也是违宪的。考德威尔批评该委员会给予广播领域的言论自由远低于新闻界，他认为，一些言论如果印在报纸上会受到第一修正案的保护，而如果广播节目传播了这些言论却可能被赶出这个行业。[48]但对于许多人来说，这才是关键：广播中的话比报纸上冰冷的话更有力量，也更危险。

大量的听证会、裁决和上诉记录让人相信，舒勒利用电台，持续不断地将谎言散布给大量观众，这些谎言形式恶劣，往往具有严重后果。他显然能戳中许多杰出洛杉矶人的要害痛处：他是一个令人尴尬的清教徒式人物，居住在自诩现代的城市中，一个被听众崇拜的强人，这些听众数量庞大且百依百顺。他是一个用广播的特殊力量去传播故事的怪人，这些故事既离奇又具有破坏性。但是，因为舒勒"不计后果地使用事实"，委员会便对他实施禁令，这种观点并没有完全说明问题，政治因素似乎也起了作用。传教士的律师提交的证据似乎表明，他们的当事人对政府官员腐败交易的一些指控实际上是正确的。

如果反对舒勒执照续签的那么多人中，都不是他曾猛烈抨击过的，联邦选举委员会的案子就会纯粹许多。也许并非偶然，在这些提到的人中有一位律师，他代表了提起诉讼的商人。[49]同样说明问题的是，尽管加州在1929年6月通过了一项"诽谤法案"，将媒体诽谤罪的覆盖范围拓展到广播电台言论，但最终将舒勒打倒的并不是法院。[50]舒勒的反对者显然认为，由广泛授权的政府调查舒勒是否播出假新闻，将比竭力寻找证据证明其恶意意图的法律案件更有效。造假比恶意更容易证明。

归根结底，联邦委员会决定撤销舒勒的执照，用一两拳权威性的重击，让麻烦的煽动者闭嘴：驳斥他所说的不实之词（即便确切地说并非如此），并谴责其广播中的不实之词对公众不利。政府在其一系列开创性的决定中声称，当涉及公共电波的监管时，它有权对粗话的失礼下流、庸医的贪得无厌和令人厌烦者的真实性做出价值判断。以太确实是与众不同的领域，不监管的话会太危险。如果下流之人、贪婪之人和虚假之人选择在印刷物上出版文字而不是在广播中传播信息，就不会受到如此严格的审查。

严肃报纸的斗争

小报将读者从有益但乏味的信息中解救出来，通过这种方式吸引了大量读者，与此同时，那些自诩严肃和体面的报纸也在努力重新站稳脚跟。这个世界缺少民主和理性，真理的力量不足，传统精英的地位不高，普通公民的理解能力不强，就连报纸自身的新闻操守都不足，严肃报纸挣扎着在这样的世界中重新定义自身角色。一些报纸受到挑战后萎靡不振，另一些则彻底转变了身份。在纽约，《世界报》《太阳报》《先驱报》和《论坛报》等老牌报纸纷纷经历易主、合并或彻底消亡。而斯克里普斯－霍华德和赫斯特连锁报在全国范围内大肆收购，企业联合组织的安排甚至迫使其他独立报纸看起来越来越相似。与此同时，广播和电影所带来的新刺激，也把成群结队的观众迷得神魂颠倒。

报界没有人知道该如何应对。在 19 世纪与 20 世纪之交的几十年里，反对造假的慷慨宣言已经远远超越了将报纸视为严肃媒体的程度。然而，在一战后的世界中，即便经济和政治危机不断上升，使得新闻报道的可信度变得更加重要，但关于报纸会摒弃假新闻的说法似乎也不那么可信。各家报纸都在各显神通，确定自身定位，有孤注一掷的、临时拼凑的，也有无知无畏和投机取巧的。一些之前耸人听闻的报纸声称拥有了新权威，也有一些之前有权威的报纸严重破坏了自身声誉。

《芝加哥卫报》（*Chicago Defender*）是一战后最早进行自我重塑的报纸之一，该报由罗伯特·S. 阿伯特于 1905 年创办，迅速成为不断壮大的非裔美国人媒体的旗舰报。早年，许多其他黑人经营的报纸都效仿阿伯特的决策，用比艾达·B. 威尔斯更耸人听闻的发声来吸引人们注意，这些故事强调甚至夸大一些最可怕的细节，包括种族间暴力、煽动性的谣言、傲慢的社论、尖锐的政治漫画和印刷成红色的巨大横幅标题。阿伯特把《芝加哥卫报》打造成卡尔·桑德伯格所说的"大迁徙"的"唯一宣传机构"，把芝加哥和其他北方城市描绘成充满自由和机会的希望之地。这种哗众取宠的语气让读者兴奋不已，他们渴望有这么一份报纸，能够承认并证实他们日常生活中怪诞暴力的经历，因为主流媒体通常会扭曲或忽视这些。但是，这也给那些反对黑人媒体的人提供了更多攻击他们的弹药，这些人将黑人媒体的一切言论视为夸大其词或弄虚作假，就像他们对待威尔斯反私刑的活动一样。美国南方的白人，特别是那些担心被北方人抢走劳动工作的人，用施压和暴力的方式努力阻止报纸在当地分发，阻止联邦政府对报纸进行战时监管，猛烈谴责其报道就是"一堆谎言"（引用一位密西西比州参议员的话）。[51]

1919 年芝加哥种族骚乱造成 38 人死亡（并严重破坏了《芝加哥卫报》对城市的美好愿景），黑人报纸和白人报纸耸人听闻的报道受到了部分指责。在州长种族关系委员会任职的 12 位杰出公民（包括 6 名黑人和 6 名白人），在他们的报告中明确指出，芝加哥的一些白人报纸"让种族关系愈加紧张，助长了新的对立和敌意，甚至煽动公众反对黑人，从而引发暴乱"，这些白人报纸列出了一页又一页的例子，包含好战、偏执和猖獗的谎言。该报告承认黑人报刊在鼓舞士气和团结人心方面的重要作用，但也指出一些黑人报刊与最"黄"的黄色白人报刊"陷入疯狂的种族攻击，在这种情况下就是对所有白人的攻击，试图与黄色白人报刊一决高下"。该报告在结论中敦促白人编辑以谨慎、公平和准确的态度报道美国黑人，并敦促黑人编辑放弃耸人听闻的标题、毫无根据的谣言和夸大其词的故事，采用更具教育意义和积极向上的报道。阿伯特是种族关系委员会的 12 名委员之一，1922 年当他把自己的名字写入报告时，《芝加哥卫报》已经开始缓和其黄色色调。芝加哥的白人媒体在退出这场"疯狂竞赛"时速度要慢得多。[52]

主流新闻机构依旧陷在引人注目的尴尬骗局中，但是关于专业主义的含义，最终可能会传递出乎意料的信息。1924 年 8 月 16 日，这是一个没有什么新闻的日子,《先驱论坛报》年轻的记者桑福德·贾雷尔有点离经叛道,在头版报道了"在距离火岛15英里远的地方,17000吨重的咖啡馆漂浮在海面,纽约人奢华地在其中享受着饮品"。而就在5个月前,体面但不盈利的《纽约论坛报》收购了臭名昭著、不太可靠也不盈利的《先驱报》,这一行为震惊报界。贾雷尔将一连串模糊的传闻提炼成他访问"卡巴莱酒馆"的热闹故事,这个酒馆是一艘豪华的"欢乐游轮",在近海的地方举行醉酒狂欢来规避禁酒令。从檀香山到亚特兰大等地的报纸跟随贾雷尔的脚步开展游轮探险,但是似乎除了贾雷尔之外,没有人真正找到过这艘游轮,怀疑声随之四起。最终,贾雷尔告诉编辑,整个故事是他编造的。8月23日,新的《先驱论坛报》以"记者承认'海上卡巴莱'的故事不真实"为题,开启了一条光荣的传统之路,即在头版公开忏悔,承认报道是假的,并宣布解雇这名记者。无论是出于偶然还是经过深思熟虑,从专业的角度讲,该声明表示新合并的报纸会站在道义和《论坛报》一边,而不是站在黑暗的《先驱报》一边;如果发现自己发布了假新闻,它将承认错误并道歉。[53]

除了《布鲁克林鹰报》(*Brooklyn Eagle*)外,几乎没有人关心造假或道歉的事。其专栏作家努纳利·约翰逊在8月28日表示:"据我所知,除了对整个事件一笑置之外,没有人做任何事情。可能是因为没有人因此受伤,该事件也没有损害选举或谁的名誉。"(而且禁酒令极不受欢迎,没有人会介意对其抨击)约翰逊专栏文章的标题是"奇怪的是,20年后,相比于1924年报道准确新闻的记者,报道歌舞厅游轮的记者更容易被人记住",确实奇怪,事实证明他的话是有先见之明的。几十年来,有关"罪恶游轮"的提法几乎都是饱含深情的,不时就会出现,而且在 1962 年贾雷尔去世时大量涌现。贾雷尔工作过的报纸《先驱论坛报》在讣告中写道:"这个故事流传了下来,不断发展,并且被美化。"当时,人们认为《先驱论坛报》充满活力、富有人性,还注定失败,在收集新闻资源方面无法与一板一眼的《纽约时报》相提并论。(《先驱论坛报》于 1966 年停刊,人们对此深表惋惜)。讣告作者接着表示:"贾雷尔的故事已经成为——事实上,仍然是在城里做报刊工作的新人最先听到的故事之一。"[54]

拉尔夫·普利策告诉哥伦比亚大学新闻学院的学生,新闻业不认为这种报道是无害的假新闻,在半个世纪后,一家拼命想与全国最"专业"报纸竞争的报纸,在回忆贾雷尔的这篇戏谑文章时,并没有对其进行抨击,而是认为这给新手树立了向往的创新模式:一种怀旧式的呐喊,追忆昔日狂热的新闻波希米亚主义;也是越界专业主义的标志。另一个假新闻则成为衡量清醒和体面的参照物。但是这次,人们看到清醒且体面的《纽约时报》在应对此事时显得力不从心,一家濒临消亡的报纸报道的老式虚假新闻给读者带来了最后一次颇具活力的欢愉。

在那个混乱的时代,一些报纸努力想弄清公众想要什么,或者在权威和友好之间取得平衡,最终却发现自己在两方面都走错了。一方面,即便是古板单调的《纽约时报》也感到必须在轻松的周日版中稍微施展一下拳脚,偶尔报道一些奇思妙想、滑稽模仿或幽默风趣的文章。其中最古怪的是关于明辛巷香菜籽商人马尔马杜克·M. 米兹尔的长期传奇故事。从 1920 年到 1940 年,该报至少发表了 17 篇由航运记者 T. 沃尔特·威廉姆斯创作的长篇故事,记录了米兹尔在异国他乡的冒险之旅,包括会唱歌的蜘蛛、丁巴丹巴猎犬(dimbadamba)、哈扎马扎扎虫

（Hazza-mazazza），还有骑着牦牛不断追赶他的、报复心重的女战士。[55]

严格来说，这些故事不是假的，如果认为有人看不出它们是荒诞的仿制品（一部分模仿 H. 莱德·哈加德①，另一部分模仿《怪医杜立德》②），那就太荒谬了。但它们也不是非常成功，在整个故事发表后的 20 年里，没有吸引到一封给编辑的公开信发表，也很少被其他出版物转载、引用，甚至提及。可以肯定的是，幽默是费力的，正如一位资深记者后来回忆起哈扎马扎扎虫的故事时说："对《纽约时报》来说，这个故事很有趣，更有趣的是《纽约时报》认为它很有趣。"[56]这些故事既没有贾雷尔的冒险那样直接，也没有那么充满活力，但也可能是在那几十年里，《纽约时报》太过沉溺于自己精心打造的受人尊敬、经验主义、不偏不倚和老练的声誉中，以至于读者在遇到如此明显不真实的东西时，除了感到困惑甚至恼怒之外，没有任何其他感觉。这是个虚假的造假。

另一方面，《纽约时报》本打算进行真实的报道却遭遇两次重大失败，严重削弱了新闻业关于科学客观性是其最高价值的主张。1920 年，在《自由与新闻》（*Liberty and the News*）的后续报道中，沃尔特·李普曼与其合著者查尔斯·默茨猛烈抨击了《纽约时报》对俄国革命的报道。两人分析了《纽约时报》从 1917 年至 1920 年间发表的 3000 多篇文章，将该报的报道评为"不折不扣的灾难"。这些报道过分依赖于未经批判就接受的信息，信息来源是利己的官方消息，而且这些信息受到过记者

---

① 亨利·莱德·哈加德爵士，英国小说家。英国维多利亚时代受欢迎的小说家，以浪漫的爱情与惊险的冒险故事为题材，代表作为《所罗门王的宝藏》。——译者注

② 《怪医杜立德》是美国作家休·洛夫廷于 1920 年出版的小说，杜立德是其中主角人物，能和动物对话，小说讲述了这位医生和动物们的奇妙故事。——译者注

和编辑反布尔什维克偏见的污染。在 1917 年、1918 年和 1919 年，该报曾 91 次报道布尔什维克将要、已经或者很快会垮台。李普曼和默茨讽刺道："每次都是假新闻，就算苏维埃政权在 1920 年底或之后倒台，这些新闻也都是假新闻。""关于俄罗斯的新闻并不是人们看到了什么，而是人们希望看到什么的东西。"作者总结道。"记者和编辑心中既寄希望于首席审查员和首席宣传员，也害怕他们。"解决假新闻报道的方式与早先李普曼提出的一样：让记者接受更好的教育、让警惕的读者监督、让新闻界自身明确界定并执行更高的标准。[57]

据称，《纽约时报》将这一批评铭记于心，并"大力"改善其报道。[58] 但这种活力并没有阻止该报 10 年后在对莫斯科的报道中造成更大灾难。第二次错误的报道是由一名记者造成的，他再次犯了过于依赖官方消息来源的错，并再次被自己的傲慢和偏见所误导，报道了他明知是假的新闻，但这一次他过于倾向苏联而不是反对它。

到 1933 年时，约瑟夫·斯大林在乌克兰及周边的富饶粮食产地强制实行农业集体化，这一计划酿成大面积饥荒。随着国营农场的生产陷入混乱，食品供应不断减少，警察和党派官员开始行动，没收一切剩下的还能吃的东西，并逮捕、驱逐或处决叛乱者。由于未经允许不得离开自己的地方，数百万苏联人饿死，其中大部分是乌克兰人。

《纽约时报》驻莫斯科记者沃尔特·杜兰蒂说，事实并非如此。他在 1933 年 3 月 31 日发表文章"俄罗斯人饥饿但没有饥荒"。杜兰蒂告诫读者，不要相信一位名叫加雷斯·琼斯的年轻威尔士人最近撒布的"大恐慌故事"；琼斯的判断"有些草率"，仅仅基于他走过的 40 英里内的一些村庄，那里的条件看起来"很糟糕"。杜兰蒂自己的"详尽调查"

使他可以自信地说，虽然存在"严重的食物短缺"，但"没有饥荒"。[59]

杜兰蒂轻易就否定了琼斯艰苦远足的努力，琼斯这次在冬季的新闻调查实际上是一次很难得新闻之旅，也可能是年近50的杜兰蒂无法做到的，因为他在1924年一次铁路事故中失去了一条腿。琼斯，这个年轻的威尔士人是大卫·劳合·乔治的外交事务顾问，也是《卡迪夫西部邮报》（*Cardiff Western Mail*）和其他报纸的撰稿人，他溜进了不对外国媒体开放的饥荒地区，独自在村庄和集体农场中跋涉。他用当地语言与农民交谈，农民坦率谈到了大规模逮捕、迫害、恐怖以及持续不断的饥饿问题。"没有面包，我们快死了"，这是琼斯从每个人口中听到的故事。但是他细致准确的报道淹没在杜兰蒂在莫斯科办公室座椅上创作出来的故事中，这些故事咄咄逼人，杜兰蒂也对故事很自信。毕竟在1931年，杜兰蒂曾因为一系列关于"五年计划"开局的报道而获得普利策外国报道奖。他实际上已经采访过约瑟夫·斯大林本人，谁会不相信一个有这种权限的记者呢？[60]

当然，外国记者在苏联受到严格控制，他们了解苏联为他们提供的胡萝卜和大棒：诚实的报道只会让他们遭受审查和可能的驱逐，而合作则可以赢得特殊待遇和机会。其他许多西方记者也对饥荒轻描淡写，但杜兰蒂似乎更多是受欲望驱使，渴望获得影响力和关注，而不是出于任何深刻的意识形态承诺，他与苏联政府合作得尤其顺利。作为回报，他得到了两种特殊待遇：在莫斯科，他拥有一辆车和一个情妇；在美国，一些人崇拜苏联实验，并且愿意听到其成功的消息，杜兰蒂在知识分子和这些人中的声望越来越高。

然而，即便杜兰蒂享受着双重待遇，他也开始意识到，自己的故事完全不是真实的。事实上，在 1933 年秋天，杜兰蒂亲自（坐车）去看了饥荒地区，他私下告诉英国大使馆，"乌克兰的血流干了"，有数百万人死亡，他也悄悄与其他记者讨论了这些发现。然而，他在通讯中从未提到过这些见解，尽管这些通讯仍有实地报道的色彩，但很大程度上依赖于苏联提供给他的信息。20 世纪 50 年代初担任《纽约时报》莫斯科分社社长的哈里森·索尔兹伯里认为，杜兰蒂是一个"精于算计的野心家"，过于沉溺在自己已经创作的故事中，对他作为研究神秘暴君的首席新闻专家形象太投入，以至于他在 20 世纪 30 年代初走访时，无法公开改变自己的观点。[61]

虽然《纽约时报》体面的读者只是对其"娱乐性"和明显造假、有着奇怪名字的大黑虫故事感到困惑，但该报自觉严肃的态度为杜兰蒂的文章罩上了可信的光环，杜兰蒂的这些文章大部分都是关于公共事务，而文章最后都以某种方式被证明是假的。1933 年 11 月，美国正式承认了苏联，这在很大程度上基于杜兰蒂在莫斯科的虚假新闻报道。[62]与此同时，"真正的"记者加雷斯·琼斯于 1935 年被土匪杀害，当时他在报道被日本占领的蒙古。情况并不明朗，一些研究人员表示，他们发现了秘密警察参与其中的细微迹象。[63]

杜兰蒂工作失败，人们认识到这一点已经有几十年时间了，并且在一些学术和流行书籍中都有列举，1990 年，《纽约时报》编委会的一名成员严厉批评杜兰蒂，称他的报道是"本报最糟糕的报道之一"。批评家们不时援引他的例子，称其为假记者的罪恶象征，把个人偏好和信念伪装成严谨的报道。[64]《纽约时报》在 20 世纪 30 年代并非苏联或其领导人的拥护者，但即便一些读者提出抗议，一些编辑对杜兰蒂诚信度和准确性的怀疑也在不断增加,《纽约时报》也仍然持续刊登他的文章。个中缘由,我们只能猜测。索尔兹伯里指出,"对杜兰蒂的争论某种程度上反映了美国在俄罗斯问题上的争论,这表明该报认为,杜兰蒂在左派读者中的受欢迎程度足以抵消右派读者的失望。"[65]

但在 1920 年李普曼和默茨引人注目的报告发表之后,出现了另一种可能。该报因为有明显的反布尔什维克偏见而焦头烂额,可能是希望挽回其客观公正报道的声誉,该报报道了大量相反的观点,比如表明它对杜兰蒂的亲布尔什维克偏见没有偏见。无论如何,杜兰蒂不会是最后一个一心一意但误入歧途的假记者,他身处的这个组织拥有更多权力而不是勇气去对人类事件进程产生巨大影响。

小报失去活力

《晚间画报》是第一家消亡的爵士小报,它在 1932 年停刊是由于诸多弊病:大量昂贵的诽谤诉讼、脆弱且不稳定的广告根基、感官疲劳、出版商的古怪不定。然而,所有这些问题都因读者口味的变化而加剧,读者深陷经济危机,受到全球危机的惊吓。当顽皮、疯狂、虚假的东西开始无法回应日益严峻的世界形势时,《晚间画报》就没什么别的可以提供了。相比之下,《每日新闻》和《镜报》确实有更适度的另一种选择:刊登"信息"这种之前被认为无聊的东西。尽管这两份报纸因为刊登的照片、争论、专栏作家文章还有关于名人或犯罪的有趣的、添油加醋的故事,总是能吸引最多关注(无论是好的还是坏的),但它们至少也投入了一些注意力到有关当地政治、体育和金融事务这些更典型的新闻上,按照《镜报》的精确计算，投入了 10% 的注意力。《每日新闻》总是刊登一些轻快活泼的内容，这些内容来自它订阅的电讯服务。

之后，随着政治和经济危机加剧，《每日新闻》开始认真审视自身，并像之前的便士报、黄色报刊和一些黑人报刊一样，开始收敛其哗众取宠的风格，以顺应时代变化。据报道，出版商在 1930 年对他的员工说："我们一开始就走错路了，人们主要感兴趣的不是花花公子、百老汇和离婚，而是如何才能吃上饭，从现在起，我们将关注刚刚开始的生存斗争。"[66]

《每日新闻》继续以刊登大量照片和人物故事为特征，但也明显接受了新闻是公共产品的传统观点，努力为读者提供他们所需的东西和喜欢的东西。例如，1934 年纽约州卫生专员与哥伦比亚广播公司电台公开争吵，起因是电台拒绝让他在广播中使用梅毒一词，两年后即 1936 年，包括《纽约先驱论坛报》和《圣路易斯邮报》（ *St. Louis Post-Dispatch* ）等中坚力量在内的一些报纸，开始打破禁忌，对有关性病的社会和医学问题进行了严肃报道。然而，正是《每日新闻》这一后起之秀的系列报道赢得了普利策奖委员会颁发的公共服务荣誉奖，标志着这个享有盛誉的组织首次认可一份小报的报道，并且也欢迎小报进行受人尊重的报道。[67] 与之形成鲜明对比的是一直花里胡哨的《晚间画报》，由于未能与时俱进，一直捏造消息，已经被人们遗忘。在刚刚清醒的世界中，读者有充分的理由更喜欢经过专业收集和权威展示的事实信息，而不是那些没有任何错误答案的无聊八卦。在刚刚清醒的世界中，即便是小报也在努力争取读者的信任。但是，事实证明，在刚刚清醒的世界中，第一次世界大战的幻灭记忆继续扭曲着读者与政治、宗教、军事和新闻人物之间的关系，这些人声称有权向世界展示新闻本身。

第七章

"你们为什么不偶尔说说实话?"

　　尽管记者们在努力修复公众对他们的信心，让公众相信他们有能力履行职责和正确对待事实，但在 20 世纪中叶，一系列残酷的经济、政治和军事危机不断摧残世界，也对新闻业提出了比以往都多的要求。这个世界似乎满是敌人、挑战者、宣传者和麻烦制造者，他们都挥舞着各自的真理；政府部门和军事审查人员也很快加入进来。假新闻和假报道常被"另一方"用作武器，而记者本应揭露这些事件。然而，有时"我方"也会为了"更大的利益"以同样的方式利用假新闻和假报道，并鼓励记者参与其中。当世界终于走出战争时，"我方"的一些成员开始彻底改写新闻、政府和真相之间的关系，将假新闻和假报道这一武器用来对付记者自身，为似乎一直都不那么伟大的利益服务。

火星人来了

　　每个人都听说过那个关于火星人入侵和全国恐慌的故事。这可能是美国新闻界最著名的"假新闻故事"，该故事经常被引做例子，用来说明在焦虑时刻民众是多么容易受骗。然而，它真正的教训远比这更复杂。

223

　　1938 年万圣节前夜，就在人们收起晚餐餐具，孩子们准备睡觉时，一名播音员在丽亭酒店的子午线客房打断哥伦比亚广播公司的探戈音乐，开始描述火星上的大气扰动。接着播放音乐，又有更多有着重要工作头衔的人介入广播打断音乐，广播中对天文学家的冷静采访很快让位于越来越生动且可怕的目击者报告。

　　根据赶到现场的广播评论员报道，一节燃烧的火箭坠落地球，并在新泽西州格罗弗岭的威尔姆斯农场砸了一个坑。接着，一个长着触角的怪物开始在圆筒中蠕动出来，它的黑眼睛闪闪发光，嘴里滴着口水。"等一下，出事了，"评论员气喘吁吁地说，"一个驼背的怪物从坑里出来了，我可以在镜子中看到一小束光。那是什么？通过镜子我看到一束火焰喷涌而出，怪物直扑前行的人，迎面袭击他们！天呀，他们变成了一团火！"在人们尖叫的背景声中，这位勇敢得令人心碎的评论员站在原地，继续广播。"现在整个场地都着火了……火势四处蔓延！现在正朝这边来！在我右边大概 20 码的地方……"然后，突然间，麦克风的声音断了。[1]

　　《纽约时报》报道了接下来发生的事情：全美哥伦比亚广播公司的听众逃离客厅，跑到公路和铁路上，绝望地努力逃离入侵者。警察局和报社被疯狂的来电淹没，询问他们可以逃到哪里，乞求得到防毒面具，希望能获知伤亡名单。医院正给歇斯底里的病人注射镇静剂，大学生们为了抢夺电话晕倒在拥挤的人群中。一个女人冲进教堂，尖叫着说这就是世界末日，每个人都应该回家等死；一位丈夫发现妻子手里拿着一瓶毒药，她尖叫着说："我宁愿中毒而死也不愿被火星人烧死。"[2]当然，当他们最终发现整个事件不是真实的新闻报道，而只是根据 40 年前的一个科幻小说灵活改编的广播剧时,他们都觉得自己很愚蠢!揭示人们对危机的轻信,这是一件多么可悲的事,尤其是考虑到当时许多真正的危机正在发生!

广播在播出之初就明确说明该节目是剧本表演,从未打算操纵人们相信这个虚假报道是真的。但假新闻是标志"世界大战"惨败的一部分:那就是新闻界对所谓假新闻的反应。《纽约时报》和其他几十家报纸持久报道了公众的集体歇斯底里,这些报道严重夸大了事实。

不可否认的是,人们受到了惊吓。电话接线总机始终忙线,警察局和报社接到的电话比平时多得多。一位历史学家仔细研究了大约2000封信件,这些信件是广播播出后听众写给美国联邦通信委员会或哥伦比亚广播公司的,一些听众表示收听到节目的时间有些晚,没有听到奥森·威尔斯介绍这是当晚"水星剧场广播"的一部分,承认自己确实被骗了,至少短暂相信了故事是真的。一些来信者生动描述了他们当时的身体症状,如一阵阵的颤抖和头痛,另一些人则打电话给家人和朋友,把虚假信息和恐慌传播得更远。但恐慌也就到此为止了。没有可靠的目击者证实街道被汽车阻塞;没有现场照片显示有疯狂逃窜的人群;逮捕和住院人数仍维持正常水平。只有十几位来信者承认逃离了住所。尽管有10人称他们在听广播期间产生担忧或心脏病发作,但没有确切的证据显示该广播节目造成人员死亡。[3]

因此,尽管该节目没有引发传说中的大规模恐慌,但对听众的影响确实比一些节目更深远,例如腹语喜剧表演者埃德加·伯根和他刻薄的人偶查理·麦卡锡。同一时期,伯根的流行节目在美国全国广播公司吸引的观众数量要更多。对于这一令人惊讶的反应,人们给出的解释是:

一种不断进步的技术带来了从未有过的负担；公众对政治和经济状况普遍感到焦虑的情绪，两者结合造成了人们的这种反应。一些人认为韦尔斯善于运用广播中熟知的惯例，包括男播音员洪亮的声音，易于区分的新发言者和发言地，"普通"受访者的口语化和明显自发的讲话，这让观众来不及仔细思考就被其深深吸引。有些人认为，到20世纪30年代末，广播听众已经习惯了听起来很权威的播音员和有威严头衔的专家播报紧急新闻，以至于那些描述火星入侵的权威而威严的声音听起来更像紧急新闻。一些人说，听众仍然对上个月的欧洲危机感到不安，当时纳粹德国威胁要用武力从捷克斯洛伐克手中夺取苏台德地区，听众们对此仍心有余悸，觉得是强大的火星人入侵无害的地球邻居，这个故事与纳粹德国的入侵有着怪异的相似之处。[4] 但其他不是很友好的解释也浮出水面。《芝加哥论坛报》就是提出抱怨的报纸之一，这些报纸认为，那些喜欢听广播而不喜欢阅读的人不太聪明，甚至"智力上有点迟钝"。[5]

所有这些解释的共同点在于，相信无线电本身的工作方式，这种技术与人脑、人心相互作用的方式，使其对人类行为产生特别强烈甚至可能有害的影响，并且与虚假和宣传有极为紧密的联系。事实上，之所以会有广播引起大规模恐慌的传言，其根源在于，人们相信大众对广播的反应一定是深刻的。这种传言确实得到了大量报纸轰动性报道的支持。但不管怎样，这只是一个热门故事，并且考虑到报纸和广播之间经常为吸引公众注意力激烈竞争，大肆报道这种假定存在的恐慌为媒体提供了机会，让它们的竞争对手显得无情，让其忠实追随者显得愚蠢。例如，10月31日，纽约小报《每日新闻》在头版刊登了巨大的标题："虚假的广播'战争'在整个美国激发恐怖情绪"，并配有一张照片作为支持，照片显示了威尔斯在阴影中隐约可见的身影，看起来既阴郁又紧张。《纽约先驱报》的专栏作家多萝西·汤普森一直关注着阿道夫·希特勒的崛起，她抨击了"成千上万人令人难以置信的愚蠢、缺乏勇气和无知"，这些人成为"大规模错觉"的牺牲品。[6]

但记者们也得到了帮助，普林斯顿大学的心理学教授、常春藤联盟中有影响力的人物哈德利·坎特里尔为报纸的虚假报道提供了强有力的支持，普林斯顿大学距离真实的、完好无损的格罗弗岭仅三英里（今天这里矗立着一个历史性标志，纪念"火星人登陆点"和"具有里程碑意义"的广播，引发了对"媒体责任、社会心理学和民防的持续思考"）。坎特里尔抓住了将威尔斯的广播作为现场研究大众传媒和大众行为的黄金机会。研究项目采访了 135 名听众的经历，然而，这构成了一个极不具代表性的样本：这些人住在新泽西州所谓的"火星人着陆点"附近，大多数都承认该广播吓到了他们。

此外，当希特勒得势时，坎特里尔还是德国的一名研究生，与人合著了《广播心理学》（1935 年）。早在他开始这项研究之前，他就相信广播这种媒介的特殊力量。坎特里尔担忧美国人易受宣传影响，这种担忧驱动了研究，而研究所基于的数据又是有缺陷的，因此严重高估了恐慌程度和性质。它还为读者提供了一个机会，让他们沉浸在永恒的最爱之中，即"他人无知"："我还没有蠢到那种程度，不会相信那么明显虚假的故事——但是，天呐，我那个邻居……"更重要的是它加深了很多美国人的焦虑，这些人本就担心广播有欺骗人的力量——比如多萝西·汤普森这样的美国人，她厌恶广播听众的"愚蠢"，这让她得出结论认为，"直接的教训是很明显的……在任何情况下，任何政治组织都不应垄断无

图 7.1　1938 年 10 月，新泽西州的格罗弗岭在没有火星人登陆的"火星登陆点"上树立了一个纪念碑
来源：维基媒体共享资源

线电。"[7]技术如此容易被滥用，人类的思想太容易受到误导。

不稳定的神父

　　20 世纪 30 年代，宣传在美国公共生活中发挥了核心作用。尽管爱德华·伯纳斯和他的公关领域的同行们继续争论说，好的宣传对民主国家是有益的，但是许多美国人仍然因为一战期间不可否认的糟糕宣传而心有余悸，并对大众传媒力量表达了真正矛盾的心理。美国人确实喜欢他们的收音机。收音机的广播中娱乐节目继续占主导地位，但新闻节目也逐渐拥有一席之地。直到 20 世纪 30 年代的民意调查都显示，人们认为广播新闻比印刷新闻更可信、更准确、偏见更少。

然而，这并不一定是对广播质量的有力认可；因为大型报纸往往比一般公众更保守、更偏向共和党、更倾向于对商业友好，它们也在推动自己的地位被取代。富兰克林·罗斯福总统似乎洋洋得意地称 85% 的美国报纸都反对他，尽管这一言论有些夸大其词，但显然他更喜欢自己能牢牢掌控的媒体。广播让总统听起来很温暖，像慈父一般让人放心——这无疑强化了现有的新闻报道，而且也不是伪造的，只是一直被掩盖和抑制。大多数美国人都知道总统曾与小儿麻痹症做斗争，但白宫与新闻片和报纸摄影师之间有"君子协定"（该协定由一名警觉的新闻秘书在特勤局特工支持下执行），拍照时通常将总统的轮椅保持在视线之外，以掩盖他残疾的严重程度。[8] 相比较而言，收音机不可能泄露罗斯福总统的状况。

然而，人们也越来越担心其他听众在收音机里听到的内容，听众对这个可信得吓人的科幻故事的反应证实了这种担心，对这种反应的回应则进一步强化了担心。警觉的保守派认为，罗斯福的炉边谈话是不民主地滥用权力。在德国和意大利，广播与法西斯组织纠缠日益紧密。路易斯安那州土生土长的煽动政治家"王鱼"休伊·朗、底特律的天主教牧师查尔斯·考夫林 ① 正通过广播向他们全神贯注的听众哀诉，这些广播让"战斗的鲍勃·舒勒"听上去就像婚礼牧师。

1935 年，一名刺客的子弹射中了"王鱼"，结束了他的雄心壮志，但是有一段时间，考夫林开始转向广播，这位天主教牧师希望能够借此

---

① 1935 年，罗斯福的计划引起了强烈的反对，路易斯安那州参议员休伊·朗、底特律天主教神父查尔斯·考夫林就是其中的代表人物。——译者注

扩大他的小规模会众群体。舒勒之前在广播中提到关于真理和谬误的许多难题，考夫林又重新提出并且强化了相同的问题。考夫林在广播中的声音浑厚而有说服力，还夹杂着一丝乡音，这使他大受欢迎。考夫林1932年时支持罗斯福，但很快就转而反对罗斯福新政，认为新政无效，而且是金权政治。1934年，考夫林成立了自己的政治组织——全国社会正义联盟，他口吐火焰式的民粹主义，还有对华尔街、美联储、金本位制、共产主义、国际主义、禁酒令以及一系列其他目标的憎恶，让数百万厌倦了萧条的听众激动不已。

在短暂的一段时间里，考夫林和他的民粹主义盟友似乎有能力发起"搅局"挑战，可能会让罗斯福在1936年选举中处于不利地位。但是，考夫林对这位受欢迎总统的反对变得日益激烈和粗暴——称罗斯福是"叛徒""骗子"和"两面派"，这些行为让考夫林受到了主教的罕见斥责，开始让追随者醒悟，也降低了他们的忠诚度。到20世纪30年代末，留下的狂热核心支持者只是助长了考夫林日渐增长和恶毒的反犹太主义，而他的演讲听起来也越来越像约瑟夫·戈培尔。考夫林也因其"勇气"得到纳粹报纸《冲锋报》（Der Stürmer）的赞扬。[9]

无论是广播公司、联邦广播委员会及其继任机构联邦通信委员会，还是考夫林的政治对手，抑或是天主教会，都不知道该如何对待这位不稳定但强大的牧师。反击可能会适得其反。在其广播生涯刚开始时，考夫林就在本应是纯粹的宗教谈话中加入了政治内容，哥伦比亚广播公司对此感到十分紧张，要求他淡化对赫伯特·胡佛总统和政府政策的批评。作为回应，桀骜不驯的考夫林推迟了原计划的布道，转而对言论自由做了尖锐而挑衅的辩护。后来，哥伦比亚广播公司拒绝与他续约，美国全国广播公司也拒绝接受他,这位牧师开始建立自己的下属电台网络,并迅速覆盖全国大部分地区。[10]在他最受欢迎的时候,每周有数以万计的信件涌入他的办公室,每周日有数以百万计的听众收听他的广播,而且教会领袖对他大力支持(但并非一致)。谴责对考夫林没有杀伤力。

1936年选举之后,考夫林的怒火加剧,加上法西斯在欧洲的威胁,控制或压制这位牧师的任务变得更加紧迫。与围绕舒勒执照的争论一样,审查制度和捍卫第一修正案的问题严重影响了这场辩论。与舒勒的执照之争一样,双方的党派支持者都认为,不仅应该允许人们考虑广播的真假,而且这也是必要的。随着美国人越来越多地使用收音机,获取关于世界政治危机快速而准确的新闻,以太似乎比以往任何时候都需要特别的保护,以防止假新闻和宣传进一步侵袭这一脆弱空间。

如何应对广播谎言的建议可能很有创意。国际联盟试图通过多边条约实现这一点。1936年,28个成员国签署了《关于在和平事业中使用广播的国际公约》,其中包括一项承诺,禁止或停止并立即纠正任何"可能以声明的形式损害良好国际理解"的广播。(负责广播的人知道或应该知道这些声明的错误)。然而,即使不考虑协议如何执行等尚未解决的问题,这一努力也是不切实际的。意大利没有签署,德国和日本也已经退出了联盟,所以当时最令人担忧的宣传者仍不在条约范围内。[11]

与往常一样,美国倾向于采取自愿策略。1937年,一位当时在哥伦比亚大学教育学院工作的前记者成立了宣传分析研究所,通过教人们(包括儿童)识别和质疑新闻中的错误信息来打击假消息。该研究所获得了波士顿百货业巨头爱德华·A.菲林的资金支持,出版了报告和简报,并编写了供学校使用的材料。研究所的首批报告发表于1939年,其中一份报告选择了考夫林的演讲为研究"优秀宣传艺术"的案例，因为这些演讲"代表了美国宣传家对外国反民主宣传方式的经典借用"。这份报告客观精准地列出了考夫林使用的七种广播宣传伎俩和"诀窍"，包括"辱骂""闪烁其词"和"洗牌作弊"①，并描述了人们如何识别这些技巧并评估其准确性。"不要惊慌失措。"这份报告总结称，"小心你自己的偏见。在问题的更多方面出现之前，暂停你的判断，分析它们。"[12]

这是一个应付极端非理性现象的理性方式，是现在可能被称为媒体素养的最早尝试之一，在20世纪30年代末，据说有100万学生使用该材料。但该研究所也遭到保守派的抨击，如赫斯特旗下的媒体和众议院非美活动委员会的马丁·戴斯，他们指责该研究所不公正地聚焦右派的罪恶。战争开始后不久，宣传分析研究所就关闭了，部分原因是它担心会破坏美国政府自身在"优秀"宣传方面的努力。

然而，在考夫林牧师的案例中，普通公民认为问题最合理的裁决者不是志愿组织而是政府，许多人写信给联邦通信委员会，要么支持牧师的言论权，要么抱怨他的言论造成了实际伤害。但双方的来信者都强烈认为，联邦通信委员会在评估考夫林是否适合广播时，应该考虑到他与真相的关系。例如，1939年，考夫林的一位支持者告诉委员会，任何自由的美国人"都有权利谈论他们的想法，只要他们说的是真话"。另一位坚持认为这位牧师"不顾让他沉默的力量，告诉我们应该知道的真相"——其他记者认为这股让他沉默的力量是控制联邦通信委员会、广

---

① 洗牌作弊法（card stacking）是指通过对事实或谬误、例证或干扰物，还有合理陈述或不合理陈述的选择和使用，以期对某观点、项目、人物或产品做尽可能好或尽可能坏的说明。——译者注

播公司或白宫的犹太人。另一方面,来信人担心,"任何歪曲事实或提出不实之词的广播都会煽动美国人之间的分歧"或者希望以"某种方式要求广播发言人为他们所说的话提供证据"。考夫林的支持方和反对方都背离了传统的关于言论自由的"精英话语",这种"精英话语"关注的是表达自己观点的权利,无论其是否基于事实,并且强调捍卫有力辩论的重要性,即便辩论所基于的事实是假的。对于这些普通公民来说,广播员只有在所说的都是真实的情况下,才有权发言。如果他们的言论是虚假或伪造的,就没有权利在广播中自由发言。[13]

一些人明知道报道是虚假的,却还是对其进行保护,后来,最高法院着手处理这些行为,相关处理记录也各有不同。例如,在格尔茨起诉罗伯特·韦尔奇[418 U.S. 323(1974)]一案中,法官认为"对事实的虚假陈述没有宪法价值(第 340 页)",尽管他们也承认保护一些虚假陈述是必要的,以避免阻止真实言论。但在美国起诉阿尔瓦雷斯[567 U.S. 709(2012)]一案中,一名男子谎称自己获得了荣誉勋章,法官们基本认定第一修正案赋予其的撒谎权。[14]然而,考夫林的案例遵循了熟悉的模式。尽管双方都非常清楚造假和宣传的危害,并强烈要求保护广播,但双方都不相信对方能判断何为真,何为假。

战争似乎不可避免,考夫林日益疯狂的激昂演说引来越来越多的抗议。个别电台放弃了他的广播,广告商也越来越感到不适。犹太教和天主教领袖都要求对他采取行动。在这场争议中,联邦通信委员会冷静而准确地回应称,国会并没有授权它干预节目内容或取消个别广播公司的播出。然而,据报道,联邦通信委员会主席"相信必须以某种方式处理广播宣传者的问题",这引起业界担忧,如果他们自己不想办法解决问题，委员会可能会采用某种新规定介入。在这种激励下，行业组织全国广播工作者协会投票修改其道德规范中有关"争议性问题"讨论的条款。协会规定，电台仍有责任为"公共论坛"留出时间，但是为了确保各方都能公平、开放地使用无线电波，从 1939 年 10 月开始，电台不应对这一时间收费。由于考夫林总是直截了当地拒绝免费广播时间，他表示这样将使他失去对内容的控制，全国广播工作者协会的行动显然是为了让他停播。这一招奏效了。[15] 这位昔日的电台牧师再也不能在公众面前展现洪亮的嗓音，在接下来 20 年里，他一直在教区做牧师。

全国广播工作者协会的行动是一个巧妙的解决方案——当然，对考夫林和他的粉丝来说除外。为了规避政府额外监管的威胁，广播业谋划解决方案，平息了一个有争议的麻烦制造者，仿佛这只是一个符合公众利益的原则性决定。联邦通信委员会在处理广播宣传者时，既避免了争吵也规避了出现纵容审查的情况。政治机构和天主教会从某些压力中解脱出来，因为不必采取行动反对一个仍有公开支持者的两极分化人物。考夫林是罗斯福总统的坚定批评者，对能从他手中解脱，总统表示感激。言论自由造成的混乱问题被搁置一边，也没有人被要求裁定广播中传播的谎言是否受到宪法保护。考夫林的退出似乎是由广播行业自主完成的，并且完成过程很专业，大家可以相信广播业能够自我监督，并清除其中的宣传和虚假内容，这成了额外的好处。

然后，战争爆发了。

另一场战争

这一次，事情将有所不同。就像二战的许多方面一样，新闻和官方对公众的宣传计划都是为避免一战的错误和灾难而设计。没有像乔治·克里尔这样过分活跃的人，浮夸地坚称他的宣传不是"宣传"，没有公共信息委员会热衷于传播鼓舞士气的新闻稿，人们也不会轻信虚假的暴行故事或疯狂的谣言。

当然，情况远比这更复杂，不仅因为这场战争规模更大，敌人更具威胁性，也不仅因为广播和摄影能够以直接且详尽的方式把涉及战争痛苦的新闻带到每家每户，还因为报纸在几十年来一直在与不断下降的信任度和销量作斗争。在全面战争中，真理既是理想，也是武器。能够针对公共利益展开自由且有依据的辩论，这种民主理想是"我们"奋斗的目标之一，但对信息的战略性操纵和虚假信息是我们需要斗争的目标之一。自由的命运在全球战场上岌岌可危，"真相""宣传"和"假新闻"到底意味着什么？

甚至在美国参战之前，各组织就已经发表声明，承诺（这次）要讲真话（说到"这次"时声音很低）。1941年8月初，美联社率先出击。美联社始终知道自己是数百家报纸的领跑者，总能感受到竞争对手联合通讯社（United Press）和国际新闻社（International News Service）在背后追赶的压力，因而推出了一项名为《谣言紧缩指数》的专题。这些简短的文章，每篇只有一两句话，旨在揭穿那些"几乎每天都在全世界泛滥、不是由美联社报道的那种疯狂谣言"。美联社在整个8月揭示给读者信息的包括：墨索里尼没有被枪击，德国并未计划切断与美国的关系，德国人没有把克里姆林宫炸成碎片，总统顾问哈里·霍普金斯从伦敦回国的路上没有在加拿大停留，英国军队没有进入伊朗。[16]这些内容没有背景和解释，也没有说明谣言的来源。

这些努力显然是为了让读者放心，特别是那些记得尸体工厂的读者，他们可以相信美联社正在做需要做的事情，在这个充满困惑和恐怖新闻的世界中，美联社以专业的方式追踪和评估真相。然而，在 1941 年夏末的新闻显然并没有那么令人困惑。在 Newspapers.com 的全国报纸数据库中可以发现，在多数情况下，《谣言紧缩指数》的报道比最初的谣言传播范围更广。此外，最初刊登这些谣言的报纸几乎总是以合理谨慎的新闻态度对待它们，描述从哪里听到或读到这些谣言，并警告说这些信息并没有得到证实。很少有报纸最后看起来容易上当受骗。普遍专业的能力展示使得报社几乎没有留下令人难忘的谎言，写错哈里·霍普金斯所处的地方似乎更像是失误，而不是"疯狂的谣言"——美联社的《谣言紧缩指数》在几周内就降下去了。[17]

政府也宣布支持新闻业发布准确的新闻，其理想模式是"真相策略"。这是诗人兼国会图书馆馆长阿奇博尔德·麦克利什提出的说法，麦克利什是罗斯福总统挑选出来的"事实和数字办公室"领导。该办公室于 1941 年 10 月根据行政命令成立，其既定任务是让公众了解政府的国防政策。由于许多美国人尚未决定是否参战或直接反对干预，给办公室起这个名称听起来让人放心，旨在传达确定性、准确性和科学的公正性，与宣传或劝说恰恰相反。正如 1942 年麦克利什在美联社的一次午餐会演讲中所解释的，在一个民主国家，"真相策略"同时发挥实际和象征作用。该策略"符合我们的事业和目的……反对敌人用欺诈或欺骗的手段迷惑或征服其他民族，像我们这样的国家必须用简单而明确的真相来指导自己……换句话说，'真相策略'的目标是让人民真实了解他们参战的意义"。[18]

1942年6月，珍珠港事件发生六个月后，在人们抱怨政府信息的无序和情报机构的混乱之时，总统将大部分机构合并成一个新的美国战争情报局（Office of War Information, OWI）。正如总统在行政命令中所说，"我们认识到美国人民有这样的权利……如实了解共同的战争努力"，这个新机构（美国战争情报局）将制定"信息计划，促进国内外更加详尽、明智地理解战争现状与进展的情况，了解政府的战争政策、活动和目标"。[19] 美国战争情报局将进行宣传活动（或者如官方精心设计的良好标签所言，要提供信息节目），但宣传应该有节制、信息丰富且真实。

这个新办公室由哥伦比亚广播公司和《纽约时报》前记者埃尔默·戴维斯领导，新成立的办公室负责监督大量活动，但与克里尔委员会的行动相比，明显低调很多。新办公室传播精心挑选发布有关战争进展的信息，制作电影和广播节目，包括在美国全国广播公司（NBC）周日下午播出的"军队时间"，节目广受欢迎，内容包括采访、家乡故事和全球各战场概况等。新办公室为好莱坞电影和商业广播中涉及爱国主义情节的部分提供台词建议，还短暂运营过"谣言项目"，指派全国各地的志愿者收集并提交通过小道消息听到的谣言、八卦和假新闻数据。它发起了最赤裸裸的公关活动。服从配给！种植蔬菜！购买战争债券！闭上你的嘴！和罗西一起去打铆钉！①

---

① "铆钉工罗西"指的是二战期间在美国国防生产线上所有的女性劳工。二战时期男性去前线参战，美国国内大量工厂职位空缺，所以政府就鼓励女性一改家庭主妇的限制，走进工厂，为国家做贡献。——译者注

其他信息意在增强士气，并传达一种鼓舞人心的观点，即美国人为什么要捍卫民主免受法西斯主义破坏以及如何捍卫——有时是一种复杂的情况。美国战争情报局的电影《日本人搬迁》（*Japanese Relocation*，1942 年）展示了始终面带微笑的日裔美国人故事，他们被迫离开西海岸的家园并被遣往"先锋社区"时"愉快"且"全心全意地"配合。[20] 而《黑人与战争》（*Negroes and the War*，1942 年）这本小册子以芝加哥一家公关公司负责人钱德勒·欧文的文章开篇。自从因告诉非裔美国人同胞不应参加一战而违反《间谍法》被捕后，欧文的心态发生根本性变化："一些非裔美国人说，谁赢得这场战争没什么区别，他们说即便是希特勒统治，情况也不会更糟。这些人强调的是弊处；他们从不评估自己的利益。他们夸大坏的一面，缩小好的一面。在不低估黑人的弊处、不否认确实存在的障碍和不平等问题的前提下，我想列出黑人在美国的利益所在——在希特勒的统治下他们会失去什么。"[21]

前美联社编辑拜伦·普莱斯领导的审查办公室对美国战争情报局表示支持。他不处理战斗地区的官方审查，将其留给每个战区的军事指挥官负责，他们只向通过背景调查并承诺将所有材料提交给审查员的记者颁发证书。普莱斯主要关注战争后方，努力确保美国本土的出版商或广播记者（或其他任何人）不泄漏任何可能帮助敌人的信息，无论是关于军事行动、国防生产，还是关于总统的旅行计划和天气。

在一次新闻发布会上，戴维斯和普莱斯解释了他们如何与新闻媒体合作。普莱斯说："我们告诉他们哪些内容是不能刊登的。"戴维斯说："我们向他们提供希望他们刊登的东西。"[22] 但是，作为一名终身记者和新闻自由的捍卫者，普莱斯拒绝要求以任何形式进行出版前的常规审查，而只是相信记者在分享任何敏感信息之前都会自愿寻求适当的授权。审查办公室的守则总结了指导原则："对于任何特定的细节，编辑都应该问自己，'如果我是敌人，这是不是我想得到的信息？'然后再采取相应的行动。"[23]大多数新闻机构都为此尽一份力（我们考虑了一下——不报道）。

从战场上向公众提供信息，执行该任务时不可避免会遇到挑战，在这场世界有史以来最大的战争中，这一挑战不可避免地被放大了。无论是从一战的灾难性例子中吸取教训，还是急于证明民主价值观优于法西斯价值观，或者相信为公民（包括记者）提供真实的信息可以最好地确保他们的合作和支持，一些官员继续倡导要尽可能地实施"真相策略"。他们表示，政府和军方在不损害国家安全的前提下，应当尽可能地公开战争进展情况并提供信息。人们应该得到可以信任的消息。

然而，这一策略常常会遭到反击：一系列用字母缩写表示的政府机构发布了不一致的信息，人们对什么会损害安全存在强烈分歧，对战争后方士气的担忧，党派的不满（担心美国战争情报局宣传新政，国会在1943年削减了其预算），对用宣传和广告策略来"推销"战争的做法是否合理的争吵。记者们也很纠结。很多记者认为，面对混乱的局面，尽管有审查员，他们仍有职业责任公平报道、审视权威、尊重真相。许多人认为，捍卫新闻自由是捍卫民主反对极权主义的另一种方式。几十年来，记者们一直被指责大肆渲染、商业化、捏造或歪曲新闻，战争报道也是他们挽回声誉的机会。一些战地记者的报道实际上是极好的，证明了他们的勇气和人性，也证实了他们的专业技能，最好的新闻作品确实有助于修复美国人对新闻业作为公共服务的信心，至少在一段时间内是这样。

但是，由于世界处于危险之中，民主处于危险之中，士兵处于危险之中，战地记者和其他多数美国人一样，也感到了巨大的压力，要"做好自己的事情"，这可能意味着他们要自己决定压制或掩盖可能损害战争成果的新闻。沃尔特·克朗凯特为美国合众社报道战争，在他生命末期的一次采访中表示："在第二次世界大战中，每个人都是团队的一员，我们知道自己为何而战，知道敌人的战斗经历，完全了解战斗的性质。"《星条旗报》（*Stars and Stripes*）记者安迪·鲁尼后来回忆说："我们都是美国人，希望美国能赢得战争，所以不想做任何可能损害我们这一方的事情……（军事审查人员）很少删除内容，因为我们知道什么可以写，什么不能写。"以下这个故事是鲁尼自己判断不能写的：在一个法国农舍的地窖里，有五具德国人的尸体躺在血泊中，旁边有一面血迹斑斑的白旗穿在杆子上。敌军士兵一直在试图投降，但美军的行动太快，没有留下任何俘虏对方的机会。鲁尼说："我想美国民众不会理解这一点，他们不愿想到美国士兵会这么做。"[24]

新闻机构做出自己的重大抉择，选择报道什么和不报道什么，这种自我审查的做法可能会呈现扭曲的现实。1940 年，罗伯特·麦考密克上校的《芝加哥论坛报》没有报道有关纳粹的暴行，尽管该信息由该报柏林分社社长西格丽德·舒尔茨提供，来源可靠。这位坚定的反干涉主义出版商不愿意做任何可能增加美国参战压力的事情。[25]《纽约时报》害怕被界定为"犹太报纸"，只刊登了纳粹死亡营简短而模糊的报道。[26]在珍珠港被日军偷袭时，一位担任食堂执勤兵的黑人海军士兵英勇地抓住高射炮，向日军开火，媒体只将这位黑人英雄描述为"不知名的食堂黑人执勤兵"，直到两个月后，一家有影响力的非裔美国人报纸《匹兹堡信使》（*Pittsburgh Courier*）终于发现并刊登了他的名字——多里·米勒。[27]

官方的军事审查员也会做出选择，甚至会迫使"队伍中"的记者感到压力，从而不得不伪造新闻。记者们抱怨说，审查员一直在改变规则，他们只想保护或颂扬自己的军官，他们认为把可疑的故事排除在外总比让它们通过审查更省事，他们不知道自己在说什么。约翰·斯坦贝克设法争取到了一个为《纽约先驱论坛报》报道英格兰和地中海战事的短暂任务，他设计了一个厚颜无耻的报复手段来对付一个"伤害"过他的审查员：这位小说家提交了希罗多德关于萨拉米斯战役的描述，这场战役发生在公元前 480 年，在波斯人和希腊人之间展开。他写道："由于涉及地名，尽管出自希腊经典，海军审查员还是将整个故事扼杀了。"[28]

更糟糕的是，审查员为了避免有人尴尬或掩盖某人的严重失误，通过封锁故事来主动扭曲新闻。对战地记者来说，"赫斯基行动"是在公开氛围中展开的，这种公开程度令人惊讶：德怀特·艾森豪威尔将军负责指挥地中海战区，在一个月前的吹风会中，他告诉记者们，下一个目标将是西西里岛。这种公开既有原则性也有战略性。正如艾森豪威尔后来解释的，一群精力充沛的记者在北非四处打探消息，可能会无意中把德国人引向行动最密集的地方。艾克（艾森豪威尔）说："我决定相信这些记者，并立即让战区的每个记者都感觉到，我和同事知道的责任，他们也知道。"他们在受宠若惊的同时也尽职尽责，守住了这个秘密。[29]

然而，很快就出现了一个不同的秘密。1943 年 7 月 11 日，在攻入西西里岛的第二个晚上，144 架美国运输机轰鸣着飞过位于杰拉（西西里某地）的滩头堡，投下数百名来自第82空降师的伞兵。紧张的美国防空炮手在地面上向他们自己方的飞机开火，击落23架，严重损坏至少37架。至少410名美国人在天空中被他们的战友炸飞，士兵们依靠降落伞落地，有的落地时被悬空挂住，友军用枪支将他们解救下来，有些则落入海中直接淹死。美联社的唐·怀特黑德后来回忆说："这是我见过的最令人毛骨悚然的景象之一。"《时代》周刊和《生活》（Life）杂志的记者杰克·贝尔登当时与怀特黑德一起在海滩上，他经验丰富、见多识广，曾在约瑟夫·史迪威将军从缅甸撤退到印度的这段传奇征途中与其一同行进。贝尔登冲着炮手徒劳地喊道："哦，上帝，不！不！不！住手，你们这些混蛋，住手！停止射击！"[30]

有数千人看到了这场灾难，这场灾难很快成了一个公开的秘密，消息在记者和军方高层中传开了。但官方层面仍在保密，该事件被军方审查人员封锁，他们告诉怀特黑德（后来怀特黑德因在朝鲜的报道而两度获得普利策奖），披露友军的屠杀行为会给敌人带来"帮助和安慰"。[31]怀特黑德上交的报道转而侧重于描写入侵中的一个更为英勇的故事，讲述了"美国佬是如何纯靠胆量拯救了杰拉的桥头堡：除了没有赤手空拳搏斗，他们用尽了一切武器来阻止坦克入侵，然后发动进攻"。《波士顿环球报》1943年7月16日的标题中引用了一位上校的话，"美国人成功抵御了一百多辆德国坦克，在美军历史上最大限度地展示了其勇气和纪律"。

贝尔登以第一人称、分两部分报道了攻占杰拉后的生活情况，包括一些必要的恐怖时刻，也堆积了一些温馨的细节：他在登陆艇上安慰一个晕船的士兵；他遇到了一个意大利囚犯，这个囚犯认识抓他的人的祖母，她祖母就是西西里人。一个简短而沉痛的评论吸引了人们的注意力。

在贝尔登准备与一只陆军游骑兵部队向内陆出发时，头顶出现了一架受损的喷火战机，一名飞行员从飞机上跳下来，贝尔登和其他人伸着脖子观望，看到飞行员在空中挣扎，未能打开降落伞。"我们无助地看着飞行员向地面急速坠落。'可怜的家伙'，每个人都这么说。"[32]这个悲伤的小插曲可能是贝尔登秘密承认的故事之一，还有更多他无法阻止和禁止报告的灾难——这也是对当局的一个明确提醒，他知道当天杰拉海滩的天空究竟发生了什么。[33]

但普通民众并不知道。贝尔登的报道是首发文章，紧接着在《生活》杂志的下一页刊登了一篇社论，标题是"我们的军队：和盟军一起在西西里岛登陆，达到军事科学新高度"。[34]文章欢呼道，整个行动是"后勤方面的胜利"。这种做法不仅将一个令人心碎的错误完全抹去，而且抹去后空白的地方还被填上了浮夸、虚假的鼓舞欢呼。

构想战争

随着战争继续，对于一些记者来说，他们所知道的事情和所能说的事情之间的显著差距越来越令人不安。哥伦比亚广播公司的记者埃里克·塞瓦里德在他的战后回忆录中鞭辟入里地写道，严格的战场审查制度在情感上摧残了普通士兵和有良知的记者。塞瓦里德说，他去报道战争时：

> 怀着一种强烈的愿望，希望能够真实描述战争的一切——它的辉煌和残酷，成就与愚蠢，痛苦和奢侈，幸福和心碎。我发现我不

能……坦诚说出真实情况最能鼓舞士气；告诉他们有人意识到事情出错了，最能给他们信心。很少有记者愿意做"揭发丑闻"的工作，但有时他们确实在与审查员斗争几个小时后，遭到一些务实的士兵反问："你们为什么不偶尔说说实话？"[35]

8个月后，也就是1944年3月，这些人确实说了关于杰拉的真相，但这是由于疏忽造成的。《星条旗报》的一名记者在旧金山联邦俱乐部的演讲中提到了这场灾难，显然没有任何敌意；他称这是一场由"缺乏经验"造成的"误解"。这篇报道的篇幅只占三英寸①，是有关公民俱乐部讲话的战争后方故事，审查员认为不会引起什么轰动效果，于是美联社关于这场讲话的报道被一个粗心的审查员放行了。知道这一事件的记者严厉抨击战争部长亨利·史汀生，他们要求史汀生公开解释。当史汀生犹豫不决时，他们又要求战争部做出"更明确的"解释。战争部和海军的免责声明大致持续了一周时间。当被明确问及为什么之前没有公开该事件时，一位不愿透露姓名的部门发言人回答说："没有理由公开这一事件——这是一个不幸的战争错误，而且我们已经采取措施防止类似事件再次发生。"[36]

这一披露引发了强烈反应，其中托马斯·E.杜威的反应引人注目，他当时正在为两周后威斯康星州的共和党总统初选做准备。在一次面向摄影记者的全国性广播讲话中，杜威称赞新闻自由在美国是"弥足珍贵的事"，特别是与世界上多数人被灌输的"无耻谎言"相比。但杜威表

---

① 1英寸约为2.54厘米。——译者注

示，白宫压制该事件"不是……不让敌人知道，而是为了不让我们自己的人民知道"。[37]

杜威的评论肯定部分是出于政治考量，而且他后来在威斯康星州做得很好，但他的言论也体现了公众对战争新闻态度的一些复杂性。因为一个失误，四百多人付出了生命的代价，关于这件事的报道并没有导致人们愤怒地呼吁调查谁有错，也没有报纸对失去亲人的父母和处在悲伤中的遗孀进行令人悲痛的采访；报纸和公众都明白自己的责任。事实上，一些当地的社论家不厌其烦地宣称战时的错误是"不可避免的"。印第安纳州普林斯顿的《克拉里昂日报》表示，毕竟，"每场战争中都会发生认错人的事情。'石墙'杰克逊将军，杰出的（美国内战期间）南部邦联领导人，都是被自己的部下射杀。"[38]

抗议声反而集中针对官方的不诚实，把责任完全归咎于政府和军队的失败，而不是媒体。密西西比州的一份报纸指责军队"忘记了讲真话的基本价值"，"忽视了信心的基本要素，正是像报道成功和胜利一样去报道挫折和失败，构成了人们的信心来源。"爱达荷州的一份报纸认为，压制"悲剧"但"可理解"的新闻没有"任何军事上的理由"，它这么做只是为了"保护相关负责人不受批评"。《号角日报》（Daily Clarion）似乎总结了这种普遍的挫折感，结论是："最高指挥部仍然不相信美国人可以接受不利消息。"[39]

很明显，许多美国人认为政府在伪造新闻——美化、操纵和掩盖战争中发生的一切。美国战争情报局的一项内部调查显示，1942年7月，当时太平洋地区的严峻形势刚刚开始扭转，28%的美国人认为政府美化了发布的战争新闻；到1943年6月，即西西里岛战役开始前的一个月，这一比例上升到39%。[40]《生活》杂志是中产阶级的战争报道圣经，以其生动且人性化的照片闻名。《生活》在1943年2月22日有力地提出，要向广大读者提供更加诚实的报道。此外还有7页关于新几内亚布纳战役的图片，其中有一张是他们称作"比尔"的士兵牺牲的照片，照片上"比尔"摊开四肢。编辑们指出："《生活》杂志不能展示比尔的任何照片……展示美国人的死亡违反军队政策。"尽管如此，他们表示："我们认为应该偶尔刊登美国人在行动中倒下的照片。像摄影师乔治·斯特罗克这样的人，他们的工作就是把战争呈现给我们，这样我们这些远离危险和死亡气息的人就可以知道什么是危在旦夕。我们认为比尔会希望如此……如果比尔有胆量面对死亡，那我们也应该有胆量面对面看一看。如果我们做不到这样，那后方将继续是一片混乱。"[41]

照片给审查员和读者带来了特别的挑战。大受欢迎的《生活》及其竞争对手《展望》(Look)，还有罗伯特·卡帕、玛格丽特·伯克·怀特、迪基·查佩尔、卡尔·米丹斯和W.尤金·史密斯这些专业人士，在他们的努力下，视觉图像成为后方了解战争的中心。照片提供了一种看待战争的新方式，美国人在迷恋与不安之间取得平衡，对战争图片的真实性和准确性都抱有信心，而对印刷物中的战争新闻却不会抱有这般信心。这些图片似乎是直接来自前线的护身符，到达美国人的咖啡桌上时还带着战斗的硝烟和现场军事审查员的权威印章。

1943年3月，美联社的哈里森·罗伯茨在突尼斯前线担任公共摄影师，他交出了一张令人震惊的照片，照片展示了轰炸中的士兵，这张照片被刊登在数百家报纸上，包括大众小报纽约《每日新闻》的头版。这张照片被誉为"每个新闻和军事摄影师都梦寐以求的照片"，照片中两名医护人员正照顾一名倒下的士兵，周围都是敌军炸弹爆炸扬起的尘土。尽管《生活》杂志在 4 月刊中指出，一些"目光敏锐的军事战术专家"指出了图片的异常之处——士兵和炸弹爆炸似乎都不太是应有的样子，但杂志还是刊登了这张照片，因为它解释说，"这张照片是由美联社的顶级摄影师拍摄的，并且由战争部发布，这些事实都表明这张照片是真实的。"[42]

事实并非如此，罗伯茨是在一个训练场拍摄了这张照片和其他四张照片，因为他无法拍摄真正的轰炸场景，其伪造照片的信息传出后引发了强烈反应。美联社将他停职，战争部对他进行调查，艾森豪威尔将军发表了一份声明，否认这些照片。很多之前使用过罗伯茨部分或全部照片的出版物，将这一行为视为近乎个人的背叛，并在标题中大量使用"虚假"和"欺骗"等字眼。[43]《得克萨斯州阿比林记者新闻》[Abilene (TX) Reporter-News] 批判道，"美国人民会直面他们的战争新闻，谢谢"。同时，《纽约先驱论坛报》呵斥道："摄影报道的诚实性就像口头报道的一样，都太珍贵了，不能遭到破坏。"然后再次向读者保证，大多数摄影记者都是诚实且准确的。[44]

在很大程度上，由于观众如此信任来自前线的照片，审查员从一开始就认为必须特别谨慎地处理这些照片。如果这些照片是真实的，那么所展示的苦难和痛苦也是真实的，对于那些生活在美国本土，担忧本国士兵、水手、空军和海军安全的民众来说，这无疑会对他们造成情感冲击。如果后方的某个读者打开报纸，瞥见一张照片，然后认出那个没有腿的伤员是她的丈夫，或者皱巴巴的尸体是他的儿子，没人能够想象，每个人也都会担心将发生什么。正是这种恐惧促使审查员禁止展示美国士兵尸体的照片或电影（然而，展示死亡的敌人是完全可以接受的）。同样被禁止展示的还有触目惊心的伤口、有精神健康问题的士兵以及任何可能让国内观众不安的东西——这是一个范围很广的类别，可能还包括士兵与当地女性恋爱这种可能威胁士气的东西。所有这些照片都被匆匆放入战争部的一个秘密文件箱中，发起人称之为"恐怖室"。[45]

战争报道存在的问题不仅仅是人们觉得没有被告知坏消息；他们读到的虚假乐观消息也以令人担忧的方式塑造着他们的观点。1943 年 7 月，在西西里岛战役激烈进行时，其他战争情报局的民意调查显示，美国人对战争的进展感到自满，甚至狂妄自大，有近 60% 的人预测德国将在一年内战败。[46]这种自满情绪让官员们感到前景堪忧，因为他们知道前面还有艰难的仗要打，还需要更多牺牲、忍受更多悲痛。因此，尽管有一些军队和政府官员因为害怕让人们感到不安而坚持隐瞒坏消息，另一些官员则担心没有让人们感到足够的不安。

一直以来，总有一些指挥官更愿意允许偶尔发布令人沮丧的消息，而记者们希望能有更多报道真实信息的自由，这种呼声不断加强。1943 年春天，在罗斯福的支持下，战争情报局采取了行动，正式鼓励对战争进行更粗糙、更真实的描写。好莱坞制片人被敦促讲述不那么煽情造作的故事，有关日本针对盟军战俘的暴行（但很少使用关于纳粹暴行的故事，以免战争看起来像是为了拯救犹太人），军事审查员应当允许"明智地"使用这些经证实的故事，并积极寻找展现战斗最残酷一面的照片。[47]《生活》杂志终于能在 9 月 20 日版上发表斯特罗克 7 个月前拍摄的照片，《三个死在布纳海滩上的美国人》（*Three Dead Americans on the Beach at Buna*），其中一个人就是"有胆量"的"比尔"。可以肯定的是，这张照片是描绘战争代价的一个里程碑。但是，纯粹客观地看，这也是一张美丽的照片，构图清晰、完美，处理很巧妙。三具尸体横七竖八，但是并不扭曲或残缺不全，在沙地上构成一道优美的弧线，没有一个伤口，也没有一点血迹，或者一个可识别的特征。那些敢于抖开报纸，有勇气直面这种情况的美国人，仍然没有看到"比尔"的面孔，也没有看到战争最坏的一面。

新政策的结果好坏参半。即使在参谋长乔治·C.马歇尔强化了这一信息后，一些军事官员自己还是无法发布残酷的照片。有些出版物拒绝使用提供的照片，有些则出于自身目的将照片用于不那么值得赞赏的目的。一家新泽西州的报纸将布纳海滩照片的标题定为"日军背叛的受害者"，以提醒人们注意珍珠港事件，并在标题中提供了关于士兵如何被击垮的虚假信息。[48]一些看到这些残酷照片的读者给编辑写信，提出抗议。[49]一些最令人不安的图片仍然被封禁在"恐怖室"中。

在阿登战役早期的绝望日子里，当记者开始注意到惊人的伤亡程度时，审查员退回到他们惯有的顽固态度，全面封锁来自前线的报道。圣诞节前几天，巴黎盟军最高总部举行了一次激烈的新闻发布会，会上战争情报局新闻局主管态度沮丧，称这一政策是"愚蠢的"，其他记者认为，既然德国人在国内听到了关于这场战斗的广播新闻，盟军后方也应当听到。虽然禁令稍有松动，但基本保持不变，直到巴顿的坦克化解巴斯通的围困，才终于有了一些好消息可以报道。[50]战争情报局的文职人员可以推荐、鼓励和敦促消息的报道，记者们可以协商和抱怨，但最终由实地军事官员决定美国人听到多糟以及多准确的新闻（他们决定；我们不能报道）。

正如拜伦·普莱斯所承诺的，战争结束使审查制度立即终止；大多数限制在欧洲胜利日解除，其余的则在日本宣布投降后取消，不过，麦克阿瑟将军仍然严格控制日军占领区的记者。虽然战争情报局在9月份被毫不留情地关闭，但其为了向苏联和全球其他国家广播而成立的美国之音部门确实存活了下来，并转入国务院，最终转入美国新闻署。

随着美国进入战后秩序，国内经济普遍繁荣，国外不安全威胁仍然存在，许多主流记者在回顾他们的战时服务都有一种成就感。记者们坚信，他们并非唯命是从；通过定期抗议审查和压制，他们表现出了职业责任感，挽回了新闻业在之前战争中的一些失败。但他们也为超越政治和党派的伟大事业尽了责任。

这种参与和维护国家共识的意识构成了丹尼尔·C.哈林所称的"高度现代主义"风格的基础，这种风格是世纪中期主流新闻业的特点。新闻业由纽约、圣路易斯、华盛顿、洛杉矶和其他城市的"优质"报纸主导，并且电台新闻广播很快也加入，新闻业将自身定位为一个受人尊敬、有社会责任感的行业，根植于客观核查、公平、中立和理性的规范。主流记者通常独立于政治体系之外，"凌驾于政治之上"，但在冷战的焦虑气氛中——面对苏联威胁时，国家团结受到赞誉，异议被边缘化，政治机构得到普遍信任，白人中产阶级价值观的优越性被视为理所当然。哈林写道，他们觉得自己"强大而富足，同时又独立、无私、热心公益，受到所有人的信任和爱戴，包括从世界各地的权力走廊到普通公民和消费者。在政治上，新闻业似乎有可能独立于政党和国家，但又完全是'当权派'的一部分。"[51]

然而，事实证明，当权派并不是记者的安全空间。当权派的一些成员非常善于操纵或利用专业新闻引以为豪的标准和价值，以获得他们喜欢的报道，或者制造他们自己的假新闻。一些记者非但没有受到"信任和爱戴"，反而被拥有自身议程的权势政客或机构视为敌人，并被他们污蔑为反美人士。与此相矛盾的是，记者们发现，客观核实、公平、中立、理性——这些他们所接受的，将自己与造假者和宣传者区分开的专业惯例，可能成为他们失败的原因。

第八章

"这该死的客观"

　　威斯康星州参议员约瑟夫·R.麦卡锡的自我评价大多是美化、夸大或伪造的。首先是他的绰号 [尽管"尾炮手乔"（麦卡锡）在二战期间自愿热心参加一些空战任务，但他的正式职务是埋头伏案的海军情报官]，还有关于他"战争创伤"的英雄故事也是伪造的，实际上是遭受船上的惯有欺凌而受伤的。[1] 麦卡锡这位共和党人所说的有关共产主义者控制了美国国务院、军队、民主党和新闻界的内容都是凭空捏造的，完全是为了利用人们对冷战的恐惧，为自己赢得权力、关注和连任。关于他所声称的巨大阴谋和几十年的叛国行为，大部分都是有目的的谎言。但他近五年来在华盛顿一家高级俱乐部的衣帽间里发起的恶毒攻击，包括口头上和偶尔身体上的攻击，要么打了报道丑闻的专栏作家德鲁·皮尔森的脸，要么就是用膝盖顶了他的腹股沟——不仅代表了美国参议院的一个低谷，也代表了美国部分媒体的低谷。这些事情还抛出了一个基本问题：当一方按照旧规则行事，另一方只是造假，会发生什么？

　　麦卡锡是个狡猾的暴徒。他利用暗讽、嘲笑和蔑视等方式，轻率地践踏法律和宪法的约束，他低俗的欺凌行为、粗暴的滥用职权，这些都让记者们无法忽视他，而传统观点认为，记者对他的报道既夸大又不加批判，这促成了麦卡锡的崛起。然而，事实上，新闻界的情况比这个故事所描述的更为多样。

很多新闻界人士和报刊都一直公开支持麦卡锡到底，或几乎到底——包括罗伯特·麦考密克上校极端保守的《芝加哥论坛报》《圣地亚哥联盟报》（*San Diego Union*）、赫斯特新闻社以及与赫斯特广泛合作的专栏作家韦斯特布鲁克·佩格勒。其他许多新闻界人士和报刊则同样可以在新闻专栏中或是在社论中公开表达他们的失望之情——包括多萝西·希夫的《纽约邮报》（*New York Post*）、《密尔沃基日报》（*Milwaukee Journal*）、哥伦比亚广播公司的爱德华·R.默罗、詹姆斯·雷斯顿、理查德·罗维尔、德鲁·皮尔森、联合专栏作家斯图尔特·阿尔索普和约瑟夫·阿尔索普、漫画家赫布克以及其他在全国新闻界影响力最大的人。诸如《进步》（*Progressive*）、《国家》（*Nation*）和《新共和》（*New Republic*）等成熟的舆论杂志毫不犹豫地批评了麦卡锡，甚至一些小报，特别是麦卡锡家乡麦迪逊的《首都时报》（*Capital Times*）也经常刊登批评文章。因此，另一种传统智慧，即在英勇的默罗向全世界展示电视能做什么之前，没有记者敢站出来反对麦卡锡，这是对新视觉媒介冲击力的赞扬，但经不起推敲。

但是，许多新闻机构在报道麦卡锡时，确实采取了谨慎平衡、以事实为中心、无利害关系的方法，这些方法被称为"客观性"，适用于它们对当权机构的所有报道，这些报道往往不加批判地依赖官方来源的信息，以明显顺从的态度对待与国家安全相关的任何事情。批评者在当时和事后都认为，这些对传统职业价值观的坚持正是问题所在。他们认为，记者没有履行其他重要的职业职责：对事物抱持怀疑态度，指出矛盾和纠正谎言，在分析中运用自己的知识和经验。他们认为，记者不应该把自己当作政治家的个人公关机器，不假思索地抄写一切，不质疑任何东西的准确性。而且，在向人们提供信息这一最基本的任务上，这些记者也是失败的。理查德·斯特劳特1950年在《基督教科学箴言报》（*Christian Science Monitor*）上写道，美国的新闻传统是"直截了当地报道"，这意味着"作者从某个人那里获取陈述，再试图从另一个人那找到回答，把它们恰当地融合在一个故事中，加上一点色彩，一天工作做完，然后带着快乐感和满足感回家找妻子和三个孩子"。同时，可怜的读者"没有办法来权衡所讲的内容，因此只会感到困惑"。[2]几十年前，新型的专业记者已经开始采纳经过谨慎平衡的中立声音，以此赢得读者信任。现在，像斯特劳特这样的评论家抱怨说，这种两面派的做法只会让所有人都感到困惑。

主要通讯社在地方和区域报刊新闻专栏中的主导地位只会让问题更严重。1950年2月，麦卡锡在西弗吉尼亚州惠灵市发表"我手里有一份名单"的演讲后一个月里，报纸上关于他的报道有75.5%来自美联社、16.5%来自合众社、5%来自国际新闻社（INS），而电台上的新闻几乎都来源于这三家机构。[3]通讯社服务的客户分布广泛，种类繁多，甚至比其他主流新闻机构更有可能接受"直截了当"的报道，以免因向客户提供其不同意的意见或解释而得罪客户。几十年后，当《密尔沃基日报》（*Milwaukee Journal*）的前记者埃德温·贝利采访那些（和他一样）报道过麦卡锡的通讯记者时，他们中的一些人声称，他们至今仍带着伤痕。他们说，这是他们报道过的"最困难的故事"，他们"让乔（麦卡锡）逍遥法外"；他们在麦卡锡的打击下变得消瘦；他们感觉被困住了……这种无力感太可怕了。一位资深记者说："这三家通讯社都太客观了，让麦卡锡欺骗了编辑和公众，逃脱了一切罪行。"[4]

并不是每个记者都被这位参议员搞的寝食难安，他们中的一些人积极寻求与麦卡锡保持良好关系，这种关系对双方都有好处。记者们和麦卡锡一起喝酒，一起赌马，甚至一起赚钱，比如有10位摄影师与麦卡锡（作为隐名合伙人）合作，暗自参与了一笔可疑的土地交易。[5]为了保持当时的友好惯例，记者们很少发布他们所知道的关于麦卡锡的个人恶习——比如经常有意酗酒、脾气暴躁、拙劣地试图"证明"无法证实的论断，而麦卡锡则向他们提供"独家"报道，并乐于在截稿时向他们提供丰富的可供引用的话语，以此回报这些记者。

政客迎合黑暗面的做法并不少见，政客也经常利用记者和操纵新闻业惯例使新闻报道对其有利。麦卡锡的鲜见之处在于，他热衷于辱骂新闻界，就像他热衷于辱骂赤色政权一样。在一些评论家看来，那个时代的其他政治家，甚至是理查德·尼克松都没有把妖魔化记者和诋毁新闻业作为行动方式的核心和精心策划的一部分。[6]麦卡锡对新闻业的恶劣态度严重违反丹尼尔·哈林所说的"高度现代化"规范，这种规范重视公众人物和报道他们的记者之间关系的公正性和共识。对于那些与他意见相左的人，麦卡锡从根本上把他们的新闻工作打上非法的标签——虚假。

麦卡锡的策略是哈林著名新闻"领域"模型的一个扭曲变体，这一模型假定，记者根据问题的争议程度，使用不同的标准来报道这些问题。处于共识领域的问题——像"妈妈和苹果派"一类的观点为主流公众广泛接受，得到人们的支持甚至庆祝，人们对此不会漠不关心或表达反对意见。处于合法性争议领域的问题，通过选举和立法辩论解决，通过客观和平衡的专业价值观解决。而"异常领域"则汇集了远远超出主流领域的观点，记者都觉得可以安全地否定、破坏甚至嘲笑这些观点。[7] 然而，这一次不是记者将麦卡锡的观点引向一个领域或另一个领域，而是麦卡锡自己声称有权分类，记者们则是被分类对象，友好的记者进入"共识领域"，反对的记者则被推入"异常领域"。这标志着新闻是否可被接受的专业界限由一个政治家划定。

麦卡锡不只简单表达他与新闻界在政策和政治上的分歧；他还攻击了整个行业和个别记者的诚实和能力。而他说的关于新闻界的坏话，还需要依靠新闻界诚实、尽职地履行义务来告知人们。他坚持认为，新闻界充斥着"赤色分子"，这些人内心是叛国的。他敦促人们抵制，并威胁说如果有不利的报道就起诉报纸，而且如果目标足够软弱，他就真的会这么做——正如《纽约锡拉丘兹邮报》[Syracuse (NY) Post-Standard] 那样的目标，该报发行量不到 8 万，在一篇社论中出现了几个小错误。麦卡锡还凭空捏造指控。[8] 例如，他声称知道有 126 名"缴纳党费的共产党员"在《星期日纽约时报》工作，而该报全体员工只有 93 人。[9]

麦卡锡利用其官方地位报复批评者；1951 年 9 月，《纽约邮报》编辑詹姆斯·韦克斯勒发表了名为"抹黑公司"的尖锐报道，该报道由 17 个部分组成，讲述麦卡锡是"本世纪最难以置信的骗局"的作者，之后麦卡锡将这位编辑拉到他的调查委员会闭门会议上接受质询。[10] 麦卡锡的一些攻击非常针对个人。罗纳德·梅与丑闻揭发者杰克·安德森合写了一本批评（但并不完全准确）麦卡锡的传记，梅当时正在密尔沃基参加一个宴会，而麦卡锡也将在宴会发言。麦卡锡注意到食客中的梅，便放弃了准备好的演讲稿，转而抱怨他受到了共产党间谍的骚扰，他说，其中一个间谍就坐在观众席上。被点名后，梅不情愿地站了起来，这名记者后来写道："骚乱爆发了。"当梅试图离开时，被麦卡锡的保镖挡住，并被人群推搡和嘲笑。麦卡锡的嘲讽往往有着二年级校霸的技巧水平，但这些方法确实有作用。他会告诉人群："嘿，那是《密尔沃基工人日报》（*Milwaukee Daily Worker*）的鲍勃·弗莱明[指的是《密尔沃基日报》的一位顽强记者]，这家伙真不错。你们知道的，《真理报》（*Pravda*）经常引用他的话。"[11]

麦卡锡的攻击显然不仅为了恐吓"左翼"媒体，还想破坏这些媒体在公众眼中的权威和信誉。20世纪50年代以来，这种手法越来越为人所熟悉，一个与读者讲同样语言的公众人物，允许读者把对有争议问题的合法报道视为出于政治动机的谎言，因此可以视而不见。只要他们认为这些新闻来源合自己的意，就接受诱导，相信虚假和欺骗性新闻，并且将不合自己意的新闻视为虚假。

一些新闻机构热衷于合作，制造虚假且合意的新闻，吸引一大批崇拜麦卡锡的美国人，他们认为麦卡锡是知识分子的磨砺者，是一个敢于直抒胸臆的爱国者。麦考密克上校曾被称为"14世纪最伟大的思想家"，他经营的《芝加哥论坛报》是对美国古老传统的回归，即报纸是思想强大的编辑的个人声音。在麦卡锡任参议员的大部分职业生涯中，麦考密克上校强大的思想都支持着他。[12]1951年，该报刊登了威廉·富尔顿撰写的批判"左翼"新闻的系列报道。这位记者也为这项任务做了充分准备，他曾在1943年提交了一篇由八部分组成的冗长文章，生动地描述了东部媒体、国际媒体、美联社、新政和"华盛顿官方"是如何"对付"《论坛报》的。^[13]这一次，新的系列报道不再温和节制（或更少的密谋），例如"首都报纸为赤色分子辩护，对敌人进行抨击"（1951 年 2 月 19 日）。它声称《华盛顿邮报》"为赤色分子和左倾分子辩护"，并指责美联社华盛顿分社有"反麦卡锡的偏见"，因为它只用了八九段介绍这位参议员在国会六个小时的演讲。在"12 家各具色彩的大肆宣传中"（1951 年 3 月 18 日），富尔顿挑出十几位专栏作家进行个人调侃，包括沃尔特·温切尔、阿尔索普夫妇和埃莉诺·罗斯福。他笑称麦卡锡"拒绝"被德鲁·皮尔森这个"没有原则的骗子和假货所吓倒"，并深情地回忆起"麦卡锡打了专栏作家一巴掌"的情景。

矛盾的是，麦考密克的《芝加哥论坛报》可能在精神上最接近客观批评者所希望的样子。这位上校的报纸并不只是单纯的记录事件，它的记者也不会满足于平衡好一个人与另一个人的评论之后，波澜不惊地回到家中。记者都有自己的经验和判断，他们会把这些经验和判断带到报道中。该报指出了其认为矛盾和错误的地方，会去怀疑和质疑。它很少像专栏作家斯特劳特所抱怨的那样，让读者"仅仅感到困惑"，或者不知道应该如何权衡相互冲突的言论。

不可否认的是，通讯社和其他一些新闻机构采取谨慎中立的方法，对给他人扣上赤色分子^①帽子的参议员的报道往往会严重扭曲。同样不可否认的是，人们对新闻业应对暴徒的失败普遍感到失望，这也促使许多报纸慢慢（之后加快）放弃传统上称为"客观"的、平淡无奇的报道方式，转

---

① "给……扣上赤色分子帽子"（Red-baiting）是指将个人或团体指控、谴责或攻击为共产主义者、社会主义者或无政府主义者，或者同情共产主义、社会主义或无政府主义。"赤色"一词来源于象征激进"左翼"政治的红旗。——译者注

而采用更具解释性、背景性甚至对抗性的新闻报道方式。[14] 然而，没有人认为客观性会扭曲准确性，而是迫切要求用夸张的亲麦卡锡党派立场来取代客观性。"他说""她说"的报道方式味同嚼蜡、缺乏实质信息，没有人主张这种报道方式应该让位于"他说，她是个肮脏腐朽的共产党人！"相反，他们暗中宣称，相信如果报道更有解释力，报道内容不那么严格追求"平衡"，将不可避免地导致读者与他们一样，对该参议员（麦卡锡）持批评意见——读者会看到真相。英雄人物爱德华·R.默罗恰到好处的固执己见，给麦卡锡提供了暴露自己丑态的空间，最终将其拉下马，这也是该故事如此深入人心的原因之一。

然而，主观性极强的《芝加哥论坛报》不仅支持麦卡锡的反共狂暴战士形象，而且还和他一样好战，一样在违反当权派的规则时感到欣喜，将自己打造为自由派精英手中的委屈受害者，还有和他一样对事实漠不关心，把自己愿意相信的事情都断言为真的。事实上，《论坛报》组织所做的不仅仅是断言；至少在一个事例中用行动唤起了它所相信的真理。然而，《论坛报》也认识到，它逾越了人们普遍接受的政治和主流新闻之间的界限，出版了假刊物，这些本都是它应该保持沉默的事情，而不是作为一种大胆的原则去宣传。

可憎的合成品

1950 年，马里兰州的四届民主党参议员米拉德·泰丁斯担任一个特别小组委员会的负责人，调查麦卡锡对美国国务院中有关苏联间谍的指控。调查遭到两名共和党人强烈反对，委员会中的民主党人发现，麦卡锡的策略可能代表了"共和党历史上最邪恶的真假参半的运动",并运用了"'大谎言'的极权主义技术。"[15]参议院全体成员在 7 月以严格的党派路线投票方式通过了这份报告,在此之前,参议院进行了一场火药味十足的辩论,辩论中充斥着大喊大叫、脏话咒骂,还至少有一次险些拳脚相加。[16]然而,报告的结论被时事所掩盖,尤其是朝鲜和韩国交战以及朱利叶斯·罗森堡因涉嫌从事间谍活动而被捕,这些事情只会助长麦卡锡要求采取更有力措施打击共产主义入侵的论调。

当泰丁斯在那年秋天竞选连任时,《华盛顿时报 – 先驱报》(Washington Times-Herald)的所有者是麦考密克上校,他最喜爱的侄女露丝·麦考密克·米勒是该报编辑。《华盛顿时报 – 先驱报》秘密参与了一场卑鄙的竞选活动,让竞争有利于泰丁斯的对手,一位名叫约翰·马歇尔·巴特勒的共和党律师,他一直默默无闻,之前从未担任过民选公职。显然,在麦考密克上校的支持下,麦卡锡的工作人员与露丝·米勒和一位《华盛顿时报 – 先驱报》的社论作者合作,在选举前几天资助、制作并分发了一份反泰丁斯的小报,该小报由一个名为"支持巴特勒的青年民主党人"幌子组织出版,是与记者勾结创作假新闻的一个例子。这次报道最臭名昭著的当属一张照片,照片显示泰丁斯与美国共产党前领导人厄尔·布劳德似乎在友好地交谈。事实上,泰丁斯只见过布劳德一次,当时他来到该参议员的小组委员会作证,这张照片实际上是由多年前拍摄的两张真实但完全独立的照片拼接而成。

在泰丁斯输掉竞选后,参议院成立了一个特别小组委员会,调查可能存在的选举舞弊行为,并且发现了一连串道德污点,涉及筹资、领导和针对泰丁斯的竞选策略。委员会表示,这份虚假小报中包含"具有误导性的半真半假消息、错误的陈述和虚假的暗示"并且"无视一般的礼节和应有的诚实"。但是在另一个例子中，小组委员会的民主党人似乎对假照片最愤怒，这说明视觉图像的真实性问题带来的特殊焦虑。在公开报告中，他们认为使用这张合成照片是不道德的，甚至是违背美国价值观的，称其"无耻""可憎"，是对"宪法第一修正案 [原文如此] 精神和意图的惊人滥用。"在私下，他们对其潜在的政治破坏力感到震惊。在小组委员会听证会开始前，一位参加民主党战略会议的参议员警告同事，如果他们不做点什么，就都有可能成为假照片的受害者。这位参议员说，他曾看到"非常棒的参议院成员穿着短袖泳衣冲浪度假"的一张照片。这名参议员提醒说："只需要很简单的操作，就能在南部海洋小岛的背景下，把他伸出的手放在一个女人手中。这就是这类竞选活动将会导致的结果。"[17]

当民主党人出于道德理由公开抗议这一情形，并以政治理由私下发火时，共和党及其支持者则以战术术语（这些术语只是轻描淡写地掩饰了他们的党派议程）进行辩护，过去 20 年的大部分时间里，共和党一直处于少数派。他们中的一些人对此事不以为然，就像《纽约晚间画报》的埃米尔·高夫罗对他所描绘的半裸新娘和穿着宽外袍的男高音一样：标题已经清楚标明图片是合成的，所以它并不是真的造假，也不是为了欺骗任何人。《芝加哥论坛报》的社论表示，泰丁斯的愤怒只是暴露了他傲慢的想法，他认为"马里兰州的选民不知道'合成'这个词的含义"，这种巧妙的论点迎合了选民，尽管它忽略了一个现实，那就是一张图片总是比用小字写的冗长标题更有说服力。[18]

共和党参议员们拒绝谴责这张假照片。爱达荷州的赫尔曼·韦尔克在会议厅里争辩说，合成照片不是什么新鲜事；这种图片"自人类知道如何按下快门或绘图以来，就一直被用于政治运动"。[19]一周后，其他几位共和党参议员控制了关于法案草案的现场辩论，将其变成长达一个半小时的循环辩论，讨论为什么泰丁斯的合成照片远没有"虚假摄影"那么糟，在虚假摄影中，新政的拥护者一直是"专家"角色。艾奥瓦州参议员伯克·希肯卢珀断言，大萧条时期，许多照片展示了风暴中心的痛苦生活，而这些照片都是"蓄意伪造的"。南达科他州参议员卡尔·蒙德仍对帕雷·洛伦茨的纪录片《开垦平原的犁》（*The Plow That Broke the Plains*）耿耿于怀，称该片是"有史以来的印刷品或照片之中，对中西部地区的最恶意诽谤。"。[20]

希肯卢珀是在夸大其词，但他也并非完全错误。1936 年，农业安全局的摄影师阿瑟·罗斯坦承认，在南达科他州拍摄干旱场景时，他曾将同一个干枯的牛头骨置于几个不同的背景下拍摄，而该机构坚称，所有拍摄背景的距离都在 10 英尺 ① 范围内。这种供认不讳掀起了一场关于"虚假"摄影的新闻头条报道热潮（正如托皮卡的一家报纸所说的，也许不可避免会有"阴谋诡计"）。参议员蒙德在洛伦茨的纪录片首次发行后，曾提出过非常类似的抱怨。他在 1939 年表示，这部纪录片是"宣传"，是"眼见不为实"，给他家乡的人民提供了如此不准确的图片，蒙德要求撤销这部片子的发行。然而在这两种情况下，抨击图像不真实在很大程度上是一个借口，以此宣泄党派更大的不满：用政府的钱来资助文化项目和支持新政。[21]这些政客不是在争辩使用虚假图片是否道德或适当，而是利用图像造假给对手打上骗子的标签。

---

① 1英尺约为30.48厘米。——译者注

图 8.1 　阿瑟·罗斯坦到处摆放的牛头骨于 1950 年再次出现，距离最初出版有 14 年时间，这使得关于泰丁斯 - 布劳德合成照片的辩论变得更复杂。

资料来源：美国农场安全管理局 / 美国战争情报局，国会图书馆印刷品和照片部。

　　对参议员希肯卢珀（在泰丁斯调查麦卡锡指控的小组委员会中，他是少数派成员中的一员）和参议员蒙德（众议院非美活动委员会的前成员，现在是麦卡锡的长期盟友）来说，关于泰丁斯假照片的争论重新开启了旧的讨论，为人们提供了一个乐见的机会，让他们能够就政府开支再次嘲弄罗斯福的政党及其继任者（顺便说一句，在所有报纸中，麦卡锡最强烈谴责不公平和有偏见的两家是《纽约时报》和《华盛顿邮报》，这两家报纸都有意识地引用了希肯卢珀关于新政的一些尖锐言论，《邮报》在头版详细引用了他的话。[22]奇怪的是，右派的宠儿、易怒且有主见的《芝加哥论坛报》却没有这样做）。麦卡锡自己对这张照片的评论是典型的诡辩。他对小组委员会说："一般来说，在竞选中用合成照片是'不合适的'，"但是，他继续狡猾地说，"幸运的是，在这个特定例子中……泰丁斯和布劳德的合成照片事实上并没有歪曲马里兰州前参议员对臭名昭著的共产党领袖的态度。"[23]如果照片讲述了一个更大的事实，而只要这个事实对你方有利，那照片就不是假的。

调查泰丁斯－巴特勒竞选活动的参议院小组委员会最终承认，没有发现足够的证据，以采取重大步骤来推翻选举。然而，民主党人仍然担忧虚假照片的威力，并且仍有采取行动控制虚假照片的冲动。据一位华盛顿的记者说，他们尤其警惕政治对手会如何利用电视这种全新技术。还没有人知道电视能（在政治活动中）发挥什么作用，但任何人都可以想象到，一些引人注目的合成物可能最终会出现在电视上，从而影响数百万观众。[24]

因此，在接下来几个月，民主党人提出了一系列针对虚假图像的补救措施。对于清理政治运动的建议之一就是，小组委员会的多数成员敦促参议院，将所有"故意歪曲或曲解候选人事实"的合成图片、录音或动态影像列为非法。小组委员会主席宣布，他将研究设立一个两党合作的公平选举委员会，其任务之一就是"阻止任何联邦公职竞选中的无赖行为"。美国司法部长建议收紧联邦选举法，以减少"造谣诽谤的粗俗竞选报道"；他表示："使用合成图片本身，在道德上是站不住脚的。"[25]所有提出的修正措施都会引发人们对第一修正案权利的紧密关切，但党派操纵不可避免，也确保了关于权利的辩论未深入到足以引发关注的程度。在 1952 年的选举中，国会倒向了共和党，此前共和党已经发现了使用假图像所带来的利益，随着共和党得势，反对虚假图像的立法努力很快消失了。

麦卡锡的影响力也很快消失了，电视这种新媒体的巨大杀伤力被夸大了。无论是默罗 1954 年 3 月和 4 月在哥伦比亚广播公司的节目，还是 4 月至 6 月间 187 个小时的军队 – 麦卡锡听证会电视转播，都没有吸引到想象中一样庞大的观众群体。[26] 在缺少确保公平使用的"基本原则"时，对于默罗使用"最新和最强有力的大众媒体形式"，即便是一些不喜欢麦卡锡的人也持保留意见，这也是人们面对新技术进入政治世界的典型反应。文化评论家吉尔伯特·塞尔德斯写道：新闻工作者极严格的筛选性编辑工作"相当于部分真相和暗示"，这正是麦卡锡的欺骗性武器。塞尔德斯认为："从长远看，正确使用我们的传播体系比毁掉麦卡锡更重要。"[27] 然而，相比麦卡锡的前途暗淡，电视（传播体系）并不那么重要，因为麦卡锡的公开言论越来越不正常，甚至开始让他的共和党同事感到不安，这也促使艾森豪威尔总统决定最终对他采取幕后行动。麦卡锡垮台是因为他的政党不再保护他。

然而，对于许多蜷缩在客厅沙发上观看麦卡锡行动的美国人来说，麦卡锡的形象古怪——他有着厚重的下巴和突出的眉毛，稀疏的头发明显用鞋油刷过，像个青少年一样好斗，浮夸且残忍；与他形成鲜明对比的是那些被他欺负的对象，看上去温和且体面的公务人员以及穿着制服的士兵，这暴露了麦卡锡的残忍是真实的、他的指控是虚假的，而他自己则属于"异常领域"。1954 年 12 月，麦卡锡在遭受参议院谴责后，基本上被媒体和同事忽视了。三年后，他就因酗酒而亡。

时至今日，麦卡锡仍在人们的想象中徘徊。很少有政治家能够像他一样在整个时代留名，而"麦卡锡主义"在公共话语中的顽强存在只是一个证明，既证明了人们长期着迷于美国如何偏离正轨如此之远，也证明了人们一直怀疑美国现在又在采取这种做法。然而，要吸取的教训并不明确。诚然，大部分主流客观媒体，尤其是通讯社，在很长一段时间都执着于一种深刻的保守专业精神，这种精神根植于生活舒适的绅士对社会表现的理解，这些社会表现权威、稳定、理性且准确。当权者应该受到尊重；它的权力不应被动摇。人们仍然坚信，新闻业将规则带入刀枪之战中：一些记者只是试图（即便不成功）公正且无私地描述麦卡锡所在的世界发生的事情，从一开始就注定他们要与一个以违反规则为乐、无耻且狡猾的对手展开不平等的斗争。

但从另一个角度看，"麦卡锡对抗新闻界"大体上是一场虚假的斗争。从参议员麦卡锡和他的支持者角度看，某家新闻机构对他的评价并不是很重要。该组织是否努力做到客观也并不重要。比如，恶意篡改的竞选照片与关于牛头骨陈旧且夸张的争议，希肯卢珀将二者进行类比，《华盛顿邮报》遵循规则，不加评论地尽职引用了希肯卢珀的话，但这并不重要。细微差别意味着顺从：《华盛顿邮报》为"赤色分子和左倾分子辩护"；因此，《华盛顿邮报》是敌人，即便时不时碰巧报道了事实，也不会增加它的合法性。麦卡锡主义设定的条件至今仍具有影响力：真相与党派优势有关，而不是现实。谁能控制记者，谁就能控制真相。证明你的对手是虚假的，这种策略比证明他们是错的更持久、更具破坏性。

斗篷和匕首

冷战的焦虑和残酷仍在激发极端反应，造成当权机构与虚假新闻之间前所未有的纠葛。美国中央情报局（CIA）——西方世界最强大、最神秘、最不负责任的机构之一，在此方面做了长达二十年的尝试，美国历史上一些最恶劣的新闻造假行为都是由中情局做出的。

在这些行为中，一些元素听起来更像是联合国教科文组织的愿望清单，而不是中情局的阴谋。《巴黎评论》（*Paris Review*）于 1953 年创刊，是一家典型的取巧的文学杂志。该杂志主要在左岸的一家咖啡馆里运营，编辑都是聪明的年轻人，他们不要求常春藤联盟的背景，举办人人都参加的传奇派对。《巴黎评论》是季刊，出版了小说、诗歌、散文，以及对威廉·福克纳、多萝西·帕克、拉尔夫·埃里森和弗朗索瓦·萨根等人的采访。它也是一家虚假杂志，其创始人之一彼得·马蒂森，在任中央情报局官员的短暂职业生涯中，将该杂志作为自己身份的掩护。其他创始人中至少有一位不知道该杂志与中情局的关系，多年后他发现真相时"痛不欲生"并且很"受伤"，要求将自己的名字从刊头上删除。[28] 中情局在《巴黎评论》杂志中的影响算是很小的。在大多数时候中情局都不干涉编辑们的工作，马蒂森很早就退出了中情局的工作，该杂志出版至今，可能已经不再受中情局影响了，虽然它从巴黎搬到了曼哈顿的繁华街区，但它仍然保留着波希米亚风格的刊名。

中情局的另一项软实力宣传工作由名为"文化自由会"的傀儡组织开展，该组织用 20 年的努力来证明"美国方式"比社会主义思想更优越。该组织在 35 个国家设有办事处，秘密资助杂志、音乐和戏剧表演以及艺术展览，赞助会议与讲座，委托翻译美国文学作品——包括欧内斯特·海明威、劳拉·英格尔斯·怀尔德、埃勒里·奎恩等人的作品，并资助出版了数百部小说、诗歌和历史、哲学等领域的作品。[29]但中情局并没有止步于虚构的文学作品：它也将新闻小说化，创建了由假记者组成的虚假新闻组织，把自己机构的假记者安置在真新闻机构中，并让海外的真记者做卧底特工。[30]

"在打击世界范围的共产主义威胁斗争中，使用任何武器都是合理的"，对于中情局这个深受此信条影响的机构来说，该理由是有实际意义的：因为记者可以公开前往任何地方、向任何人提问，谁会比记者更适合沿途开展一些情报工作呢？记者的工作以信任为基础，那么为什么不将这种信任用于更大的事业呢？在中情局成立的最初几年，招募新成员并不难；冷战时期出于对国家安全的考虑，一些记者不愿挑战麦卡锡的极端主义军队，这种考虑也促使一些记者始终与国家最重要的情报机构"统一战线"。

中情局还设立傀儡组织，并给这些组织起一些无关痛痒的名字，通过该组织将自由欧洲电台和自由电台的广播内容传播到东欧和苏联。从1966年到1975年，中情局经营着自己的虚假新闻业务，即"世界特色论坛"。根据1968年写给中情局局长的一份匿名内部备忘录，这项新闻服务"为美国提供打击共产主义宣传的重要手段[原文如此]，并且成为一个体面的专业服务机构，在新闻界中的声望也越来越高"。然而，在每周发布的诸多平淡无奇的内容中，可能会有一些明显引起美国人热议的话题，比如越南战争，或者疯狂夸大苏联出售给索马里的战斗轰炸机的数量。该机构的第一位名义上的负责人是《国际先驱论坛报》

（*International Herald Tribune*）主席约翰·海·惠特尼。第二位负责人是理查德·梅隆·斯凯夫，因其向保守派智囊团、学术机构、政治运动和出版物（包括进行反对比尔·克林顿的研究）注入数亿美元，后来被称为"右派资金之父"。[31]

在 20 世纪 60 年代和 70 年代，中情局因长期使用肮脏伎俩、非法手段，以及串通政治暗杀和政变而受到越来越多的指责，其与新闻界秘密交易的事情也开始泄露。这些谴责中最确凿的当属卡尔·伯恩斯坦 1977 年 10 月在《滚石》（*Rolling Stone*）杂志上的报告，伯恩斯坦表示，有 400 多名记者在其高管完全知情和批准的情况下为中情局工作，这些记者来自美国许多最强大的新闻机构，包括美国广播公司、哥伦比亚广播公司、全国广播公司、时代公司、纽约时报、美联社、路透社和赫斯特集团等。这些高管中的大多数都立即否认他们知道相关事情，或至少否认他们知道很多事情，其他一些高管则称伯恩斯坦的统计数字被严重夸大了（《纽约时报》后来报道称，它已经发现有 70 多名在职记者与中情局有着某种联系），但很明显，记者和特务之间的同盟既强大又罪恶。[32]

就其性质而言，中情局出品的新闻报道，其范围和影响都很难评估。在 1977 年 12 月，《纽约时报》出版的三部曲中出现了大量虚假新闻的例子，这些虚假新闻据说是中情局植入的：对一名俄罗斯叛逃者的参访中包含大量捏造的引文；篡改尼基塔·赫鲁晓夫谴责斯大林的非正式讲话；编造中国军队正乘船援助越南共产党人，帮助其对抗法国人的报道；美化美国军队 1970 年入侵柬埔寨的报道；攻击智利当选总统萨尔瓦多·阿连德并动摇其地位，这位信仰马克思主义的总统最终在美国中情局唆使的军事政变中被推翻了。中情局官员坚称，他们从未有意试图影响美国媒体，事实上，据称美国禁止中情局参加国内行动——尽管这并没有阻止它监视美国的反文化和反战团体。但一些不愿透露姓名的机构人士告诉《纽约时报》，没有什么事情可以阻止美国驻外记者和国内新闻机构在不知不觉中采用虚假新闻，并且真诚地将这些新闻出版在美国出版物中。事实上，中情局已经认识到，外国虚假消息源在美国产生"反作用"和"附带影响"是不可避免的，因此也是能允许的。[33]

中情局一点也不后悔，至少没有公开表示后悔。《纽约时报》系列报道发表时，正值众议院情报委员会的一个小组委员会举行听证会，审查中情局与媒体之间的关系。新任中央情报局局长斯坦斯菲尔德·特纳上将在现场讨论他修订的条例，该条例"明确"禁止中情局在情报工作中使用美国记者。[34]但听证会一开始，前局长威廉·科尔比就告诉委员会成员，中情局过去的工作"不应该让今天的我们沮丧，我们应该自豪于我们国家可以用思想的武器来应对这些挑战，并且事实上我们在没有使用更多凶残武器的情况下赢得了这场意识形态的斗争"。[35]长期从事情报工作的雷·S.克莱恩在他准备好的发言中提出了一个强硬的观点：在冷战政治的残酷现实中，记者和间谍之间应该没有区别。

在这个历史时刻，在第一修正案的掩护下，美国新闻媒体就好像没有什么其他宪法义务，成了美国唯一相对不受约束的间谍组织。记者们搜寻所有好故事的线索，付钱获取一些消息来源，他们保存、接收并打印从政府内部偷来的文件。这也正是美国情报机构所做的事情，只是他们只专注于渗透外国政府和机构，而不是美国国内的……只是"水门事件"后，对纯粹和道德的过度要求，让一些记者觉得他们应该保持"隐秘且难以捉摸"的声誉，即便是要牺牲他们中情局新闻采集员的平行身份。[36]

在与共产主义敌人的战争中，没有感情或理想主义或美德的空间。

记者们出席听证会也是为了抵抗中情局对他们同事的剥削，但他们在头脑中也有另一个想法：这是一个在多疑公众面前捍卫他们破损的职业精神并加强界限的机会。他们说，即便有人怀疑政府利用记者来宣传政策，也会对所有媒体的可信度产生致命影响。这对个人来说也是危险的；如果人们知道一些记者是间谍，那么所有在海外工作的记者都可能面临危险（克莱恩和科尔比都不赞同这种说法，他们表示，其他国家总认为美国记者是卧底情报人员，所以不用他们也不会改变任何事情，还不如好好利用[37]）。《圣彼得堡时报》（*St. Petersburg Times*）的编辑、时任美国报纸协会主席尤金·帕特森曾发表过一份响亮的声明，对克莱恩的讥讽言论进行了反击，捍卫了光荣的新闻事业。帕特森说："中情局必须认识到，他们不能为了拯救美国机构而破坏其真实性，这一点至关重要……当美国放弃自己的信念转而采用对手的信念时，就是在意识形态上单方面解除了自己的武装。当我们急着冲向敌人的刀口时，会给自己造成伤害。"[38]

事实证明，帕特森请求不要损害新闻独立性的言论并没有动摇中情局。19 年后，记者和其他人士震惊地发现，特纳修订的那些"明令"禁止中情局与美国记者合作的条例实际上是模棱两可的。事实证明，特纳悄悄加了一项条款，该条款允许中情局局长在他认为特殊情况需要时，放弃这项禁令。中情局关于不再使用假记者的承诺是假的。它给新闻界（也包括政府）的可信度蒙上了巨大阴影倒是真实得多。

第九章

"这帮混蛋在编造!"

关于中情局秘密介入媒体的听证会于 1977~1978 年举办，这只是一个新闻时代过去的标志，哈林称之为"高度现代主义"时代。记者和公民历来信任政治和公民领袖的信誉和善意，但这种信任因麦卡锡的兴衰受到一系列冲击：全国大部分地区不时对公民权利的扩大进行暴力抵制；U-2 飞机事件和猪湾事件导致的尴尬；围绕着从约翰·肯尼迪遇刺到"51 区"阴谋论产生的喧嚣；由谎言开启并在整个过程中也由假话支撑的越南战争；对五角大楼文件的肮脏披露；水门事件中的不诚实；大烟草公司经过多年"研究"向烟民保证，他们吸烟的习惯不会造成死亡。一项项的民意调查显示，美国人对公共生活机构的信心长期处于滑坡状态。[1]

这些机构就包括新闻业，同样下滑的还有公众对客观真理的信心。从 1972 年开始，盖洛普开始调查美国人对新闻机构的看法。四年后，在水门事件这一"漫长的国家噩梦"结束后不久，被调查者中"非常信任"和"相当信任"新闻媒体的比例达到 72% 的峰值，自此之后就一直下滑。[2]造成这种情况的原因是一连串的新闻失败，包括流氓记者的不当行为、顶级编辑的严重判断失误等。同时，记者们也在新闻业取得了一连串成功，越来越愿意积极报道权力、财富、不公正问题和战争，向读者和观众展示令人不安的事实，尽管有时读者和观众并不愿意接受这些。新闻业也发现自己处在更大的文化转变路口，这种转变在学术上被总结（通常带有讥讽）为"后现代主义"。但是，在20世纪70年代和80年代，指责学者、知识分子和自由主义者破坏真理的概念，宣扬无能的相对主义成为一种时尚，许多美国人从未听说过利奥塔德或詹姆逊，但生活在多元和浮躁的晚期资本主义社会，他们也不难从自己的经历中发现，真理是相对的，语言是受操控的，而主观性是最重要的。鉴于此，许多人很快得出结论，认为新闻业不过是偏见和个人观点的集合。

过去半个多世纪以来，传统的客观性与专业性广泛脱离，新闻造假的普遍武器化（包括对新闻造假的指责也在武器化）成为政治生活的策略，尤其是对于右派，这既是人们对新闻业信心消退的原因，也是其结果。假新闻，还有虚假的客观性和真实的党派性之间的刻意交织，愈发对公共理解构成危险。

不相信任何人？

受到麦卡锡时代的破坏和中情局虚假新闻揭露的影响，越来越多的读者和记者等群体将传统的中立声音、来自当权派的信息、以"客观"为标志的报道，视为不足且过时的，许多记者，特别是一些旗舰报纸的记者，正在重新定义自己的工作内容。麦卡锡推动新闻报道朝着解释性、"背景性"甚至有侵入性的趋势持续发展——这并非偶然，也为读者提供了比电视和流行新闻杂志更深入、更完整的东西。最近对《纽约时报》

《华盛顿邮报》和《密尔沃基日报》头版文章的研究表明，"背景性"报道的比例从 1955 年的 8% 上升到 2003 年的 45%。[3] 特别是对更年轻一代的记者而言，他们对权力机构深表怀疑，渴望跟踪有关政府和军队的大新闻，"加入队伍"的目标正日益淡化。《纽约时报》的大卫·哈尔伯斯塔姆在越南的两年时间里，对越南的报道越来越挑剔，他后来回忆说，他在战场上与理查德·特雷加斯基斯共事过一段时间。特雷加斯基斯是二战期间国际新闻社的记者，因报道瓜达尔卡纳尔岛战役而成为传奇。在得知哈尔伯斯塔姆的一些消息来源后，特雷加斯基斯批评了这位年轻的记者。他表示："如果我做你正在做的事，我会为自己感到羞耻。"[4]

新闻业角色变化的冲突遵循一个熟悉的模式，这种冲突既塑造了党派政治也被党派政治所塑造。新闻界对有权势者的监督越来越多，包括理查德·尼克松在内的许多右派人士都将这视为大多数记者"左"倾的证据，而尼克松掌权的白宫则系统性地放大和利用了这种失望情绪，猛烈抨击"媒体"为精英主义者、非美性质，认为他们充满欺骗性和自由主义的偏见，通过这种方式来取悦支持者。威廉·萨菲尔是尼克松的演讲稿撰写人，斯皮罗·阿格纽对记者是"否定论唠叨者"的经典抨击正是出自萨菲尔之手，尼克松曾告诉萨菲尔，新闻媒体是敌人，我们必须"采取有效方式抹去它的信誉"。[5]

尼克松政府投入巨大精力扭转新闻报道，使其对他有利。尼克松将所有的新闻管理和公关职能集中在新的通讯联络办公室，新办公室的任务就是策划好新闻，并在必要时反驳或破坏对白宫行动和政策有"敌意"的报道。其策略包括推出官员们希望能够主导夜间新闻播报的"每日一句"，鼓励赞同白宫的利益集团向记者和政治家发出支持白宫的信息，甚至与有影响力的民调研究机构盖洛普和哈里斯秘密勾结，得出对总统有利的民调结果。[6]

当然，最后这一切都破灭了。正如白宫顾问约翰·迪安 1971 年的一份备忘录中所说的那样，即便是假新闻、假草根潮、假舆论以及"利用现有联邦机制来整垮我们的政敌"的真正努力都破灭了，在举报人、国会议员、联邦调查局、法院以及《华盛顿邮报》和其他报刊"真正"记者的共同努力下，总统的腐败行为遭到揭露。[7]在这种情况下，结合了调查报告（风格顽固且具有挑衅意味的、语气冷酷平静甚至单调乏味）的"真正"新闻报道，在其风格和语气中都有力捍卫了那种日益被视为老式的新闻报道价值。《华盛顿邮报》希望通过这种方式说服读者，即便在政治性很强的报道中，其记者也会按照可接受的专业惯例进行公正观察和严格核实——换言之，白宫说媒体存在偏见，是为了达到某种效果而有失公允的说法。《华盛顿邮报》的记者并不会单单扭曲有关总统的报道。

然而，其他记者，特别是那些被认定为"新新闻主义"的记者则更不守规矩，更不严肃。"新新闻主义"这个含义不明确的标签包含诸多流派，以书籍和杂志的形式为主，例如《绅士》（Esquire）、《纽约》（New York）、《滚石》、《纽约客》（New Yorker）等杂志，这些杂志不受每天截止日期和文体惯例的限制，并且有人认为它们不用像主流报纸那样承诺事实准确性。就像 19 世纪 30 年代的便士报、19 世纪 90 年代的黄色报刊和 20 世纪 20 年代的小报一样，"新新闻主义"的动力部分来自一种感觉：即目前的主流新闻并没有为读者服务；部分来自寻求有利可图的新市场；部分来自尝试的乐趣；还有部分（很大程度上）来自一种反叛的愿望，即震慑当权者。"新新闻主义"通常密集地报道故事，旨在通过更个人化的语气、更具解释性的方法和更小说化的风格与读者建立更密切的联系，运用了深度描述、逐字对话和密切关注叙事弧等技巧。"新新闻主义"的记者深受以自我为中心的反权威主义价值观影响，将主观性和个性化作为自身标志。

他们还明确拒绝将客观性作为他们身份的核心。"新新闻主义"的记者认为，鉴于新闻作品被深深打上作者经验、价值观和偏见的烙印，一些读者对"（记者）内心生活的具体细节和特殊付出"一无所知，没有真正的理由去相信他们。此外，由于客观新闻表面上要求用"无价值"、非评判性的方法报道，这就阻碍了新闻挑战社会和政治现状，使新闻报道更倾向于加强现有（主要是白人和男性）权力机构。"新新闻主义"的记者和他们的盟友坚持认为，公正性和中立性的表现根本不足以解决这个时代紧迫的道德问题；战争、妇女权利、公民权利、企业不法行为和政治腐败等问题需要用比"一方面……另一方面……"更深刻的报道方式。《乡村之声》(Village Voice) 的编辑杰克·纽菲尔德写道："客观性不是在一个拥挤的国家里大喊'骗子'。"[8]

然而，其他"新新闻主义"的记者似乎对风格比对道德问题更感兴趣。他们乐于尝试个人声音的表现形式，并摒弃汤姆·沃尔夫所说的传统报纸"苍白无力的语调"。沃尔夫表示，"这种语调是一个信号，告诉人们众所周知的无聊人士——记者，又来了，他们思想贫瘠、精神匮乏、随波逐流，要摆脱这个毫无生气的小怪物，只能停止阅读。"[9]

当然，对文学艺术和个人观点的强调也不是什么新鲜事；近一个世纪以前，普利策就在《世界报》所擅长的人文故事报道中以"新新闻主义"做标签。一些评论家挑剔地认为，这种新方式甚至都不是新闻。然而，沃尔夫本人在 1972 年为《纽约》杂志撰写了一篇开创性的文章，文章由三部分组成，认为"新新闻主义"这种新方式兼具文学艺术和个人观点，而且鉴于一位早期评论家将这种体裁定义为"这就是汤姆·沃尔夫写的东西"，沃尔夫的话很有分量。[10] 沃尔夫回忆称，作为一名年轻的报社记者，他曾为自己的"发现"感到兴奋，"也许可以像写小说一样写新闻，如果你能有画面感，那就和读小说一样。"他坚持认为，即便这种新的新闻形式读起来像小说，它始终都以事实为依据。他写道，"这种新闻报道的真正独特之处在于，即便是报道一些日常生活故事，也能细致入微甚至给人身临其境的感觉。"盖·塔利斯 1962 年在《绅士》上发表了关于乔·路易斯的故事，这位拳击手与他的妻子谈论着他丢失的领带，该故事引用这样的对话作为报道的开头，沃尔夫表示，在读到这样的故事时，起初他的反应是"真的不明白怎么会有人报道一个男人和他的第四任妻子在机场对话这样无关紧要的私人事情。"他"本能的防御性反应是，这个人是在瞎吹，就像人们说的，对话是他随口编造的……可能整个场景都是编造的，这个不择手段的怪人……有趣的是，随着'新新闻主义'的发展，这正是无数记者和文学知识分子接下来 9 年里的反应。这帮混蛋在编造！"[11]

然而，更有趣的是，在沃尔夫职业生涯的大部分时间里，一些读者看到他作品的本能反应是，这个叫沃尔夫的混蛋在编造。他们也不是完全错了，许多"新新闻主义"记者过去（现在也是）兢兢业业，即便他们尝试发出更个性化和解释性的声音，在报道时仍致力于理想化的准确和专业性的核实。他们深思熟虑，善于深入挖掘大大小小的事件，以获取真相，比如特瑞·索恩 1963 年在《绅士》杂志上发表的关于迪克西国家指挥学院的文章，变成了对广为人知的"密西西比大学"整合的沉思，再如琼·迪迪安对加利福尼亚乡村文化的沉浸体验，对现代反常现象进行了勇敢探索。"新新闻主义"记者极大扩展了值得新闻界关注的话题概念——就比如约翰·麦克菲和他的著作《橘子》[①]。

但是，"新新闻主义"记者中的一些年轻人似乎打破了以往关于专业实践的错误规则，不仅打破了关于风格和语调要求的陈旧规则，还有关于事实性的基本规则，因为他们采用更宽松的叙事风格，似乎是在鼓励或者至少允许在准确性上有所放松。批评他们的大多是主流记者和文学界的知识分子，他们自认为是传统规则的守护者，担心旧的标准和惯例遭到破坏，即使旧的标准和惯例是有问题的，但也很有价值，不能丢弃——如果新闻和其他类型写作之间的界限变得太模糊，新闻的可信度将进一步遭到削弱。如果所有人都知道并赞同的新闻文体线索被改变或缺失，如果读者看到的报道都是所谓的"创意性非虚构""非虚构小说"和"作为小说的历史，作为历史的小说"，他们怎么会知道如何相信或应该相信什么？如果一些"新新闻主义"记者在准确性上很随意，会不会引起大家对所有"新新闻主义"记者的怀疑？如果最强烈反对客观性的人通常也是最常被发现掩盖真相的人，那么"主观性"是否已经成了造假的同义词？如果记者可以选择不遵守某些规则，谁能说他们会遵守其

[①] 《橘子》是约翰·麦克菲创作的报告文学经典之作，最初是作为一篇关于橘子和橘子汁的杂志短文构思的，但写作过程中不断遇到各种信息，最终写成了一本书。这本书描绘了橘子种植者、橘子植物家、橘子采摘者、橘子包装者、第一批橘子大亨、现代浓缩物制造商等的描述。这本书在叙事上有几乎惊人的进展，具有极大的可读性和趣味性。——译者注

他规则？

　　批评家们有很多需要担心的例子。沃尔夫最臭名昭著的作品之一是关于威廉·肖恩和《纽约客》的两部分系列报道，这两个作品充满恶意，于 1965 年 4 月发表在《纽约先驱论坛报》周日版上，声称要揭示文学圣殿及其隐士编辑最深的秘密。然而，经证实，一个又一个惊人细节只是编造出来的；例如，肖恩并没有将其隐居天性归因于其童年时期与惊魂杀手利奥波德和勒布的亲密接触。[12] 1971 年，盖尔·希伊在《纽约》杂志上发表了一篇文章，描述了一位名为"红裤子"的妓女的经历，借此探讨了纽约的性交易，而很快人们就发现，这名妓女是多个人物的合成体。《华尔街日报》评论说："因此，这个故事在某种程度上是真实的，有点像，但又不是。"[13] 杜鲁门·卡波特经常吹嘘他历经多年研究，记录数千页笔记，经过高强度记忆训练，完成了他的"非虚构小说"《冷血》(In Cold Blood)，该书设计精心、结构严谨，"完美呈现事实"，讲述了发生在堪萨斯州的谋杀和正义故事。该作品最初于 1965 年刊登在《纽约客》上。然而，多年来，读者和评论家指出卡波特的叙述中存在的各种不准确、误解、夸张的细节和编造，包括结尾一幕，在墓地中告别时的相遇，虽然异常伤感但完全是编造的。[14]

　　这三篇文章以及其他许多文章引发了赞美和嘲笑。一些读者喜欢"新新闻主义"记者把自己作为人物描绘在新闻作品中，或者夸大描述他们在现实的个性：沃尔夫很潇洒，全年都穿着白色西装；卡波特很浮夸；诺曼·梅勒很好斗；亨特·S. 汤普森怪论连篇；还有诺拉·埃普隆，她创作的浪漫小说几乎毫不掩饰地描绘了她与卡尔·伯恩斯坦富有争议性的离婚事件，是选择埃普隆的知名记者丈夫，还是她虚构出来的"能够跟百叶窗帘做爱"的无赖,这将留给读者决定。"[15] 然而,对其他人来说,个性问题更加模糊了真与假的边界,引发人们对记者的怀疑。他们是在报道还是在空想,是在观察事件还是为了戏剧效果导演事件?苍白无力的小丑显然有其局限性,但是一个踩着高跷跳舞、身上喷满涂料的小丑又有多大可信度?

"新新闻主义"记者和老记者在媒体中大量报道很多这些作者还有其他一些人,从而保证了任何关于新闻真实性的争论和怀疑也都得到大量报道——关于卡波特《冷血》的新披露在 50 年后仍吸引着人们的注意力[16],使得这些报道的可信度更加复杂。但大多数因捏造细节而受到质疑的"新新闻主义"记者往往会以"这不是捏造,而是技术"这样轻率的借口做回应。沃尔夫后来说,他关于肖恩和《纽约客》的文章都是模仿的,但鉴于他的正常风格就是模仿,就很难理解他期望别人何以得知。[17] 希伊的编辑(也是后来的丈夫)克莱·费尔克在 1995 年承认,他删除了希伊解释"红裤子"是一个合成角色的段落,"因为我觉得这拖慢了故事节奏"。人们广泛称赞费尔克是"有远见的编辑",在美国杂志新闻业留下浓墨重彩的一笔,但费尔克也表示,他当时并不觉得使用合成人物有什么不妥,因为受人尊敬的《纽约客》作家约瑟夫·米切尔也做过同样的事情。[18] 卡波特干脆把所有的怀疑都当作"可疑"人士的"愚蠢问题"。[19]

对主流记者来说,公开承认、纠正和重新承诺遵守标准具有修复范式的典型作用,与主流记者不同的是,"新新闻主义"记者的沃尔夫派一般首先拒绝承认需要修复什么。他们并不寻求用专业标准的声明来赢得或恢复读者的信任,而是简单地依靠充分自由的"主观性"宣称他们的个人权威和超越正常标准的个人权利（我们写我们想写的；你读你想读的）。20世纪60年代和70年代的许多"新新闻业主义"记者，在拒绝了旧规则后，认为没有理由用新规则来约束自己。他们的职业划界工作包括大声拒绝边界。他们经常享有很高的人气，据说在《冷血》上市之前，作者就从杂志、书籍和电影交易中赚取200万美元[20]——这表明他们没有什么改变的理由。很大一部分公众显然愿意与这些模糊不清的东西和平相处，并接受两类新闻的存在：一种是你认为真实的新闻，另一种是你认为有趣的新闻。这又是普利策报刊的严肃高级版（"你可以拥有一切"）和初级版（"喜欢四点钟蜥蜴"）的再现。

在"老古板"和"新兴派"的对峙中，约翰·赫西发出了最有力的批评，他的长篇小说《广岛》（*Hiroshima*）于1946年发表在《纽约客》上。有时我们把这篇报道称为"新新闻主义"的先驱，赫西对原子弹爆炸中的六名幸存者进行了细致报道，结构艺术化、风格禁欲化，经常被列为有史以来最好的新闻作品之首。1980年，赫西写到卡波特、梅勒和沃尔夫近期的作品时，谴责卡波特的非虚构小说术语是"令人震惊的有害短语"，"可能对新闻业是致命的"。他说，"新闻业有一条神圣的规则。"

　　作者不能发明创造。记者的从业执照上必须印有这样的文字："一切皆非编造……"读者一旦有所怀疑，脚下的地就开始打滑，因为无从知晓真假，这种想法很可怕……［在《正确的事情》中，］沃尔夫是未来记者的典范，他无法抵制对所挖掘的材料进行改进的渴望。他使用的虚构技巧不时暴露其本质：捏造。从业证上的通知应该这样写：这并非编造（除了那些被编造的部分）。[21]

赫西对造假的拒绝既有说服力，又毫不妥协，但他对新闻工作证的隐喻性援引，却留下许多重要问题有待回答。谁可以颁发这些许可证？谁有权监督新闻行业，并决定哪些罪行不可饶恕？如果没有人相信发证机构，又会发生什么？

之后在 1980 年，珍妮特·库克出现了。

珍妮特的世界

珍妮特不是一名"新新闻主义"记者，她为《华盛顿邮报》撰稿，该报此时仍热衷于吹嘘对腐败美国总统的（主要）严格调查权。该报以一种被鄙视的"苍白小丑"方式展开冷酷无情的调查，认为这是践行客观性最可信的方式。但是，随着人们对新闻业的期望不断改变、报纸发行量下滑、电视新闻转向娱乐化、电视娱乐吸引了公众注意力，报纸的新闻编辑室面临与日俱增的压力，不得不将"苍白小丑"的脸涂成古铜色。

珍妮特·库克的"吉米的世界"正是编辑们寻找的那种故事。1980年初，《华盛顿邮报》正努力增加其新闻编辑部的多样性，从托莱多手中挖来了库克这位有前途的年轻非裔美国记者，并派她到地区周刊栏目工作。在当地报道了九个月的常规故事后，那年 9 月，库克交出了一篇关于华盛顿毒品交易的文章，从不同寻常的角度进行阐述。该文章的导语也非同一般，风格具有惊人的戏剧性，尤其是考虑到与其一同刊登在全国性报纸头版的文章有伊拉克进军伊朗的新闻，还有卡特和里根的竞选策略。

库克用 2300 字的报道介绍了这个故事，报道开头写道，"吉米今年八岁，是第三代海洛因瘾君子。他是一个早熟的小男孩，沙色的头发，天鹅绒般的棕色眼睛，瘦弱的棕色手臂和婴儿般光滑的皮肤上有很多针眼。"在对社会工作者、执法官员和医学专家的采访中交织着对吉米与他母亲及其情人日常生活的描述，母亲的情人是个毒贩，吉米五岁时被他诱骗染上了毒瘾。吉米的母亲被他祖母的男友强奸后怀上了吉米，吉米不喜欢学校也很少上学。但当他去上学时，他说："我会非常留意学习数学，因为我知道能搞点东西卖时，数学必须得跟上。"[22]

这个故事在全国引发轩然大波。市政府官员对吉米的处境感到震惊，也震惊于记者的袖手旁观，眼看着孩子遭受威胁，官员要求为了孩子的安全记者必须提供更多信息。曾经向全球报道"深喉"（水门事件）的《华盛顿邮报》，带着其一贯神圣的风格，坚持记者有权对信息来源进行保密，伍德沃德不再关注地下停车场，成了地铁板块的编辑，并将库克提升为他的员工。[23] 警方对吉米这个男孩进行了为期 17 天的搜寻，没有结果，之后市长取消了该行动。他表示："有人告诉我，这个故事半真半假。"[24] 尽管如此，《华盛顿邮报》还给这个故事提名了普利策奖，次年 4 月，库克写的故事被授予这一专题写作类的著名奖项。然而，没过两天，她就承认吉米的故事是假的：她根据城镇附近人们交谈的只言片语捏造了吉米这个形象，此外，她还在简历中谎报了教育背景。之后库克辞职了，并且自此再也没有从事新闻工作。《华盛顿邮报》在全国更大的喧闹声中退回了奖项。

就在《华盛顿邮报》报道该虚假事件三天后，疲惫不堪的调查专员发布了一份内容丰富的多页调查报告，探寻哪里出了问题。《华盛顿邮报》对奖项的贪婪渴望让编辑们大意了。《华盛顿邮报》允许库克对其消息来源保密，甚至对其直属主管保密，《华盛顿邮报》在这一点上有些松懈了。《华盛顿邮报》的记者和编辑一直对这篇报道心存疑虑，但又不敢向上级反映问题。普利策咨询委员会操纵了评奖结果，把库克创作的故事移到了专题类，然后对该类别评委施压让库克获奖。作为一名年轻的非裔美国记者，库克面临着新白人记者不会面临的压力。库克的野心促使她背叛了她的编辑和职业，人们认为这是一种背叛，《华盛顿邮报》的专栏作家海恩斯·约翰逊写道：这一事件留下了"久久不能愈合的严重伤口，我相信大家永远不会忘记，也不该被遗忘"。[25]

35年后，一些人仍感到痛心。一位曾与库克共事的《华盛顿邮报》记者在回顾这一事件时写道："这位年轻记者的违规行为永远改变了公众对新闻业的看法。突然间，这个以打倒骗子和曝光不公正而闻名的机构本身成了一个违背真相的罪犯，当时无论是《华盛顿邮报》的记者还是其他报社记者，都能感觉到职业之门被关上了……在库克之后，做记者仍然很酷，但也有一点污名化了。我们中有一个人飞得离太阳太近了。所有人都被灼伤了。"[26]

尽管没有人称库克是"新新闻主义"记者，但主流新闻工作者还是急不可耐地将这次失败归咎于整个"新新闻主义"，这表明他们一直在寻找机会来说明这个问题。国家新闻委员会受基金会支持，负责调查关于新闻报道不准确或不公正的投诉（尽管任何有问题的新闻机构合作完全是出于自愿），国家新闻委员会询问了30多名编辑如何防止"吉米世界"再次出现。编辑们给出的建议包括："防止事实和幻想之间的界限不清，防止'新新闻主义'和电视纪录片这些技术篡改或编造引文、重新安排事件，还有猜测人们内心深处的想法。"[27]很多人把希伊创作"红裤子"这个合成人物作为一个可悲的转折点，海恩斯·约翰逊就是其中之一。他认为："（记者们）将创造合成人物看作是'通往更大真相的途径'，这削弱了公众对报道可靠性的信任。"[28]

自20世纪60年代末以来，"放任"事实的做法从《绅士》和《纽约时报》悄悄进入日报版面，《纽约时报》（《华盛顿邮报》最强劲的竞争对手）对此表示哀叹。"一些报纸作者认为他们有权按照文学需要重新安排细节，'润色'引文，将三四个人的传记细节安排到一个人物身上并构造一个虚假人物。《纽约时报》认为，这一丑闻促使一些报纸就合成人物和使用匿名信息来源等问题发布正式的指导方针。该报谨慎提示："它们已经在一些场合公布了这些准则，这一行动既让公众了解报纸的政策，也可能鼓励公众信任报纸。"[29]这种传统想法可以追溯到《波士顿环球报》及其为诋毁丽兹·博尔登而采取的夸张道歉行为：透明度、坦白和忏悔都会展示其专业责任并修复信誉。

但这次，这些行为没有实现目的。此前，当汤姆·沃尔夫和杜鲁门·卡波特等"新新闻主义"记者摆弄光鲜杂志或塑封书籍中的故事细节时，他们虽在某些方面遭受批评，但并没有受到排斥；没有任何权威机构可以撤销他们的执照。这些记者的地位和拒绝承认任何错误的行为，使得惩罚和谴责失去了应有的力度。他们的很多读者都愿意相信，"新新闻主义"具有破坏力的原创性为其在事实问题上赢得了宽大处理——更低的准确性标准可以产生更高的真理。读者们可以自行决定在何处设置自己的标准，这进一步使"新新闻主义"的记者免受严重反击。主观性意味着永远不必说对不起。

相比之下，珍妮特·库克在美国最权威的报纸之一伪造故事后，《华盛顿邮报》启动了修复范式的机制，粗鲁地将她赶出新闻业，就好像她把鼠疫带到了新闻编辑室一样。报社除了吊销她的执照之外别无选择。一位亚利桑那州的编辑表示，鉴于《华盛顿邮报》在调查性报道方面的卓越声誉，该报当年因为一篇调查性报道获得了普利策奖，这个事件"让整个行业蒙羞"。[30]《华盛顿邮报》必须向整个行业证明，它没有受到"新新闻主义"松散性的污染。它必须重新设置规则，拒绝虚假，并承诺改革。

但传统新闻业的声誉已经破败不堪，难以通过解释和忏悔轻易修复，而《华盛顿邮报》还在因为报道水门事件而沾沾自喜。该报的年轻记者将他们的独家新闻写成了两本畅销书，并把这个故事搬上大银幕，由一名秀发亮丽的一线明星主演，《华盛顿邮报》成了巨大的攻击目标。几位评论家提出了关于"深喉"是否比吉米更真实的尖锐问题，而其他人则发现，媒体对库克违规行为的报道中存在党派不平衡的证据。约瑟夫·索布伦在偏右派的《国家评论》（*National Review*）中表示：《华盛顿邮报》的编辑被用报道"提升"读者的愿望所蒙蔽，这些报道受到"自由主义神话塑造，必须展示受害者的痛苦，最终目的是重建社会"。索布伦写道：新闻业"即使是准确的，也会寻找它想要验证的事物。在这种情况下，新闻业在寻找自由主义的绝佳受害者，库克小姐正好扮演了这一角色，尽管她提供的内容很糟糕，但没有人问太多问题"。[31]

编辑们只对满足他们陈旧观念的东西感兴趣，索布伦并不是唯一持有该观点的评论家，但这也不是右派所独有的观念。"左"倾的《纽约日报》专栏作家穆雷·坎普顿指出，库克是受到自身渴望驱使，想从《华

293

盛顿邮报》的"地区周刊"栏目（该栏目主要报道华盛顿的黑人社区，寻找黑人成功的故事）转到更有声望的"都市"栏目，该栏目的大部分白人编辑都喜欢"黑人灾难"的故事。坎普顿写道，"因此当她安定下来时，她正忙着策划一个14岁黑人妓女的故事。换句话说，她是在用从动物园里借鉴到的故事取悦她的编辑们。"[32]编辑兼专栏作家威廉·O.沃克在一本非裔美国周刊《克利夫兰呼声与邮报》（*Cleveland Call and Post*）上写道，库克的获奖野心促使他编造了这个故事，"故事中的黑人符合白人媒体对黑人的定位"。[33]

新闻界有句老话：如果你的报道让所有人很生气，那你一定做对了什么。但在这一事件中，每个人都生气的原因是报道没做对任何事。而这并不仅仅是长期"腐蚀公众信任"的问题。人们似乎已经不再相信新闻报道有客观可信的可能性——不再相信世界各地的报道会基于事实而不是基于利益、身份或党派，不再相信这些报道会被广大的读者接受。索布伦、坎普顿和沃克代表截然不同的受众，他们把责任推给了库克的编辑，而不是库克本人。他们都认为，库克的编辑基于自身偏见对她进行了误导。每个人都对编辑的偏见有不同看法；库克的虚假新闻并不是一个道德或实践的问题，而是一个意识形态问题，它向日益愤世嫉俗的公众证明，记者会为了他们所相信的真理而扭曲任何事实。关于是否有可能或有效实现客观性的争论，与对造假行为兴起的担忧日益纠缠在一起。

虚假新闻曾是引发合法性争论的领域，而此时将虚假新闻作为常规武器的大门已经打开。1992年，比尔·克林顿径直穿过了这扇门。

右翼的大阴谋

1998 年 1 月 27 日，希拉里·克林顿在接受美国全国广播公司《今日》节目采访时表示，一个"巨大的右翼阴谋"正试图破坏她丈夫的总统地位，这一言论引起广泛嘲讽。然而她并没有错。但并非所有的反对意见都来自右翼，也并非都是阴谋，但这位首个出生在婴儿潮时期的总统（也是自罗斯福击败胡佛以来，第一位从正式当选的现任共和党总统手中夺走其职位的民主党人）确实释放了相当大一部分人的集中对抗情绪，这种情绪非常激烈，专家将其称为"克林顿错乱症"。反对者反对他的政治、道德、花言巧语，反对他精明的妻子、他的年轻气盛、他的"多帕奇乡村社团"背景、萨克斯风以及个人魅力（尽管发生这些事情，但他依旧有个人魅力），反对者甚至反对他"过短的慢跑短裤，露出大片柔软、乳白色的大腿"。[34] 在佐治亚州纽特·金里奇议员的助推下，共和党在 1994 年中期选举赢得压倒性胜利，之后共和党控制了国会两院，这只是其自 1933 年以来的第三个任期，并进入了与白宫交战不断的状态。这个前少数党赢得了重要的立法斗争，但因预算僵局而让联邦政府两度停摆，这只会加剧混乱，而让很多共和党立法者感到惊讶的是，美国人怀念政府没关门的时候，并指责金里奇和他的手下劫持了政府。

里根政府废除"公平原则"（联邦通信委员会 1949 年制定的原则，其根源可追溯至舒勒之争）等监管变革也产生了持续影响，该规则旨在令广播公司为公众利益服务，对重要问题投入"合理"时间，同时"确保［原文如此］公平呈现任何争议问题的所有方面"。[35] 1996 年通过的《电信法》也是如此，该法只是加速了少数扩张型企业对媒体公司的并购浪潮，这些企业更注重底线而非公共利益。一系列新的媒体结构、做法和技术也是如此——录像带、传真、24 小时有线电视新闻、音乐电视（MTV）、刚从"公平"任务中解放出来的煽动性的脱口秀主持人，还有被称为万维网的全新信息和通信系统——这些都使得私人公民更容易跟踪或进入公共对话，而且往往速度惊人。一位年老的隐居亿万富翁、一个在 1988 年针对迈克尔·杜卡基斯策划了恶毒的"威利·霍顿"广告的政治顾问，还有一位年轻的前便利店成员，这些人都是演员，支持或制作一系列看上去很像新闻的夸张警示或控告，至少对于那些不仔细看的读者来说，这些故事确实像新闻。在技术和政策变化的支持下，在全员参与的超党派文化滋养下，虚假新闻和虚假媒体在克林顿竞选和总统任期内肆意横行，改变了政治报道的条件。

可以肯定的是，克林顿自身也有（大量）不足，造成他困境的一个最重要媒体触发因素直接来自大众主流媒体《纽约时报》。自 1992 年 3 月起，当克林顿竞选民主党候选人提名时，《纽约时报》的杰夫·格思（有时与斯蒂芬·恩格尔伯格或其他记者合作）通过坚持不懈的报道不断向克林顿提出质疑，包括对可能存在的利益冲突网络、有利交易和隐蔽的犯罪活动，这些活动涉及克林顿夫妇和他们一位狡猾朋友的投资，他们 1978 年在阿肯色州奥扎克的房产交易一直处在亏损状态。这些故事错综复杂，有时甚至"难以理解"，至少有一位记者同行抱怨过。[36] 尽管这些报道来自全国最有影响力的报纸，但也引起了其他新闻机构不加批判的关注，同时也丰富了克林顿竞争对手散布的反克林顿言论。

1994 年初，所谓的"白水交易事件"带来的压力越来越大，最终促使克林顿要求美国司法部长任命一位特别检察官来调查此事。多项调查显示，尽管有十几名相关和外围人士被判定各种罪行，但没有足够证据证实克林顿夫妇与白水案有关。格思的报道遭到了批评，因为他依靠的消息来源显然是克林顿夫妇的对手。他用混乱的时间线误导读者，格思的一位长期批评者称其使用的是"起诉偏见和战术遗漏相结合的方式，以影射各种形式的罪恶和狡诈"[37]（1999年，在臭名昭著的《纽约时报》系列文章中，格思与他人合作撰写了几篇文章，错误地指控洛斯阿拉莫斯的科学家李文浩为中国人窃取核机密）。[38]然而，与此同时，1994年8月，肯尼斯·斯塔尔这位新的独立律师接手调查克林顿，这些调查由格思的亚哈式顽强精神和冗长文章所引发。肯尼斯·斯塔尔的调查很快偏离了奥扎克，跟随克林顿进入小石城的酒店房间，并接近了一位名叫莫妮卡·莱温斯基的前白宫实习生。

白水丑闻让右翼心花怒放，但并不打算让《纽约时报》独享曝光的快感。弗洛伊德·布朗——威利·霍顿的谋划者、强硬的右翼宣传团体"公民联盟"创始人以及《"滑头威利"：为什么美国不能相信比尔·克林顿》（1992年）一书的作者——每月印刷简报并几乎每天都发布传真公告，让数百家媒体机构了解最新的反克林顿线索、丑闻和污点，媒体对此表示感谢。《哥伦比亚新闻评论》对1993年11月至1994年3月主要新闻机构发表的200篇报道进行研究，发现1994年中期，"'公民联盟'议程和新闻界出现的内容之间有着惊人的相似性，不仅在具体细节方面，而且在遗漏的内容、故事转折和暗示方面都存在相似性。这些报道很少提及信息来源，掩盖了表面上独立的新闻业实际被右翼强烈推动的事实。[39]

另一个关键人物是亿万富翁理查德·梅隆·斯凯夫，他是匹兹堡梅隆家族石油、银行和铝业财富的继承人，是传统基金会、美国企业研究所和佩珀代因法学院等右翼机构的长期天使投资人，对正在兴起的国家保守主义运动有重大影响，但这些影响在很大程度上是隐性的。作为中情局新闻宣传部门"世界论坛"的前负责人，斯凯夫在虚假新闻和傀儡组织的黑暗艺术上有一定经验。他还拥有一份自己的报纸，最终命名为《匹兹堡论坛－评论》（Pittsburgh Tribune-Review），他经常把这份报纸用作个人目的。员工们说，他经常要求他们编造故事打击对手，压制反对他的观点，并且永远不能把有关匹兹堡海盗队的内容放在头版（他不喜欢这个棒球队的老板）。[40]

一位多年来一直报道这位大亨的记者说，斯凯夫对（攻击）克林顿有一种"痴迷"。[41]斯凯夫把钱花在他痴迷的地方，聘请了托弗·鲁迪为《匹兹堡论坛－评论》报道克林顿的总统任期内之事，鲁迪曾在鲁伯特·默多克创办的《纽约邮报》担任调查记者。鲁迪在报纸以及之后出版的书中将克林顿一位朋友因抑郁、不堪重负而悲惨自杀描绘成关于一部谋杀和掩饰的骇人史诗。他坚持认为，白宫副顾问文森特·福斯特的死有蹊跷，福斯特的尸体于1993年7月在华盛顿郊外的一个公园被发现，头部有枪伤。鲁迪对失血量进行了听起来很科学的仿真描述，并且暗讽了丢失的文件和失败的法医鉴定。这让他的读者很容易得出这样的结论：一个非常位高权重的人为了让福斯特对某些事情保持沉默而杀死了他。

斯凯夫还把保守派杂志《美国观察家》（American Spectator）打造成他所希望的克林顿丑闻工厂。这位亿万富翁从20世纪70年代初就开始为《美国观察家》提供资金支持，当时它只是一份由印第安纳大学学生经营的报纸，另类且活跃，存在的理由就是取笑左派。然而，到20

世纪 90 年代，它渐渐获得了右派丑闻揭发者的名声——这在当时的保守派杂志中很少见，这些杂志大多强调观点和权威见解而不是报道。戴维·布洛克最近发表的两篇《美国观察家》文章引人注目。1992 年 3 月，《真正的安妮塔·希尔》出版，该书将克拉伦斯·托马斯的指控者贬低为"有点神经质，有点放荡不羁"，保守派电台主持人拉什·林博通过广播向他庞大的"应声虫"粉丝团体宣读节选内容时，极大地促进了这本书的推广。随后，1994 年 1 月，《与克林顿夫妇同住》这一流行作品指控克林顿在担任州长时经常利用阿肯色州的警察为他拉拢女人。许多主流和自由派人士对其进行了尖锐批评，但据报道，"州警门"那期杂志的销量接近 30 万份，是 12 月份销量的两倍多。[42]

福斯特自杀后不久，《美国观察家》杂志的主编埃米特·泰尔和一个紧密的小团队（包括一名公司律师、一名公关人员和一家鱼饵店的老板）秘密发起了"阿肯色计划"，由斯凯夫出钱资助，扣除税款后这一数额最终共有 240 万美元（与其他左派和右派宣传刊物一样，《美国观察家》也将自己打造成了一个慈善基金会）。他们计划进一步挖掘克林顿的丑闻并打造一个巨大的克林顿丑闻库，从而实现斯凯夫公开声称的目标："把那个该死的家伙赶出白宫"。在一名曾与种族隔离主义者有联系的私家侦探协助下，团队将斯凯夫的钱用于追寻白水案"欺诈"和福斯特"谋杀"的最新线索。他们花钱寻找克林顿吸食可卡因的证据；寻找他生过一个黑人孩子的证据；寻找他作为政府官员，牵扯进中央情报局利用阿肯色州梅纳的小机场与中美洲走私枪支和毒品的证据。[43]

从表面看，"阿肯色计划"就是一场惨败，在很大程度上是由于假新闻失控导致的。拜伦·约克是克林顿时代《美国观察家》的调查记者之一，他曾在一篇事后文章中写道，到 1994 年，"情况似乎越来越清晰，'阿肯色计划'不会产生任何实际后果"。梅纳故事的来源不详，泰尔对这个故事的执着让一些工作人员感到震惊，他们认为，继续追查这个故事会让杂志成为"笑柄"。1995 年 8 月，当泰尔坚持以一个长篇"调查"报道来跟进两篇预示性的社论时，助理总编辑辞职了。[44]

一切都开始崩塌。"州警门"事件后，《美国观察家》的发行量在 1995 年期间下降了三分之一，广告商也纷纷流失。[45]出版商因质疑"阿肯色计划"挥霍无度和开支基本不受监控而遭到解雇。该杂志发表了对鲁迪所著关于文斯·福斯特之书的轻蔑评论后，愤怒的斯凯夫将《美国观察家》彻底砍掉。之后，司法部对斯凯夫和杂志社进行了长达一年多的调查，怀疑他们用一些项目资金支付一名潜在的联邦证人，让他在白水案中提出对总统不利的证词，但是没有提出正式指控。1997 年 7 月，戴维·布洛克在《绅士》杂志上宣称，他不再是一个"右翼打手"，当他宣布这一消息时甚至连"州警门"故事也被打乱了。他向总统道歉，因为他忽视了关于州警可信度的严肃警告，并且压制了自己对报道私人性行为方面的疑虑。[46]由于破产，《美国观察家》在 2000 年被出售。

然而，尽管真正的记者私下可能会乐于看到《美国观察家》的没落，但"阿肯色计划"留下的东西却挥之不去。一个拥有无限财富的公民对一位正式当选的总统怀有个人恩怨，花费数年时间砸重金全力挖掘总统的黑料，目的在于让他遭到弹劾和免职。挖掘者都是狂热分子，有着无穷且可怕的想象力，没有调查新闻的经验，他们所追求的大部分"新闻"都是假的。他们的痴迷得到庞大右翼组织网络的支持并被放大，许多组织因为有共同的资助者、支持者和领导人而错综复杂地联系在一起。约克谈到泰尔时写道:作为《观察家》的总编辑和监督者,"泰尔从来没有把《美国观察家》仅仅看作是一项新闻事业,而是把它当成政治运动的附属品"。[47]它是伪装成新闻的对手研究,或者说是伪装成研究的反对,当然是假新闻。

此外,该杂志确实在一个主要目标上取得了些许成功:该杂志将反克林顿的材料引入主流媒体。可以肯定的是,传统媒体有时会揭穿和嘲弄《美国观察家》的故事,但至少这些故事获得了关注。12月下旬,当《美国观察家》的"州警门"报道草稿开始在记者和政府官员中流传,当白宫努力不让记者报道该事件时,美国有线电视新闻网成为第一个报道此事的主流新闻机构。然而,记者鲍勃·弗兰肯似乎没做什么原创报道,只是试图给几个人打电话,他说"无法联系到这些人",并引用了一位"高级政府官员"不屑一顾的评论;报道的大部分内容只是引用了布洛克的话和《美国观察家》的内容,并且重复了其指控(这段话还包括州警的律师声明以及他提供的客户评论录像)。[48]

但是一旦某家媒体对一个不确定的事件进行了不确定的报道,其他新闻机构——包括三大新闻网节目以及国家公共广播电台、《华盛顿邮报》、《纽约时报》和美联社也会争相报道,其中一些媒体"反复拉扯"材料,一位《新共和》(New Republic)杂志的专栏作家讽刺道,为了跟上大部队的脚步,他们重复报道了布洛克可疑而又具有破坏性的材料(该专栏作家随后又勤快地再次重复了布洛克令人可疑且具有破坏性的材料)。同时,《洛杉矶时报》收到来自同一位州警律师的信息后,暗地里与《美国观察家》较劲了几个月。这位律师是臭名昭著的克林顿死对头,是他向布洛克挑明了这个故事,希望能在更主流的出版物上得到报道，从而让指控更有影响力。他无须担心。《洛杉矶时报》的编辑将律师和布洛克提供的故事搁置了数日，进行了内部辩论和进一步检查，最后在《美国观察家》公布了自己的故事版本后才发表。尽管《纽约时报》的报道没有提及布洛克大部分耸人听闻的细节，却更多关注克林顿是否因为州警们的沉默而为他们提供了工作机会，但是也加强了外界对《美国观察家》的关注。这篇广泛流传的美联社文章经常被冠以这样的标题，"两人称克林顿利用警察背着妻子偷情"或"两名警察说他们知道克林顿的情事"。随着一些谎言被揭露，还有州警以前参与保险诈骗等消息被揭露后，这个故事很快从主流媒体上消失了。但是仍不断有右派人士提及这些事情。[49]

《纽约时报书评》即使在处理来自边缘的声音时，也竭力显示其公正性。它可以直接拒绝将有限的报刊版面分给鲁迪的《文森特·福斯特的离奇死亡》，特别是这本书出版时恰逢肯尼斯·斯塔尔发布他的官方报告，报告得出的结论是福斯特毫无疑问是自杀的——正如所有其他官方调查的结论。《纽约时报》还把这本书交给了《国家评论》的理查德·布鲁克海泽，他的评价比《美国观察家》自己的评论更有分寸。[50]

无论如何，信念具有一致性，鉴于《美国观察家》的报道具有强烈的党派倾向，忠实读者拿起报刊时，完全清楚他们会读到什么，而且受认知偏见的影响，读者倾向于相信他们所读到的都是真的。他们不会仅因为印证他们信念的出版物陷入财务困境或员工内讧，就轻易改变对克林顿黑暗事迹的看法。泰尔并没有改变他的想法。1998年，在斯塔尔的最终报告发布后不久，他发表了一篇庆祝性的综述，总结了该杂志六年来对克林顿的调查情况，综述中他坚持认为福斯特的死亡仍是未解之谜

（这与警方、联邦调查局、司法部、国会或两位独立检察官的结论不符），"州警门"事件中没有发现"重大错误"（除了其作者不承认写过这篇文章外），也没有人设法"诋毁"梅纳的故事——也许是因为大家都在嘲笑它。甚至《标准周刊》(*Weekly Standard*)，另一家坚定的保守派意见杂志，也在其"模仿文"中两次使用"梅纳"作为古怪阴谋论的简称。[51]

因此，《美国观察家》带来的教训是复杂的，主编执着于他所期望的丑闻清单上证据，在很大程度上造成该杂志的倒下。即便如此，它也在很大程度上促使公众对克林顿个人最失败事件的讨论正常化，甚至要求公众这么做，一些人不喜欢他们认定的事实受到矛盾证据的影响，对于这些人，《美国观察家》则鼓励他们广泛传播虚假丑闻：人们应该得知真相。从某种开玩笑的角度说，一直饱受争议的"州警门"事件是编辑犯的文字错误——没有删除"保拉"这个名字以及其他据说自愿与克林顿发生性关系的女性名字——导致了保拉·琼斯的性骚扰诉讼，并且直接导致了对总统的弹劾。

人人皆记者

电脑调制解调器发出的刺耳声音是烘托克林顿性丑闻的气氛音乐。1992 年 11 月，大多数美国人去投票时并不知道，当他们第一次听到"莫妮卡·莱温斯基"这个名字时，万维网才刚刚开始渗入他们的日常生活。

最早掌握互联网民粹主义潜力的是一名前 7-11 便利店店员，名叫马特·德拉吉。德拉吉在洛杉矶的哥伦比亚广播公司礼品店工作，这份工作让他感到厌烦，父亲送的电脑激发了他的好奇心，1995 年，德拉吉开始通过发送电子邮件或在网上发布他在工作中获得的八卦和娱乐新闻片段，随着他的读者和线人不断增加，他最终扩展到政治领域（并辞去了工作）。他极力培养一种坏男孩的偶像气质，赞扬网络让新闻民主化，取缔了精英对信息的传统控制。1998 年，他在全国新闻俱乐部的一次演讲中说："我们已经进入了一个小声喧嚣也可以产生影响的时代，每个公民都可以成为记者，都可以向当权者发难……网络给予了像我这样一个 13 年的电脑迷和首席执行官或众议院议长同样的发声权。我们都变得平等。"[52]

只是德拉吉比其他人更平等，他在寻找独家新闻、小道消息和丑闻方面时非常活跃。作为最初的信息聚合者，他的大部分材料都是从其他网站上搜集到的，并用几十个链接填满他"德拉吉报告"的主页（实际上是他唯一的页面，其设计至今仍牢牢扎根于网络的新石器时代）。他用自己的一些"独家"报道来补充这些链接的内容——有些是跑腿搜集的信息，有些是基于八卦和猜测——他从能接触到的报纸和通讯社获取材料，这些材料通常是从内部人士那里获得的，并且尚未发表。[53]

德拉吉比其他人更具煽动性。他坚称自己继承了"这个国家新闻自由的伟大传统，创办了不受欢迎的媒体"。[54] 他为自己没有新闻学学位（甚至没有大学文凭）感到自豪，并以粉碎所有当代的新闻为乐。1999 年，一个律师协会举办关于隐私和新闻的专题讨论会，德拉吉在会上畅谈了自己的工作方式。他认为最好的话题就是丑闻，因为丑闻能卖出最多的广告。在他看来，为信息付费或使用可能是非法获得的材料并没有错。他认为披露机密信息来源不是一个问题。有时，他不屑于为自己知道的事情寻求证据。他表示，自己曾向联邦调查局提供信息，这是所有公民的"公民义务"。一家杂志社为进一步核实信息而推迟报道，当一位律师称赞这种行为时，德拉吉对他提出质疑："所以你是那种会对美国人民隐瞒信息的人？""绝对不是，"这位律师回答，"我只是建议人们在把信息放到他们的网站上之前，先得相信信息是真实的。"[55]

德拉吉认为规则都是为怂人准备的，他偏爱报道的速度和挑衅性，不出所料，这种方式导致错误频发，而多数错误只是被他忽略了。1998年，媒体监管杂志《布里尔内容》(*Brill's Content*) 审查了当年头九个月德拉吉报道的存档故事，这些以"独家"为标题的故事报道共有51个，监管杂志发现其中只有31个故事配得上"独家"这个标签。这31个故事中有10个是不真实的，或者从未发生过，11个是真实的，剩下10个的准确性"存在争议或仍未可知"。德拉吉实际原创的那些材料，错误率可能高达65%（仅他声称独家的材料中错误率就近40%）。他最臭名昭著的一次失误是一篇报道，报道来源是"一位有影响力的共和党人"，报道含糊地提到了"法庭记录"——说白宫助手西德尼·布卢门撒尔虐待了妻子。尽管德拉吉第二天就撤回了这篇报道，但布卢门撒尔还是提起了3000万美元的诽谤诉讼，在网络这个无政府的前沿阵地上，布卢门撒尔的诉讼是对抗言论自由和新闻自由的首批法律行动之一。该诉讼最终得到解决，由斯凯夫资助的一个基金会支付了德拉吉的法律费用。[56]

尽管大部分时间里，德拉吉只是扮演记者的角色，坚称自己在维护新闻自由，只是偶尔僭越基本准则去收集、印证或核实证据，但他的一些独家报道最终经证实是可靠的，而且使他成名并为他赢得全国关注的"独家新闻"通常是准确的。但是，1998年1月18日清晨，德拉吉报道说，《新闻周刊》已经"扼杀"了一篇关于克林顿与白宫实习生发生性关系的爆炸性报道（事实上，杂志工作人员仍在为这篇报道是否适合发布而争论不休），这开启了国家新闻界有史以来最糟糕的一些新闻报道。电脑调制解调器的刺耳声音承担了大部分——尽管不是全部的责任。

《纽约时报》在两年前刚刚建立网站，《华盛顿邮报》在一年半前也建立了网站，主流新闻机构和新闻消费者都还在研究互联网是怎么回事，它与新闻业有什么关系。皮尤中心在 1998 年底的一项调查显示，43% 的美国成年人拥有一台电脑，41% 的人使用互联网，但只有 15% 至 26% 的人每周至少访问一次在线新闻网站。在这些新闻消费者中，近三分之二的人最喜欢的话题是天气，而只有不到一半的人会访问政治相关的网站，主要还是访问传统广播和印刷媒体网站。电子邮件的使用量很大；网上购物开始流行；一个规模不大但存在感很强的社群使用新闻组（Usenet）、聊天室、论坛、讨论列表以及博客圈的雏形等，不仅为了利用网络获取信息，还为了分享信息。[57]

在精英媒体的想象中，网络的可信度模糊，充满阴暗的风险，这些问题都是巨大的，而这些精英媒体争先恐后处理着最热门的政治事件，他们中多数人都在网络中接触过政治故事，但从没有人处理过。这个新的网络世界似乎变化很快，而且似乎不受法律监管。没有编辑和把关人，只需要一双灵巧的手敲击键盘，就可以随时向世界发布故事、传言和八卦。它可能比你的独家新闻早几个小时。它可能会影响你的编辑判断，促使你在核实每一个事实之前就把信息发布出去。网络会在你意识到自己犯错之前，就把你的错误传向世界。整个世界成了一个经典的媒体回声室，焦虑的记者们为支持和反对彼此而写，却不是为公众而写——事实证明，公众对这些新闻既不太感兴趣，也没什么深刻印象。在克林顿性丑闻发布后的一周内，接受美国有线电视新闻网、《今日美国》（*USA Today*）、盖洛普民意调查的美国人有四分之三表示，媒体对此事报道太多，只有 37% 的人说新闻机构的行为是负责任的，55% 的人说它们不负责任。[58]

民意调查给出的回应是正确的，新闻界的误判和错误比比皆是，而且往往没有得到纠正。例如，并没有"第二个实习生"讲出更多的性故事，在莱温斯基的电话应答机上也没有发现来自总统的暧昧信息，莱温斯基背信弃义的朋友琳达·特里普秘密制作了磁带，磁带录音中没有这位年轻女子说克林顿或他的顾问弗农·乔丹让她撒谎的片段。1 月 26 日，拉里·金在美国有线电视新闻网直播的脱口秀节目中打断了与嘉宾的对话，宣读他刚刚拿到的美联社公告。公告表示，《达拉斯晨报》（*Dallas Morning News*）报道称，一名特勤局特工准备作证，说他目睹了克林顿和莱温斯基"有失体面的状态"。90 分钟后，该报从其网站撤下了这一报道；一位消息人士打电话称，这一报道是错误的，没有任何特工证实有此事发生。

《布里尔内容》对这篇报道进行了漫长而曲折的追踪，并发现了其来源。金告诉观众，美联社的报道称，《达拉斯晨报》正报道它从华盛顿一位律师那里听到的故事，这位律师听到妻子与某个朋友交谈，而这位朋友之前听人说他看到总统和莱温斯基在一起（"如果是真的，就很重要！"）。当金决定（在美国有线电视新闻网主持人的支持下）在节目中宣读公告时，它已经是一个第七手的单一来源消息。如同许多被放进媒体网络中的故事一样，它就像节日里的水果蛋糕一样不朽，甚至在《达拉斯晨报》撤回该故事后仍继续出现在其他媒体上。[59]新闻机构的经典策略正在失控，包括其负责任的专业精神、纠正自身错误等。

隐蔽的党派主义十分猖獗，许多新闻机构的报道都基于没有透露姓名的信息来源，而这些消息来源本身就有强烈的党派偏见。据称，肯尼思·斯塔尔和独立顾问办公室的泄密行为就像一个筛子——可能还是非法的筛子，因为人们对一些信息是否来自大陪审团程序产生了疑问（斯塔尔否认透露了任何他不应透露的信息）。而当初将故事推给《新闻周刊》和德拉吉的各种反克林顿活动家、挑衅者和图书交易者继续兜售他们的谈话要点。使用这些信息的记者很少提醒读者，这些信息的来源是有倾向性的。一个自称"关注记者委员会"的组织研究了由主要新闻机构发布的1565份有关丑闻的声明和指控，发现只有1%的声明和指控符合引用两个或更多具体来源的黄金标准。有四分之一的报道只依靠一个有名字的消息来源；超过40%的报道是"分析、意见、猜测或判断"；其余的报道只引用了匿名消息来源或其他媒体报道。[60]

德拉吉凭借《新闻周刊》的独家报道一举成名后，一些记者为如何处理他破坏性的做法而苦恼。他是一个新的声音，会重振疲惫的新闻业，还是像炸弹投掷者一样炸毁新闻业？是否应该重新划定行业界限以包容他，还是说他的行为是出于党派利益的不公正操作。美国全国广播公司（NBC）周日早间脱口秀节目《会见新闻界》（*Meet the Press*）主持人蒂姆·拉塞尔是华盛顿媒体公认的知名记者，当他邀请德拉吉与记者威廉·萨菲尔、迈克尔·伊西科夫和斯图尔特·泰勒参加圆桌会议时，在一些领域引起了骚动。拉塞尔开始问道："你一直在互联网上积极报道此事，你有什么看法？"经过几次有来有往的问答后，德拉吉举起一份《纽约邮报》——鲁珀特·默多克的小报。报纸的头版标题写道：还有"数百名"妇女与总统有染！"白宫都精神错乱了。"德拉吉故意这样说道。拉塞尔没有回应，只是转向下一位嘉宾。[61]

《华盛顿邮报》尖锐的电视评论家汤姆·夏尔斯就很愤慨。他说，拉塞尔采访这个"看起来很低俗的人，即便在新闻上没有过错，也犯了道德上的错，德拉吉没有任何资格与专业记者甚至专业学者一起参加小组讨论"。拉塞尔后来解释说，他把自己的节目看作一个专栏。他说："马特·德拉吉是一个重要角色，在总统性丑闻报道上发挥重要作用，我们可以假装那 700 万到 1000 万登录他网站的美国人没有权利看到他，但我不赞同这种做法。"[62] 但拉塞尔邀请他的客人参加圆桌会议并不仅仅是为了"被看到"。他把德拉吉视为记者朋友，把德拉吉的流言蜚语和谣言兜售说成是在"报道"这个故事。他毫无疑问接受了一个明显极端且来源靠不住的说法（"有数百名女性与克林顿有染！"，默多克的小报上写着莱温斯基表示克林顿这么说过），而德拉吉作为信息提供人，之前本就因忽视消息来源而引发了 3000 万美元的诉讼案。德拉吉轻率、不尊重机构和媒体，拉塞尔这位经验丰富的主持人显然意识到，邀请这样一个坏小子参加一个体现媒体机构立场的节目会制造矛盾，这种矛盾性很具吸引力。那周的《会见新闻界》节目（其中还包括对莱温斯基的律师和克林顿的坚定捍卫者詹姆斯·卡维尔的采访）赢得了自波斯湾战争以来的最高收视率。[63]

对许多主流新闻机构在整个可悲事件中的表现而言，这是完美的概括。他们不是在制造假新闻；报道也不是故意出错。这是一种非常接近于假新闻的做法，但却有着专业新闻机构的外观和印记，在激烈的竞争中打破了他们声称要遵循的规则和规范。一年后，当马特·德拉吉在律师协会讨论会上炫耀自己的工作原则或缺乏工作原则时，几乎是在描述克林顿性丑闻主流报道的章程。1999 年 2 月，参议院未能就众议院通过的任何一项弹劾条款对克林顿定罪，而克林顿的个人支持率却飙升，新闻界看起来就像总统的对手一样无能。在宣告克林顿无罪的前夕和当天，《新闻周刊》进行了一项调查，询问受访者过去一年对国家媒体的看法是否有变化。5% 的受访者表示媒体变得"更好了"，大约三分之一的受访者认为媒体没什么变化，超过一半的受访者认为他们对媒体的看法变糟了。[64]

"公平且平衡"

鲁珀特·默多克的国际新闻帝国覆盖报纸、卫星网络、杂志、电视台、图书出版、电影制片领域，福克斯新闻频道是其新闻帝国的一部分，在克林顿性丑闻爆发时刚刚成立 15 个月。作为新进入媒体领域者，福克斯新闻在报道克林顿丑闻时采取了值得称赞的谨慎方式。默多克急于将自己的影响力扩展到美国电视界，在 1996 年聘请罗杰·艾尔斯创建了一个 24 小时新闻频道，与成熟的美国有线电视新闻网和全新的微软全国广播公司（MSNBC）竞争，微软全国广播公司是美国全国广播公司和微软的合作项目，仅比福克斯新闻早 3 个月上线（微软后来将其在该企业的股份卖给了美国全国广播公司）。1968 年理查德·尼克松重返政坛，艾尔斯说服尼克松，让他在此期间雇佣自己做媒体顾问，因而名声大噪，之后艾尔斯又继续帮助肯塔基州参议员米奇·麦康奈尔、罗纳德·里根总统和乔治·H.W. 布什总统等人当选。

如此激进的党派人士担任电视新闻部门负责人，这打破了先例。但在艾尔斯的坚持下，其创立的新频道将自己打造成直接、无党派的品牌。提出了"公平和平衡"的著名口号（我们报道，你决定）。其策略是让该频道与其他许多经常不自觉左倾的新闻机构形成原则性对比，同时让观众产生错觉，认为他们自身才是了解真相的最终权威，而不是精英，甚至不是右翼精英。艾尔斯在 1998 年初对《哥伦比亚新闻评论》表示，他"不会为努力做到公平、客观以及触及主流媒体可能忽略的观点而道歉……我们竭尽全力来展示不止有一种观点。"[65] 巧妙的是，这位新闻主管并没有告诉他的观众，他将向他们提供带有保守主义偏见的新闻。他只向他们承诺提供没有自由主义偏见的、正常的新闻。

因此，在克林顿丑闻报道的头几天，由于谣言四起，艾尔斯下令谨慎行事。他告诉负责新闻的高级副总裁约翰·穆迪，要确保他在广播中说的任何事都有多个来源。参加过穆迪电话会议的一名华盛顿分社工作人员说："艾尔斯想传递的信息是，鉴于他的声誉和共和主义主张，我们不想第一个发声，除非我们有绝对正确的把握。我们必须要有把握。"[66] 但是，当《华盛顿邮报》和其他主流媒体发表自己的报道之后，福克斯新闻也加入这一饱和的丑闻报道中，并且自豪地推出了对根尼弗·弗劳尔斯的采访，在 1992 年的州选举初选时，弗劳尔斯曾宣布与克林顿有 12 年的婚外情，从而引发轰动。福克斯还为德拉吉推出了一个短暂的节目（受到他在《会见新闻界》中明星效应的启发），还有一个由布里特·休姆主持的晚间六点节目，在该节目中，有 5 位制作人和受访者专门讨论斯塔尔的调查，相比前者也更成功。[67]

尽管有"公平和平衡"的口号,福克斯新闻的保守倾向从一开始就很明显。根据《哥伦比亚新闻评论》的分析,1998 年的新闻节目一般都比较直白,从报道(和不报道)的主题选择中就可以看出。但是,开门见山的新闻报道在一天 24 小时中所占的时间很少,而聊天和意见类的节目中右派嘉宾比左派嘉宾多得多,对克林顿的丑闻(无论是真实的还是想象的)关注度都很高,而且《哥伦比亚新闻评论》表示,福克斯倾向于使用"公平和平衡"这一短语作为"营销手段和福克斯工作人员的遮羞布,不然他们完全可以坦率地(正如他们在本文的采访中)说出他们右派的信念"。[68]福克斯新闻报道一系列政治上两极分化的事件时,其保守倾向更加明显,这些事件包括:对 2000 年总统选举结果的激烈争论、对 2001 年 9 月 11 日恐怖袭击的回应、入侵伊拉克及其灾难性后果、2004 年竞争激烈的总统选举、卡特里娜飓风对新奥尔良的破坏、全球金融危机、美国首位当选的黑人总统、茶党的崛起。福克斯新闻的观众群无论是从人口特点看还是从政治党派看都很单一:绝大多数都是白人;男性和老年人居多;受过大学教育的观众比例比美国有线电视新闻网或微软全国广播公司的观众群小。[69]

当然,一个新闻频道以党派观点为特色,并不意味着提供的是假新闻。微软全国广播公司逐渐放弃早期聘用的奥利弗·诺斯、劳拉·英格拉姆和安·库尔特等人,继续巩固其强烈偏向左翼党派的身份,部分是为了与福克斯新闻相区分。一个令人信服的观点是,拥有两大强烈对立声音的网络有助于实现经典的新闻理想,即对公共问题进行充分知情的辩论,福克斯新闻和微软全国广播公司的关系就像《国家》和《国家评论》一样。

但这绝不是艾尔斯的初衷。随着他大肆宣扬"公平和平衡"，他出于自身目的操纵了新闻业的外在形式，基本上把福克斯新闻当作一个幌子。福克斯新闻说自己代表公众利益，即便它把很大一部分公众都定义为不值得信任和被欺骗的人；它用人们熟悉的公平和客观的语言来掩饰自身观点，坚持认为自己完全有能力支持其他媒体机构不可能实现的新闻理想；福克斯新闻增加了传统的把关职能，筛除自己不认同的新闻。简言之，它是在利用假新闻来掩盖真实的党派行动。

2000 年 11 月 7 日那个疯狂的选举之夜，当得克萨斯州共和党州长乔治·W. 布什与副总统阿尔·戈尔争夺总统职位时，福克斯新闻的公正性神话遭到致命破坏。8 点左右，负责福克斯新闻"决策桌"的约翰·埃利斯勉为其难地加入其他新闻网和美联社的行列，预测戈尔会在佛罗里达州获胜，这一胜利似乎有可能为这位副总统赢得形势胶着的选举。然后大约两个小时后，一些有疑问的数字促使新闻机构改变方向，重新将佛罗里达州归为选票"过于接近"的行列。凌晨 2 点刚过，该州约有 3% 的选区尚未完成投票，布什仅以微弱过半的优势领先，在埃利斯的敦促下，福克斯新闻成为第一家将佛罗里达州和总统之位归给布什的新闻网。其他新闻网也迅速响应福克斯的预测，戈尔打电话祝贺布什，钻进他的豪华轿车，在雨夜中前往纳什维尔的战争纪念馆发表落选演讲。然而，随着数字不断变化，忙乱的助手在戈尔上台前拦住了他，这位副总统再次打电话给布什，收回了他的祝贺。4 点时，新闻网第二次撤回了对竞选结果的预测。历经 36 天的斗争和煎熬和无法确定的打孔选票等事件，最高法院最终才以 5 比 4 判决布什获胜，结束了竞选悬念。但是埃利斯最初的报道让媒体的报道势头始终偏向布什，认为他是合法赢家，而戈尔是悲惨的失败者。[70]

约翰·埃利斯不仅仅是艾尔斯聘请的福克斯新闻高级顾问，他过早的报道行为助推了布什总统竞选的胜利。约翰·埃利斯还是乔治·W.布什的表弟，这也是为什么他急于认定布什是获胜者。任何一家主流新闻媒体都不会允许总统候选人的近亲接近统计出口民调数据和预测竞选结果的单位。事实上，埃利斯前一年夏天宣布，在每周出版两次的《波士顿环球报》专栏中将不再撰写有关竞选的文章，因为他无法确保公正。他告诉读者说："我将不再撰写无法支持我表兄的专栏，他是我的家人，我今天支持他，明天支持他，只要他参加竞选，我就支持他。如果出于某种原因他没能竞选成功而决定退出政坛，那么从那天起我将支持他的弟弟杰布。"11月9日上午，埃利斯接受《纽约客》杂志简·梅尔的采访，这场侃侃而谈的对话并没有提升埃利斯的专业地位。他随口透露，在选举当晚，他一直在与乔治·W.和"杰比"（即佛罗里达州州长杰布）在电话中讨论票数。投票出口民调结果本应在电视台内部严格保密。[71]

但是艾尔斯不为所动。他与其他新闻网负责人一起被传唤到国会听证会上为选举之夜的惨败作证，艾尔斯用他特有的"柔术"，将挑战转化成了对自己有利的局面。他在准备好的声明中说："福克斯新闻不会因为人们的家庭关系而歧视他们。很显然，埃利斯先生通过家庭关系得到了非常好的消息来源。我认为这并不是埃利斯先生的一个错误或缺点。恰恰相反，我认为这是一名优秀记者在选举当晚与其非常高级的消息来源交谈。"[72]没有任何国会议员向艾尔斯施加压力，要求他说明埃利斯可能从候选人和州长那里寻求什么信息，以便为他的决策工作提供参考。当晚唯一的高层消息来源是埃利斯本人，一个伪装成记者的政治特工。

福克斯在为布什入主白宫尽力之后,继续为总统服务。艾尔斯在他的福克斯新闻办公室为小布什提供建议,就像他为老布什、尼克松和其他客户提供建议一样,在政策和形象方面为布什提供咨询;据一些高级编辑人员说,"罗杰每天都在与布什通电话……他给小布什的指点和他给老布什指点一样——包括执行、成效和政治辅导等。""9·11事件"后,艾尔斯向小布什的顾问卡尔·罗夫发送了一份备忘录,敦促总统对袭击者开展严厉反击,因为美国人想要报仇。罗夫不仅与小布什,还与国家安全顾问和白宫其他高级工作人员分享了这份备忘录。[73]

福克斯新闻的工作人员清楚地知道什么样的报道是可接受的。现任和前任员工,无论是否心怀不满,无论是否匿名,在他们迫于压力的情况下,修改报道、标题或位置,向更有利于共和党方向叙述的例子比比皆是。据报道,在弹劾调查期间,艾尔斯给布里特·休姆一份"清单",列出了他希望该部门报道的反克林顿的故事,休姆拒绝了其中的一些故事。鲁珀特·默多克有时也会加入自己的偏好。凯瑟琳·克里尔后来说,她被告知要缓和对香港从英国回归中国的报道,以免危及默多克将其新闻帝国扩展到中国的努力。克里尔不久就离开了福克斯新闻,去了法庭电视频道。[74]

这种压力可能是相当具体的,正如泄露给一位电影制片人的大量文件,进步宣传团体给了这位电影制片人一定资助(福克斯新闻没有否认这些文件)。在2003~2004年的一段时间里,约翰·穆迪每天都会发布内部备忘录,说明应该如何编造故事。一份备忘录写道,美国在伊拉克战争中的死亡人数不断增加,报道此事的记者不应"轻易落入哀悼美国人死亡的陷阱"。报道布什为实现中东和平所做的努力时,应注意他的

"政治勇气和战术精明"。当独立的"9·11委员会"调查政府为何未能预防袭击事件时，穆迪告诫工作人员："这不是'他知道什么和什么时候知道'的问题。不要把这变成水门事件。请记住这场悲剧中出现的短暂民族团结感。让我们不要亵渎它。"[75]

自始至终，艾尔斯都坚持认为福克斯是一个按照专业标准运作的传统新闻网，并且也尊重这些标准，而不是像其他所有新闻媒体那样背叛标准。2004年大选后，一个独立的研究基金会发现，41%的福克斯新闻观众认为自己是共和党人（相比之下29%的观众说自己是民主党人），52%的人说自己是保守派。但是，当《纽约时报》引用该报告，向艾尔斯提出关于福克斯新闻网右倾的问题时，艾尔斯嗤之以鼻。他说，这是"一群自由主义者做出的完全虚假的调查"。福克斯新闻网很重视自己的形象，在2004年10月，它成功迫使《华尔街日报》更正了其关于小布什和戈尔竞选中的媒体策略报道。"昨天的第一版文章说新闻集团的福克斯支持布什事业，这是错误的描述。"该报承认。[76]

艾尔斯拒绝承认显而易见的事实，这在某种程度上是一种营销策略；在新闻网早期，还不清楚广告商是否会对与观念激烈的节目联系在一起感到不安。但这也是一个出色的政治策略。观众不想看到"保守"的新闻、"有偏见的"新闻或"共和党的"新闻。他们希望看到真实的新闻。如果福克斯的新闻是不偏不倚、真实的，那么他们在其他新闻网上看到的一切都是有偏见的、错误的。

这一策略奏效了。2002年1月，福克斯新闻网的收视率超过了美国有线电视新闻网，此后一直处于领先地位。老牌新闻电视网在第一次海湾战争中，因及时的现场报道而声名鹊起，但此后却落后于福克斯新闻网，即便是在入侵伊拉克期间的收视率也落后于福克斯。[77]而福克斯新闻部门带来了惊人的利润——根据一份报告，福克斯新闻网的利润比其他有线电视网和三大晚间新闻广播节目的利润总和还高。艾尔斯在 2009 年赚了 2300 万美元。[78]

与此同时，微软全国广播公司却饱受身份危机困扰。应该以何种条件与福克斯新闻竞争？是作为提供真实新闻而不是虚假新闻的新闻网？还是作为提供进步主义偏见而不是保守主义偏见的新闻网？福克斯的评论员取得了一些显见的成功，这些评论员都很有观点，尽管有些是刻意这么做的。凯斯·奥尔伯曼的"倒计时"节目在微软全国广播公司从 2003 年播放至 2011 年，该节目知名的原因之一就是，他与福克斯的比尔·奥莱利形成激烈竞争，后者经常"赢得"奥尔伯曼定期的"世界上最糟糕的人"环节。新有线电视网不同于福克斯新闻网，它有传统的新闻母公司。奥尔伯曼的职业生涯凸显了新有线电视网络的一个困境。2010 年 11 月，奥尔伯曼承认，他曾为 3 位民主党候选人的竞选活动捐款。与大多数传统新闻机构一样，微软全国广播公司的所有者美国全国广播公司不允许员工在未经新闻主管批准的情况下向党派运动捐款（或参与党派运动）。因此，微软全国广播公司的负责人，"考虑到美国全国广播公司新闻的政策和标准"，暂停了"倒计时"节目主持人的工作。一些粉丝认为，奥尔伯曼的违规行为在一定程度上造成节目在两个月后被无理由地突然取消（不过也有人指出，康卡斯特即将收购美国全国广播公司，可能是新的公司所有者认为奥尔伯曼过于自由，或者至少是太有争议性。康卡斯特否认曾插手这件事）。[79]

奥尔伯曼的节目停播后，一些人认为，网络新闻部门认同传统的新闻价值观，努力为广大民众服务，有公正的规则规范这些部门的员工，而评论员的受众毕竟是为了听取激烈的政治观点，不应受到这些严格规则的约束。但微软全国广播公司还是打算暂停奥尔伯曼的工作，从而发出一个明确信息：微软全国广播公司与福克斯新闻不同。在福克斯新闻，肖恩·汉尼提等评论员可以不受责难，而微软全国广播公司认为自己是一个有新闻标准的新闻机构。尽管如此，这种界限可能难以维持。在观看 2012 年共和党提名大会的报道时，《纽约时报》电视评论员亚历山德拉·斯坦利注意到，微软全国广播公司主持人具有"极度讽刺的精神和党派立场"，美国全国广播公司主持人则是深思熟虑的中立立场，设法坚守自己的观点，两者之间存在着不安的乒乓效应。斯坦利总结说，微软全国广播公司是"福克斯的自由主义邪恶双胞胎"。[80]

并非如此。微软全国广播公司在自己是新闻还是有线电视网方面存在的困惑可能并确实造成观众的困惑。福克斯新闻虚伪而坚定地称，它只提供直接的新闻，只让那些非忠实观众感到困惑。福克斯新闻节目品牌的真正成就在于，它促进形成了一个庞大而忠实的社区，连接社区的纽带不仅有成员共同的政治观点（以及他们共同鄙视的政治观点），而且还有他们关于公共生活中不稳定情况的共同想法。这些想法包括一种受到自由派机构攻击的感觉；例如，2004 年的民意调查显示，在福克斯新闻的观众中，38% 的人认为媒体强烈偏向民主党，只有 14% 的人认为媒体偏向于共和党。相比之下，那些主要从报纸、美国有线电视新闻网或网络新闻中获取新闻的人，在对偏见的看法上基本持平。[81]福克斯新闻的观众也比其他新闻观众对主流媒体更加愤世嫉俗，而且与美国有线电视新闻网和其他新闻网的观众不同，他们表示更喜欢反映自己观点的新闻。[82]这样造成的一个后果是，根据 2011 年的一项调查和测验，他们对世界上发生事情的了解程度甚至不如那些根本不关注新闻的人。[83]

但是，如果福克斯新闻不是在为其受众准备一场时事考试，而是向其提供自认为更有用的东西，即社会学家阿利·霍克希尔所说的"深刻故事"——一个"感觉好像是真实"的故事。这是一个关于自由主义精英轻视白人基督徒和居高临下的故事，而福克斯新闻的大部分受众都是白人基督教徒，福克斯想要给他们营造一种在日益多样化和苛刻的世界中被围困的感觉。从 2010 年代初开始，霍克希尔花了 5 年时间，住在路易斯安那州查尔斯湖周围以保守派、工人阶级为主并且族裔混合的社区，与人们谈论他们的生活。许多受访者谈到福克斯新闻时都充满崇敬和喜爱，这是其他纯粹的新闻机构所不能比拟的；这些受访者告诉她，福克斯新闻就像"家庭"，而且，霍克希尔写道，它似乎是"政治文化的一个额外支柱"，告诉观众"他们应该感到害怕、焦虑和愤怒的是什么"。[84]

福克斯新闻不只是共和党的一个秘密分支；它还履行了传统原教旨主义教会的许多职能。它为人们提供安慰、社区、身份感和认同感。受众将它的论述作为绝对真理接受。任何质疑其真实性的人都会被诅咒，至少是隐喻上地诅咒。福克斯新闻网称它所做的是"新闻"，为"你"提供"决定"所需的信息；它声称自己植根于传统报道的经验惯例。但福克斯的假新闻又让其默默宣称存在一种新闻外的权威，这种权威几乎没有其他新闻机构能够或愿意维持：它在宣称自己像圣经一样无误。这使得其超级党派的假新闻在公共场合无可争议。

第十章

"虚假但准确"

美国一直受两极分化的争论和危机所困扰，一系列的新闻错误、误解和操纵让主流媒体几乎一直处于激动和道歉的状态，包括由最高法院认可的少数派总统、令人震惊的致命恐怖袭击、由欺骗性的情报和人权侵犯行为引发的两场无休止战争、"外国人"总统的当选。根据所有经典的定义，并不是所有的错误都是假的：并不是所有的错误都是由于记者自身原因而有意识地欺骗读者或观众。有些似乎反映了记者出于其他信仰的自我欺骗，有些是恶作剧或半认真的。还有一些新闻本是合法的报道，却被别有用心的人说成是假的。这些新闻的创作者没有共同的具体议程；他们的报道没有传达单一的信息或教训，也没有提出明显的解决方案。但丑陋的剥削和普遍不信任的气氛表明，新闻业的运作方式和公共生活的运作方式出了问题。

主流新闻机构不断自取其辱，破坏自己的可信度，这毫无助益。很明显，珍妮特·库克并不是一个异类，还有一系列惊人的违规行为，每一个都是"有史以来最糟糕新闻丑闻"的有力竞争者，一次又一次让国家最精英的新闻机构面临棘手问题——不单单是出了什么问题、为什么出问题、如何修复损害，还包括是否有修复的可能。几十年来，承认和

323

纠正错误的专业做法仍是恢复读者信任的有效途径？还是仅仅使新闻界看起来无能，或者更糟糕的是，让新闻界看起来充满恶意、操纵感或虚假？

斯蒂芬·格拉斯的职业生涯中几乎以戏剧性为特点，他在1995年至1998年期间为《新共和》编造了几十个故事——年轻的黑客大师、莫妮卡·莱温斯基纪念品的收藏者、一个保守派年轻人大会上的醉酒放荡行为——同样稀奇的，还有他编造的支持性证据，在受到怀疑后，他伪造了记者笔记、商务名片和虚假网站。格拉斯于1998年5月被解雇，该杂志发表了两篇关于这些不实文章的编辑声明。[1]

更令人清醒的是杰森·布莱尔的例子，尽管他长期有犯错和粗心的毛病，但《纽约时报》还是接受他为实习生，并将其提升为记者。作为国家栏目的工作人员，布莱尔提交了一系列注有日期线的报道，包括发生在华盛顿特区和周边的一系列"环城快道狙击手"袭击事件、在伊拉克失踪或死亡的士兵家属、住院的海军陆战队员以及其他主题的报道——所有这些报道中都有采访引文和包含当地色彩的细节。然而，当他写这些故事时，他并没有在得克萨斯州、西弗吉尼亚州、马里兰州或俄亥俄州的路上，而是躲在布鲁克林的公寓里，编造场景和引语，并从他在线阅读的其他新闻报纸中获取细节。2003年5月，《纽约时报》承认，布莱尔为国家栏目撰写的73篇报道中至少有36篇含有抄袭或捏造的内容，并发表了一份长达7300字的详尽检查报告，称这是"该报152年历史中最糟糕的时刻之一"。[2]布莱尔因此辞职。

《今日美国》的明星驻外记者杰克·凯利在长达20年的职业生涯中，五次被提名普利策奖候选人，他的报道让我们瞥见异国情调的、常常令人毛骨悚然的世界危机场景。然而，2004 年初，该报报道说，一个由工作人员和外部记者组成的小组发现，凯利从其他出版物上抄袭了至少 100 段内容，并且至少有 20 个故事存在大段的编造，最早的可追溯到 1991 年。他说在"9·11"事件后不久到访了奥萨马·本·拉登废弃的两个恐怖主义训练营，但实际上这件事从未发生过。犹太极端组织在西岸向出租车上向"吸血的阿拉伯"乘客开枪时，他没有陪同在旁，也没有与"科索沃解放军"一起跋山涉水、经历枪林弹雨。凯利辞职了，并最终发表道歉声明，称自己犯了严重错误，"违反了对个人和记者最重要的价值观"。[3]

这似乎成了一种流行病：在那些年里，帕特里夏·史密斯从《波士顿环球报》辞职，特约撰稿人迈克尔·芬克尔被《纽约时报》杂志解雇，克里斯托弗·纽顿被美联社解雇，因为他们都被发现在报道中使用了合成或捏造的人物或引语。但是，这些造假者没有共同的品质，也没有共同的合理解释。布莱尔和格拉斯都是雄心勃勃的年轻人，他们努力在知名但竞争激烈的出版物中崭露头角。布莱尔是一名非裔美国人，新闻编辑室考虑到增加种族多样性而雇用了他。他背负着别人或高或低的期望，这些期望是一种额外且复杂的负担。但凯利是一个中年白人家庭主妇、忠实的教会信徒，不抽烟、不喝酒、不骂人，与刻板印象中作风硬派、生活艰苦的记者形象不符。[4]格拉斯和凯利都擅长用"他到底是怎么做到的？"这种讲述方式，并因此为人们所熟知，他们讲述那些能完美印证引语的故事，他们恰好在合适的地点听到了这些话语——当然，"寻找"更多完美时刻给他们带来了压力。但布莱尔的编造似乎主要是为了掩盖他的报道失误。

每个造假案例都引发一场骚乱，触及羞愧的反省、道歉、仪式性的公开忏悔，还有相关出版物尝试修复范例，记者们则努力解释这一流行病（传染现象）。互联网让造假变得太容易？互联网让人们更容易发现记者其实一直在造假？记者的道德水平下降了吗？社会的道德水平下降了吗？[5]编辑在压力之下辞职了；专业机构举行小组讨论；专栏作家写了社论；《纽约时报》在几十年来一直认为自己的编辑而不是外部监察员才是代表读者利益和调查读者投诉的正确人选，之后便任命了一位"公共编辑"来做这件事。该职位在 2017 年一轮成本削减中被取消，但出版商也坚持认为，社交媒体和互联网用户可以成为更有效的监督者。[6]

这三家出版物的高管都承认，他们在编辑和事实核查方面存在疏忽之处，而且都出于自身原因保护了有关记者，而忽视了读者、采访对象和其他工作人员的持续警告。他们都承诺要做得更好：加强和宣传他们的标准，更谨慎地雇用和指导年轻记者，改革他们新闻编辑部的文化，促进编辑之间更好地沟通。这三家公司都主动与存在问题的记者保持距离，并说自己是吃了信任天性的亏；就像普利策的《世界报》在报道德皇采访后的做法一样，他们明显做出了选择，宁愿被当作受骗者也不愿被当作骗子。他们确保让每个人都知道他们做了正确的事情，把低劣者赶了出去。

格拉斯、布莱尔、凯利和其他人之所以能够编造那么多假新闻而没被发现，部分原因是没有人愿意相信隔壁桌那个讨人喜欢的同事——同事们经常用迷人和有魅力等字眼描述他们，他们有能力背叛新闻业的本质，进行反社会的欺骗。长期以来，记者们已经习惯了公众对他们脆弱的职业信任感，记者们彼此之间的信任感也遭到破坏，这让他们感到沮丧和不知所措。

但同样真实的是，新闻编辑部的结构性失误和编辑们的严重失误让造假者得逞。鉴于《纽约时报》的地位和它作为"自由派"报纸有争议的声誉，布莱尔的违规行为成了其他记者、专家、给编辑写信的人、不喜欢该报的人和深夜喜剧演员尤其难以抗拒的话题。在事件曝光后的几周内，报刊和广播充斥着对该事件的评论，其中大部分是负面的。就像对待《华盛顿邮报》的库克事件一样，人们认为《纽约时报》狂妄、精英主义、不负责任、违背了体面报道的一般价值观。尽管一些报纸的读者并不关心这一丑闻——一个圆桌会议小组告诉《印第安纳波利斯星报》（Indianapolis Star）的编辑，要"忘掉新闻界关于《纽约时报》问题的喧嚣"，把注意力放在自身的准确性和公正性上，但其他人感受到该事件的影响范围远远超出《纽约时报》所在的时代广场。《克利夫兰诚实商人报》（Cleveland Plain Dealer）的一位作者为了保护自己的消息来源，在她的专栏中没有透露两处消息的来源，几十位读者发来愤怒的语音邮件，指责她编造了这些引文，这令她感到很震惊。她说，没有想到布莱尔丑闻会在纽约狭小的媒体圈子之外引发反响，然而"每一条留言都有杰森·布莱尔的名字。"[7]

对一些读者而言，这些错误不仅暴露了傲慢，而且揭露了狡猾的恶意。当布莱尔丑闻爆发时，美国乌克兰人大会委员会已经决定通过发起新的运动来纪念大饥荒70周年，新运动的内容包括撤销沃尔特·杜兰蒂的普利策奖，并"揭露（他）是新闻界的耻辱"。该委员会乐于抓住这个机会，提醒世界注意《纽约时报》过去的过失，并要求与该报的出版商会面。委员会的执行主任说："鉴于最近发生在《纽约时报》上的一切，他们需要把事情说清楚。杰森·布莱尔并不是《纽约时报》第一个撒谎的记者。"但主任表示，布莱尔所做的，"是发生在我们纪念活动中最好的事情。"[8]

当然，最终证明，他所做的并不是什么好事情；杜兰蒂仍然拥有普利策奖。但乌克兰人大会委员会成员并不是唯一用《纽约时报》的犯错记录作为骗子的"鲜红标记 L"① 的。在布莱尔被揭露后的一个月，犀利的亚历山大·科克伯恩在《国家》杂志上撰文，指责《纽约时报》如此夸张地谴责布莱尔"胆小"，并认为布莱尔使用"造假艺术"没有什么野心。而《纽约时报》却不加批判地发表朱迪斯·米勒的报告，当时米勒正热衷于寻找伊拉克的大规模杀伤性武器。科伯恩写道，米勒"一直是美国新闻史上最大耻辱事件的积极参与者之一———他利用自己的才智，与他人合谋捏造入侵伊拉克的借口。"《纽约太阳报》（*New York Sun*）成立于 2002 年，偏保守派，是《纽约时报》的竞争对手（之后很快就沦为一个小型网络媒体），《纽约太阳报》嘲弄《纽约时报》有诸多"极其恶劣的……罪过"，其中包括杜兰蒂对苏联饥荒的报道和赫伯特·马修斯 1958年对菲德尔·卡斯特罗的有利报道，鉴于此，布莱尔的欺诈行为是其历史上的一个"最糟糕时刻"，《纽约太阳报》用大篇幅发表了一篇未署名的社论。这篇社论写道："《纽约时报》向那些因布莱尔先生的报道而受到伤害的人道歉是很容易的，至少他们还活着，这对斯大林、卡斯特罗和伊朗毛拉的受害者能说的要多。"[9]时至今日，布莱尔的丑闻仍然被当作明知故犯的新闻造假终极象征，在谷歌上搜索"另一个杰森·布莱尔"或"下一个杰森·布莱尔"或"杰森·布莱尔造假"就会立刻得到证实。这

---

① "L"代指英文中的"骗子"（Liar）一词。——译者注

位前记者的名字已经成为"精英新闻业不断失败"的简短代名词。

　　早在《波士顿环球报》丽兹·博尔登犯错的新闻时代，新闻机构就承诺，如果他们做错了什么，就承认错误并公开澄清事实。这既是一种职业义务，也是恢复读者或观众信任的最佳方式。2000 年，美国报纸编辑协会发布了关于建设公信力项目的报告，其中指出"错误可以被原谅，但前提是必须忏悔"。[10]但真正的宽恕通常需要宽恕者接受犯错者的忏悔，并且认为这些忏悔是出于善意。一连串的丑闻似乎只是让许多读者更加坚信，过错方是不可饶恕的，并反映了人们对新闻准确性的普遍嘲讽。[11]2003 年，美联社执行编辑部在全国范围内对 3000 名读者开展了电子邮件调查，该调查引发了广泛讨论。一些读者报告说，他们不屑于让当地报纸纠正错误。读者的理由既多样又世故：有些人说，报纸没有提供联系编辑的便捷方式，或者他们不相信报纸会认真对待他们。还有人认为，报纸故意渲染事实以提高发行量。[12]

　　人们普遍认为报纸经常出错，而问题其实不止于此。那些自认为专业的新闻机构接受了公开纠错的义务，但公开纠错却无疑证实了他们的行为不专业。在紧张的党派氛围中，一个机构承认错误会为其意识形态的反对者提供机会，反对方不会拒绝宣称犯错者是故意的——是在伪造。同时，那些只是假装遵守行业标准的虚假新闻机构可以自由地把他们不合格的工作说成是没有瑕疵的，比那些在大家面前出错、虚伪的大媒体更可信。这是一个陷阱，即"第二十二条军规"（Catch-22）。①

----

① "第二十二条军规"指约瑟夫·海勒的讽刺小说《第二十二条军规》中自相矛盾的规定，现在经常被用来表达"难以逾越的障碍"或"无法摆脱的困境"。——译者注

暂时完成的任务

　　"真实性"早已是普遍现象，只是没有专门的名称，直到 2005 年，斯蒂芬·科尔伯特提出了这个词，给出了他精湛的定义。科尔伯特是喜剧中心频道讽刺节目《科尔伯特报告》的主持人，他对"真实性"的定义是"一些看起来像真相的东西——我们希望存在的真相"，这个定义似乎可以描述大部分媒体报道的情况。[13] 信息、错误信息、虚假信息、骗局、讽刺、造假、攻击和谎言，其中一些看起来非常像新闻，争先吸引公众的注意力。表面上无害的新闻形式和体裁往往（或多或少）不是看到的那样。大受欢迎的真人秀节目坚持认为，他们只是为观众们提供匆匆一瞥，让观众可以看到岛民、房客或学徒们真实生活中的把戏，即便制片人在拍摄时故意挑起了冲突、厚此薄彼、编辑"原始"镜头，并将他们的编剧写成"故事编辑"隐藏在字幕中。[14] 奥普拉在她的节目中拥抱了詹姆斯·弗雷，彼时她以为詹姆斯·弗雷的书《一百万个小碎片》（*A Million Little Pieces*）是一本自传回忆录，而当她发现这本书是一部小说时，她又把弗雷叫回节目冲他大喊大叫。普通公民拿着手机抢在主流媒体之前拍摄到一架客机安全降落在哈德逊河上的照片——不可思议！同样令人难以置信的还有一场飓风导致的洪水淹没了城市街道，有人拍下了鲨鱼游过街道的照片。迈克尔·摩尔在电影《科伦拜恩的保龄》（*Bowling for Columbine*，2002 年）中，将 1999 年科罗拉多州科伦拜恩中学的大规模枪击事件归咎于美国有毒的枪支文化，其在电影中使用的手法甚至被一些原本友善的评论者评价为具有操纵性、展示性、倾向性和欺骗性；电影的标题本身就包含了一个谎言。[15] 但影片还是赢得了奥斯卡最佳纪录片奖。现实与虚构之间存在界限、新闻与其他一切有争议领域之间存在界限，与所有这些界限相比，真理与谬误之间的界限似乎具有无限灵活性，这是个人偏好、商业利润或党派优势的问题。

没有人比小布什和他的顾问们更善于自己创造现实。正如当时苦涩的笑话所说，小布什以一票优势当选。他在民意调查中已经失利，而桑德拉·戴·奥康纳大法官的关键一票阻止了佛罗里达州的重新计票。当选的小布什没有选择谦逊的态度，而是以颐指气使的方式宣称自己的合法性。白宫经常无视、排挤或唾弃主流记者，偏爱福克斯新闻、《华尔街日报》和其他可靠的支持者。白宫还经常将有关气候变化的危险、二手烟的危害，甚至宇宙起源的科学证据视为"专家们的杜撰"，认为他们隅于自己的偏见中。除了这些行为外，当发现欺骗真正的记者还不够时，白宫还史无前例地使用了一种传统的公关策略来打造自己的假记者。包括教育部、国防部、农业部、州政府和卫生与公众服务部在内的联邦机构定期制作"视频新闻发布"，看起来像普通的新闻报道，由自称是记者的人发布（比如"这是来自凯伦·瑞安的报道"），但却包含明显的政治信息。全国各地的地方电视台将这些视频纳入他们的播放列表，却不说（有时是不知道）谁是幕后黑手。[16]

政府最重要的"真相"几乎没有任何事实依据。对 2003 年入侵伊拉克和随后叛乱的大部分主流报道已多次被批评为错误报道，理由充足且合理。在这里，我们不应该再进行一场冗长的彩排来包装新闻，不应该不加批判地接受官方消息来源，新闻机构也不应该倾向于把"爱国主义"置于专业怀疑主义之前。[17]但另一个导致虚假信息的因素是由两种引来麻烦的做法结合而成：一个因素是小布什政府发布的虚假信息，特别是没有事实依据的虚假信息；另一个因素是新闻机构采用的非常接近于虚假新闻的报道，把虚假事实当作真实的（我们假装报道他们编造的东西）。

在"9·11"恐怖袭击和入侵阿富汗后不久，小布什和一群有权势的政府内部人士——副总统迪克·切尼、国防部长唐纳德·拉姆斯菲尔德、国家安全顾问康多莉扎·赖斯迅速采取行动，利用公众的愤怒和恐惧，发动了一场宣传攻势，呼吁推翻萨达姆·侯赛因。他们说，萨达姆与"基地组织"有联系，储存了化学和生物武器，这已经够糟糕了。但真正可怕的是，这位伊拉克领导人还恢复了他的核计划，并且即将获取这种最可怕的武器。政府官员使用演讲稿撰写人迈克尔·格森精心设计的一个艺术性短语，反复警告说："第一个确凿证据可能是一朵蘑菇云。"这些说法也都是错误的；所有国际机构、武器检查员和情报专家都公开表示，没有证据表明萨达姆正在生产或收集任何种类的大规模杀伤性武器（WMD），其与"基地组织"有联系也是无稽之谈。但这对小布什和他的政府（或他的坚定盟友：英国首相托尼·布莱尔）来说并不重要。许多内部人士和密切观察者后来说，推翻萨达姆的决定是第一位的；理由是之后产生的。[18]

然而，发动战争的主张确实有小布什最大的两个信赖源泉支持：他的直觉和上帝。2004 年 10 月，战争开始一年半后，《纽约时报》杂志刊登了罗恩·苏斯金德撰写的关于小布什这位"以信仰为基础的总统"简介。苏斯金德引用了一位匿名顾问（人们广泛认为是卡尔·罗夫）的话，他对所谓的"以现实为基础建立共同体"及其信念不屑一顾，这个共同体认为"解决方案来自对可识别现实的明智研究……我们现在是一个帝国，当我们采取行动时，我们创造了自己的现实"。小布什总统经常谈到基于"直觉"行事，确信这些直觉是上帝赐予的，是正确的，并且优于任何事实。曾在里根和老布什执政期间任职的布鲁斯·巴特利特告诉苏斯金德，小布什总统有一种"奇怪的、救世主式的想法，认为上帝告诉他要做什么……像这样的绝对信仰压倒了对分析的需求。信仰的全部内容就是相信那些没有经验性证据的东西。但你不能靠信仰来管理世界"。[19]

一个负责任的、警觉的媒体本可以提供这些缺失的经验性证据，用事实来挑战总统的勇气。然而，除了少数例外——尤其是现在已经不存在的奈特里德报业集团华盛顿分社，都没有这么做。当福克斯新闻用拉拉球为政府推翻萨达姆的决心欢呼时，没有人感到惊讶，但报道本不存在的大规模杀伤性武器时，几乎没有主流新闻机构提出更多批评或对此保持距离。多数新闻机构在报道国家安全的问题上对白宫采取了传统的顺从态度，这种立场不仅在高度紧张时期宣扬了他们的"爱国主义"，而且在传统新闻业面临经济灾难的时代减轻了一些预算压力。

显然，一些有影响力的记者也与总统一样相信他提供的真相版本，并积极用他们拒绝视为虚假的事实来支持这些真相。很多记者支持政府关于大规模杀伤性武器计划的说法，《纽约时报》的朱迪思·米勒就走在支持者的前列。她报道中东和国家安全问题已有数十年，2002年，她所在的团队因为一系列关于全球恐怖网络的报道而获得普利策奖。但她关于武器计划的报道在消息来源上有严重的依赖性，她不加批判地依赖以下人员提供的信息：通常匿名的政府内部人士，或者对自己有利的伊拉克叛逃者、流亡者和反对派领导人，而这些人的热切目标是改变他们国家的政体。[20] 米勒的做法与沃尔特·杜兰蒂早先使用的方法惊人地相似，福克斯新闻当时也在使用这种方法。这又是主流媒体在可信度上的糗事。

白宫的新闻管理大师们都是精心策划者，在捏造公关奇观方面有很高的造诣，丹尼尔·博斯廷将这些捏造的公关奇观称为"伪事件"，它产生了可能被称为"伪新闻"的东西。离岸边很近的航空母舰上挂着巨大的"任务完成"横幅，总统可以很轻易地乘坐他的"海军陆战队一号"直升机飞到那里，但是给他穿上一套潇洒的绿色飞行服，用海军飞机把他送过去，这样的电视效果更好。[21] 但小布什的人也准备好了，将迅速利用落入他们手中的任何机会。在地面战争的头几周，新闻——真正的新闻出乎意料地令人沮丧。在战斗第四天的一次行动中，18 名海军陆战队员参与其中，有多达 10 人被友军美国战机射杀。一架直升机在一次本土训练任务中坠毁，导致十多名士兵牺牲，他们甚至都没有踏入伊拉克。在纳杰夫附近的一个检查站，守卫在那里的美国士兵射杀了一辆货车上的所有人，这些人都是妇女和儿童。

之后突然出现了一个新叙事，这个叙事完美代表了白宫的机会主义新闻管理战略：桑尼布鲁克农场的强悍兰博。主人公是尚未满二十岁的一等兵杰西卡·林奇，她是一个维修单位的供应员，在纳西里耶附近与同伴行进时，他们的车队陷入一场伏击。林奇受了重伤，但"拼死抵抗，因为她不想被活捉"，一位匿名官员后来对媒体这样说，林奇不断向袭击者开枪，在打完步枪最后一颗子弹后才被俘。[22] 据报道，她被囚禁在一家伊拉克医院并遭受酷刑，九天后，特种作战部队冒险组织了一次夜间直升机袭击，营救了她。

新闻机构蜂拥而至，美国公众着迷于这个手持破旧 M-16 的无辜被俘者的故事（《纽约时报》的杰森·布莱尔就是蜂拥而至的记者之一，他假装走访了林奇的家乡，并采访了她的家人和朋友，2003 年 4 月 3 日，布莱尔与他人合作，发表了题为"西弗吉尼亚州的救援和'大骚动'"的故事——一则双重造假的故事）。落在黑暗野蛮势力手中的无辜者既是一名妇女又是一名白人，这是她的故事受欢迎的一个关键要素。后来有其他 5 名被俘士兵被救出（包括一名在巴拿马出生的黑人女兵，她受了枪伤），此外还有 11 人被杀（其中一名是霍皮部落的成员，也是第一个在伊拉克牺牲的美国女军人），他们的故事都没有像杰西卡·林奇（西弗吉尼亚森林里弱小的金发女郎）那样受到强烈关注。2003 年 4 月 21 日，《人物》杂志以"从危险中获救"为标题，将林奇的经历写成了张扬的封面故事，甚至给她抹上了神圣色彩。故事开头，一位上校正在描述着紧张时刻，当时一架救援直升机差点坠毁。他告诉《人物》杂志说："上帝向我们微笑了。他也对杰西卡·林奇微笑了。"[23]

然而，很快，这个传奇故事开始瓦解。林奇的医生报告说，她的伤不是由枪支或酷刑造成，而是因为她的车辆在伏击中碰撞导致的。她的步枪从来没有开过火。早在救援人员到达前，伊拉克卫兵就已经逃之夭夭，使医院在一天多的时间里都无人防守。与此同时，军方在新闻管理方面所做的工作越来越明显。美国国防部派了一个摄制组跟随救援任务，编辑并发布了一段五分钟的视频，其中显示的是磷光绿色夜视画面，视角来自一个戴着头盔的人，他拿着机枪在角落处悄悄行走，然后用担架抬走一个虚弱的年轻女子。关于林奇持 M-16 步枪英勇抵抗的戏剧性细节是军事官员通过战场情报泄露的，但并未得到证实。[24]

美国的盟军对国防部的强硬操作表示愤慨，急忙围绕这一事件揭露更多欺骗行为。英国广播公司、《卫报》《多伦多星报》(*Toronto Star*)和其他媒体纷纷报道，伊拉克医护人员慷慨且温柔地救治了这名年轻女子，美国人的救援任务是表演给镜头看的，他们完全知道袭击者不会遇到任何阻挠。事实上，他们所讲述的故事有诙谐歌剧的元素。据报道，在林奇获救的前一天，伊拉克医生就把她捆绑在一辆救护车上，准备送回美国人身边，但紧张的美军向驶来的车辆开枪，之后医生们迅速掉头，将她送回"敌人"医院的安全地带。据《多伦多星报》报道，一名美国医务人员在救援发生后的第三天访问了该医院，感谢医护人员对这名受伤士兵的精心照料。一名照顾过林奇的医生告诉这位官员，这是他们的荣幸，但他继续说："你们应该知道，其实你们可以直接敲门，我们会把杰西卡（林奇）推给你们，不是吗？"几年后，众议院监督委员会经过粗略的调查得出结论，有关这次救援的报道没有任何虚假。但是，无论美国国防部是否在明知没有必要的情况下，上演了一场激动人心（且成本高昂）的突袭，它都大力利用了林奇的故事，把它变成了一个高度戏剧性的故事，许多媒体全盘接受该故事，不由得把它当作一个转移注意力的工具，进而忽视战争中的问题。[25]

高层新闻管理的问题是，当现实闯入时，那些向媒体提供假新闻的管理者和接收假新闻的记者，他们的可信度都会受到影响。当林奇在监督委员会面前作证"澄清事实"时，现实闯入了。她承认自己很困惑："为什么他们选择撒谎并试图让我成为一个传奇，而那天我战友们真正的英雄事迹才是传奇。"伊拉克日益增长的叛乱活动成为对总统夸耀式横幅的嘲讽，现实闯入，免不了招致嘲弄，如 2003 年 10 月 6 日《时代》杂志的封面上写着"任务未完成"。美军如此自信地寻找、记者如此热心报道的大规模杀伤性武器，经证实是不存在的，现实闯入了。2004 年 5 月，距离入侵伊拉克一年多后，《纽约时报》为"不严谨的报道"发表了道歉声明："……反思过去，我们希望在新证据出现或没有出现的情况下，能更积极地重新审视这些说法。"那年 8 月，《华盛顿邮报》也发表了一篇文章，承认它经常淡化持有异议的声音，或者未能回击鲍勃·伍德沃德所说的情报界的"群体思维"，他说正是这种思维让记者们害怕写下不同的东西，如果最终在伊拉克发现大规模杀伤性武器，就会显得很愚蠢。[26] 与往常一样，这些新闻机构公开承认自己的错误，招致公众的强烈批评。

然而，现实只能闯入以现实为基础的社区。2014 年，距离入侵伊拉克事件的发生已经有十多年，参议院情报委员会发布一系列不留情面的报告，收录了几十种白宫关于伊拉克危险性的错误说法。六年后，费尔利·迪金森大学的一项调查显示，42% 的受访者总体上认为美国在伊拉克发现大规模杀伤性武器"可能是真的"或"肯定是真的"。而在那些看微软全国广播公司新闻的人中，这一比例下降至 14%；在那些看福克斯新闻的人中，超过一半（比例达到 52%）认为美军已经发现了萨达姆·侯赛因制造的大规模杀伤性武器。[27] 在假新闻大行其道的闭塞地区，现实不会造成伤害，可信度也不会受到影响。

邪恶的女巫已死

与上次选举一样，2004 年的总统选举因为一种新的信息操作形式而受到干扰，但这一次，通过探索一系列对总统选举事件至关重要的新闻报道，可以清晰揭示主流媒体造假和偏见之间的联系，巧合的是，几乎可以肯定这些报道是虚假的。媒体和网络上对党派、阴谋和欺诈的指责和反指责纷至沓来，给2004年的总统选举笼罩了浓厚的阴谋气氛，揭示了一切事情都不像表面看上去的那样。这可能是整个阴暗事件中最准确的一面。

9月8日，距离小布什总统和他的民主党竞争者、马萨诸塞州参议员约翰·克里面对选民投票还有两个月时间，哥伦比亚广播公司在周三的新闻节目《60分钟》中播放了一个片段，调查关于越南战争时，小布什在得克萨斯空军国民警卫队服役期间一则流传已久的传言。这个故事表示，小布什经家人牵线搭桥，在国民警卫队战斗机联队所谓的"香槟部队"中谋到一个位置，该联队默认可以不用参与战斗和海外任务，大量有特权的年轻男性都在其中。此外，据说小布什一加入该部队，就有恃无恐地逃避责任。这段节目由玛丽·马普斯制作，并由丹·拉瑟担任主持人。玛丽·马普斯是最早报道阿布格莱布监狱虐囚事件的资深记者之一，而丹·拉瑟则是电视台最知名的人物，也是右派长期攻击的目标。

有关小布什当逃兵的故事很热门，主流新闻机构已经断断续续追踪了多年。而现在，这一事件又有了新的意义。此节目播出的一个月前，有一个自称"追寻真相的快艇老兵"组织（Swift Boat Veterans for Truth），针对约翰·克里在海军服役的经历，发起过残酷的宣传攻势。该组织看上去是草根组织，实际上由富有且有政治关系的得克萨斯共和党人资助。在同一场战争中，小布什被指控当逃兵，克里却浴血奋战，表现出色，"快艇老兵"组织注意到了这一点，为了反击，便谎称克里在其记录上撒了谎，不配获得铜星和银星勋章。该组织还批评了克里回国后的反战行动，认为这是背叛战友的行为。[28]

劳动节的那个周末，马普斯获得了她认为能让得克萨斯空军国民警卫队故事更加完美的证据：一套文件传真的副本，上面批评了小布什中尉的逃兵行为，其中几个文件里有小布什的指挥官杰里·B.基里安中校的签名。这些备忘录是一位得克萨斯国民警卫队的退休军官交给马普斯的，他一向反对小布什，不愿在节目中透露姓名。马普斯的团队快马加鞭地将这些文件融入节目中，庆祝这个乍看起来可以克敌制胜的独家新闻：《今日美国》的报道也基于同一批文件，报道在马普斯节目播出的第二天就匆忙刊登出来了。[29]

然而，当时已有一群博主开始质疑这些文件。他们认为，文件中的一些排版效果只能由电脑制作实现，20世纪70年代初，没有任何一台打字机能做出这种效果，因此这些备忘录一定是假的。随着主流媒体加入调查这些文件来源和结论，故事开始出现新漏洞。其中包括备忘录内容中与时代不符的细节，提供文件的退休军官承认他对文件的来源撒了谎，基里安的秘书也说她没有打过这些文件，认为它们不是真实的，尽管如此，她说，这些文件确实反映了她上司当时的想法（她的分析成了9月15日《纽约时报》的头条："打字员说，关于小布什的备忘录是假的，但很准确"，这个标题让人印象深刻）。[30]

为这些文件坚定辩护了近两周之后，哥伦比亚广播公司的新闻最终在大量证据面前败下阵来，并发表声明承认，它无法证明这些文件的真实性。声明称："我们不应该使用这些文件，这是一个错误，我们对此深感懊悔。"[31]

为了审查这部分内容，电视台委托了一个独立调查小组，该小组于 2005 年 1 月发布一份报告，难得地做到了既尖锐犀利又不痛不痒。调查小组拒绝就这些文件是否真实表明立场——专家们一致坚持认为，由于这些文件是复印件而不是原件，因此无法确定其是否真实，但它确实注意到了由文件真实性引发的"一些严重问题"。调查小组不会明确说马普斯和拉瑟是受政治目的驱使，但也没有排除这种可能性。丹·拉瑟坚持向调查小组保证，他只是在做调查记者的工作，并列举了他曾报道过的关于两党领袖的棘手故事。但调查小组列举了哥伦比亚广播公司团队的一些可疑行为，包括一些模棱两可的事件，比如制作人曾帮助马普斯与克里竞选团队中的一名高级顾问联系，获得秘密消息来源，马普斯的一些同事称这些行为"无耻"且"难以置信的愚蠢"。调查小组还指出了报道过程中的严重缺陷，还有"哥伦比亚广播公司新闻部的一些人强烈相信这个故事是真实的"和"一些人拒绝考虑它可能是假的"。调查报告的结论是，制作人在"竞争激烈"和"急于播出"的情况下，没有遵守哥伦比亚广播公司的新闻准则。[32] 整个事件的合理解释是，哥伦比亚广播公司的团队急于合法化实际上是虚假的"证据"，也沉溺于实际上虚假的新闻工作中。马普斯被解雇，其他三名高级职员在压力下辞职，丹·拉瑟提前从晚间新闻主播台退休。

这段插曲让公众认识了一组新英雄：博客圈好斗的公民监督员，这个领域在当时还是新兴事物，以至于调查小组在报告中附了一个脚注，解释什么是"博客"（调查小组称博客是"包含在线个人日志的网站，通常有作者提供的思考、评论和超链接"，调查小组明显没有将博客归类为传统新闻业——大多数博主也接受这一区别，他们倾向于认为自己是活动家或辩论家[33]）。选举结束后，此前曾为罗纳德·里根撰写演讲稿的佩吉·努南在《华尔街日报》上欣喜地表示："每当大型网络和大型全国性报纸试图进行一些支持自由主义的闹剧时，如哥伦比亚广播公司和编造的布什国民警卫队文件……博客圈、调幅收音机广播和互联网的自由民就会将他们打倒……这就是阿金库尔战役①。'克里国王'率领的自由民用新技术和一腔热血打倒了法国贵族。上帝保佑穿着睡衣的美国自由民。"[34]世界各地的努南们说，新时代已经来临——或者说是另一个新时代已经来临，这个时代有更多"小声的喧嚣"。在互联网发展初期，马特·德拉吉也赞扬过这种喧嚣。在这个神奇的时代，精英媒体不再垄断信息，新闻巨头可以被普通公民打败，而他们的武器可能不过是名字为"小绿球"这样的自制网站和普通人了解真相的常识能力。专家的权威不复存在，或者更糟的是，根本没有存在的必要。

这当然看起来像是草根阶层反对当权派的自发起义——用新的说法就是"博客群体"。这也是一场严重的党派斗争。根据一位学者的统计，保守派谈论到备忘录的次数更多且时间更长；在节目播出后的3周内，保守派博客上关于国民警卫队内容的帖子多于自由派博客上的，比例达到17：3，而且他们的论点很快被保守派意见杂志和其他出版物采纳并放大。[35]对于那些认为自己的观点被主流媒体蔑视和排斥的右翼人士来说，博客圈的大片空间成为他们的避难所和温室。

一些博主用文明的语言表达论点；另一些博主只是在向欣赏他们的

---

① 阿金库尔战役发生于1415年10月25日，是英法百年战争中一场以少胜多的战役。在亨利五世的率领下，英格兰以由步兵弓箭手为主力的军队于此役击溃法国由大批贵族组成的精锐骑士部队，为1419年收复了整个诺曼底奠定基础。——译者注

观众炫耀侦查技巧。但是，按照政治辩论中越来越常用的模式，博客圈中的大部分人会立即给对手安上最可怕的党派动机，将这一事件确立为自由主义精英道德欺诈的又一个象征，同时把自己说成是一群普通人，只是受到渴望真相的民粹主义驱使。一所州立大学的教授发布了一份报告，对人们的这种看法提出质疑，之后他的收件箱就被表达憎恶的邮件填满，甚至有人给他所在的大学打电话要求解雇他。维兹邦是最早质疑该教授帖子的博主之一，他后来为自己的过激言论道歉，但仍认为该教授的方法是不道德的。[36] 其他一些人则散布阴谋论，例如，声称克里的竞选团队把这些文件塞给了哥伦比亚广播公司，以便将其混入主流媒体报道中。[37]

然而，对许多博主来说，其主要目标是哥伦比亚广播公司和新闻机构。一些人启用了终极武器，将哥伦比亚广播公司新闻与杰森·布莱尔的报道作类比，暗示该节目不是犯了愚蠢的失误，而是蓄意欺诈。2005年1月至2月期《哥伦比亚新闻评论》的一篇报道开头就直言不讳地写道："是的，哥伦比亚广播公司在'备忘录门'事件中表现得很糟，将事情搞砸了。"然后报道又仔细分析了博主们的论点。杂志编辑在下一期中写道："这篇报道发布之后我们收到了100多封电子邮件，几乎都是负面的。"《哥伦比亚新闻评论》公开了部分来信，其中一封来信说："该事件比左派对大学、报纸和电影业的控制都更重要；自20世纪60年代以来，你们的影响力逐渐增大，这件事可能比在此之后发生的所有事都重要。"这位来信者最后慷慨激昂地写到："哈佛大学和伯克利大学的人怎么看待《哥伦比亚新闻评论》的文章并不重要。与你们存在哲学分歧的诚实之人将会把这些文章拖到光天化日之下，它的每个谎言、每次歪曲和夸张都将被鞭挞致死。一切都结束了，你们这些小丑。现在，只要你们撒谎，我们就会报告出来，每次都会。"[38] 其他博主除了写文章，还呼吁电视台采取直接行动：要求拉瑟辞职，抵制电视网络，坚持进行刑事调查。有些人还要求捐款。[39]

以往人们会聚集在公共领域，以略夸张的旧视角面对面讨论当天发生的事情，而如今在新的数字世界，博主们经常用假名写作，人们不知道他们现实里长什么样、叫什么名字，所有文明的护栏都被打破。内部人士很可能知道网址背后是谁，但普通的网上冲浪者不会意识到，使用异常排版文字的更有可能是那些打着领结一本正经的人，而不是穿着睡衣的人。在网上最活跃的博客中，有一家的注册公司与强大的右翼筹款人理查德·维格利有联系。在节目结束不到 4 小时后，一位网名叫"巴克海特"（Buckhead）的博主在广受欢迎的保守派网络论坛 Freerepublic. com 上发帖，提出了伪造指控，后来发现他是一位隶属于联邦主义者协会的亚特兰大律师，并且深入参与了保守派的法律事业。公关公司"创意响应概念"的主管们是所谓的草根"快艇"组织发起人，该组织甚至在当时还在继续散布有关约翰·克里服兵役的虚假信息，他们采取惯用的做法声称，曝光备忘录是自发和无党派的行为。他们得意扬扬地向一份行业出版物宣称，已经迅速召集排版专家表达了他们的怀疑，并将这一事件推送给新闻网站和博主，"以确保他们知道不仅是拉什·林堡和马特·德拉吉在提出质疑"。[40]

笼罩在博客圈的阴霾从未散去。一些博主对他们与保守派机构勾结的说法感到愤怒，一些博主否认他们曾与"创意响应概念"公司联系过，指责这些专业人士窃取了报道这个故事的功劳。[41] 矛盾的是，博主们努力证明不存在另一个巨大的右翼阴谋，但网络提供的匿名性不仅让博主们的努力变得复杂，也给哥伦比亚广播公司的辩护人（或小布什的反对者）提供了一个公开反驳的机会，让他们可以用自己的阴谋论反击（尽管没什么力度），他们暗示总统著名的诡计多端的顾问卡尔·罗夫，也许在大骗子罗杰·斯通的帮助下，策划伪造了备忘录，让哥伦比亚广播公司陷入争议之中，从而转移人们的注意力，让他们不再关注小布什没有认真服兵役的危险话题。然而，即使是马普斯，也否认了这一说法。她曾写过一本书极力为节目辩护，在书中，她反唇相讥道，虽然罗夫"有能力玩这种肮脏的把戏"，但如果他真的是幕后黑手，争端的解决只会"更加不含糊"。[42]

谁说的是真话？你选择相信谁，谁说的就是真的。对偏见、虚假和阴谋的指控无处不在，如果把处于事件中心的备忘录称为"真正的造假"——出于欺骗目的而有意编造的产物，那么哥伦比亚广播公司欺诈的名声就会四处散播，并玷污一切。哥伦比亚广播公司的新闻团队轻信了造假文件，并在之后的两周内都拒绝考虑对文件的真实性提出有效批评，此举显得它很有党派性，无论最初自由党派是否与该报道有任何关系。关系良好、资金充裕的博主利用其新平台的优势（有《华尔街日报》等"老"媒体的支持），将党派信息、错误信息和意见作为草根阶层集体智慧的结晶呈现出来。在他们因为一起新闻造假，努力批判哥伦比亚广播公司虚假时，他们实质上创造了"虚假的公民新闻"。在这个过程中，他们加强了政治偏见与蓄意造假之间的联系，将任何源于党派分歧而产生的不同意见打上了非法的烙印，有时还拉帮结派或发出威胁，阻止反对者发言。

最终，这套假文件——至今也未知其创作者，只不过是一个麦加芬①。博客圈积极关注伪造的备忘录，而不是小布什服兵役记录中真正的漏洞和异常现象，甚至其他右翼分子也在传播虚假故事，污蔑小布什竞争对手真正出色的服役记录。博主们坚持认为，一个庞大的新闻机构经常性、有目的地欺诈，这玷污了整个主流媒体，即便博主们积极向关注者展示他们喜欢的、经确认（非主流且往往不准确）的世界观。博主们还获得了一件渴望已久的战利品。据《亚特兰大宪法报》（*Atlanta Journal-Constitution*）报道，在拉瑟最后一次晚间新闻播放的当天，人称"巴克海特"的律师出席了一个有50位客人参加的庆祝派对，其中许多人是当地法律和政府界的共和党杰出人士。这位律师在派对上说：丹·拉瑟曾被保守派视为"一头黑色的野兽"和"敌人"。现在，巴克海特在节日聚会上说："邪恶的女巫已死。"[43] 这些穿着睡衣的自由民毕竟曾是党派猎巫者。

一些"非常奇怪"的事情

奥巴马是一个激进的社会主义者，一个反犹太主义者，一个暴徒，一个关系网庞杂的极端分子，与路易斯·法拉肯②和"地下气象"③都有联系。一名反基督者。更有甚者说他是出生在非洲的穆斯林恐怖分子，非法登上了总统宝座。

---

① 麦加芬（MacGuffin），指电影或故事中推动情节发展，但本身并不重要的物体、事件或人物。——译者注

② 路易斯·法拉肯（Louis Farrakhan），美国宗教人士，宣扬黑人至上主义。——译者注

③ 地下气象（Weather Underground），美国极左翼激进组织。——译者注

从 2007 年奥巴马发起史无前例的总统竞选活动开始，在他的两届任期内，像这样的谎言持久存在，一系列关于他家庭、宗教、教育、姓名、同事、政治和出生地的谎言不断涌现，围绕着美国历史上第一位黑人总统。其中最引人注意的莫过于"奥巴马出生地质疑者"的谎言，这是一个关于阴谋和掩饰的疯狂设想，根源可以追溯到 1961 年 8 月 13 日。[44] 根据这一设想，在当天，一些神秘的策划者在《檀香山广告报》（*Honolulu Advertiser*）的"出生、婚姻、死亡"栏目中发布了一则虚假公告，称半个世纪后碰巧竞选总统的男婴出生在夏威夷的一家医院，而实际上他的出生地是他父亲的祖国肯尼亚。根据"出生地质疑者"对宪法（不正确）的解读，这意味着奥巴马不是"自然出生的美国公民"，因此没有资格担任总统。因为他的父亲是穆斯林，小贝拉克（奥巴马）一定也是穆斯林。因为小贝拉克是穆斯林，所以他无疑也是一名恐怖分子。所有这一切加在一起推出了结论。

在唐纳德·特朗普的大力推动下，关于奥巴马身份的质疑在 2011 年 3 月和 4 月达到了顶峰，特朗普当时正在考虑参加 2012 年的总统竞选。这位房地产大亨和电视真人秀明星开始在节目出场和采访中不断添油加醋地暗示，奥巴马的身世"非常奇怪"，他还认为 2008 年，奥巴马的竞选团队为了平息此事（但最终是徒劳的）而发布的标准版夏威夷出生证明中有造假成分。特朗普很快得到了可靠的脱口秀主持人和假记者的大力支持。尤其起到助力作用的是福克斯新闻，肖恩·汉尼提大力报道该事件，潜在的候选人特朗普也得到了一个属于他自己的临时演讲台，在早间谈话节目《福克斯与朋友们》中拥有每周一次的来电环节，该环节的名称是"周一早晨与特朗普对话"。奥巴马当然不是第一个引发疯狂阴谋论的候选人或总统，但在以前的竞选中，这些理论往往潜伏在公共话语的边缘。现在，它们则占据了中心位置，由一个潜在的主要政党竞争对手提出，受到全国媒体中一些最有权势人物的公开怂恿，并被活跃的社交媒体活动放大。

约瑟夫·法拉赫也是奥巴马出生地质疑论的坚定主张者，在捏造包含欺骗和阴谋的虚假新闻上，他有着长期经验。20世纪90年代末，约瑟夫·法拉赫创办了极右翼网络期刊《世界网络日报》（WND），他的西部新闻中心早些时候曾受到理查德·梅隆·斯凯夫的资助，以推动克里斯托弗·拉迪对文森特·福斯特"谋杀案"的报道。[45]《世界网络日报》长达数年来一直发表网络文章，标题都很鼓舞人心，例如"美国人要求奥巴马出示出生证明"（2009年8月4日）、"我们在出生证明上取得进展"（2011年1月6日）、"精准'证据'显示奥巴马的出生证明是假的"（2011年7月5日）、"现在最重要的是：'出生证明在哪里'"(2012年7月19日）以及"以色列科学网站：奥巴马出生证明是伪造的"（2012年9月10日）。《世界网络日报》的撰稿人之一杰罗姆·科西曾在2004年出版了一本书，宣传"快艇"组织诽谤约翰·克里，从而一举成名，2011年5月他又出版了《出生证明在哪里？贝拉克·奥巴马没有资格成为总统》。科西公然捏造谎言，并提出涉及奥巴马出生背景的复杂骗局。科西要求奥巴马公布"完整版"的出生证明（一份夏威夷通常不会公开的更详细的文件）以证明他的资格。科西的追随者们几乎没有关注到，当《出生证明在哪里？》上架时，奥巴马的出生证明已经在https://www.slideshare.net/whitehouse/birth-certificatelongform 公开了，任何人都可以查看，白宫在三周前就把它张贴出来了。"如果我们只是胡编乱造，假装事实不是事实，我们将无法解决问题。"奥巴马在公开出生证明时说道，"我们没有时间做这种愚蠢的事。"[46]

奥巴马显然在赌，公开出生证明——用高尚、理智的方式回应荒谬的争论，彻底结束这场闹剧。但科西的书还是在 6 月的《纽约时报》精装非小说类畅销书排行榜上待了两周，而科西和《世界网络日报》又忙着"证明"完整版的出生证明也是假的（《世界网络日报》网站的访问者可以通过购买保险杠贴纸、草坪标志、科西的签名书和其他主题商品来表示赞同）。至少在一开始，出生证明的公布确实有一定说服力；出生证明公布前后进行的一些民意调查显示，相信奥巴马出生在美国的受访者比例大幅上升至峰值。但是，当舆观调查网在 9 个月后进行后续调查时，这一比例已经明显下降，在共和党人中，认为奥巴马是美国公民的人数已经比证明发布前低 3 个百分点。[47] 在反对党中，选择相信假记者而不是真总统的人比以往更多（我们报道你想听的东西，你不假思索地接受）。

奥巴马对理性的呼吁失败了，因为"出生地质疑者"毫无理性可言。与其他许多美国阴谋论一样，从堕落的耶稣会士到权力狂的三边委员会成员，再到引发婴儿自闭的医生，在本应充满机会和富足的国土上，发生了令人费解、可恶或糟糕的事情，对于那些努力想出合理解释的人来说，文字的准确性和合理性只是造成了阻碍。尤其是那些对生活无能为力的人，他们不是将个人或政治上的失误归咎于随机的错误或个人缺点，而是归咎于秘密团体有针对性的恶意，这是有道理的。

在"出生地质疑者"的说法中，还有一种通常与阴谋论有关的特征开始发挥作用：种族仇恨和怨恨。一个黑人能够取得如此惊人的成功，许多自认为更"正常"、更有资格的（白人）美国人却无法做到，这似乎清楚地表明，一定有邪恶的力量在暗中帮他。[48] 有人认为，奥巴马不遗余力地隐瞒他非洲恐怖分子的真实身份，并不清楚其动机是什么，或者不清楚他通过欺诈得到职位后会有什么危险意图。但目标并不精确；目

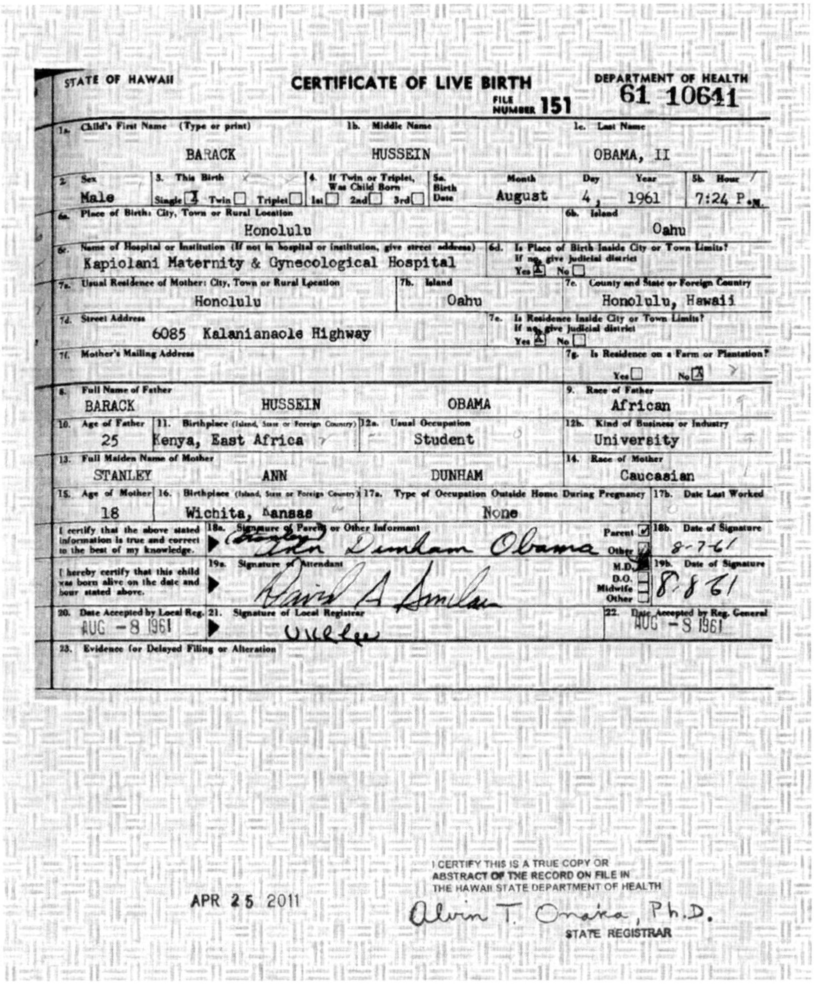
STATE OF HAWAII
CERTIFICATE OF LIVE BIRTH
DEPARTMENT OF HEALTH
FILE NUMBER 151 61 10641

1a. Child's First Name (Type or print): BARACK
1b. Middle Name: HUSSEIN
1c. Last Name: OBAMA, II
2. Sex: Male
3. This Birth: Single [x] Twin [ ] Triplet [ ]
4. If Twin or Triplet, Was Child Born: 1st [ ] 2nd [ ] 3rd [ ]
5a. Birth Date: Month August Day 4, Year 1961
5b. Hour: 7:24 P.M.
6a. Place of Birth: City, Town or Rural Location: Honolulu
6b. Island: Oahu
6c. Name of Hospital or Institution (If not in hospital or institution, give street address): Kapiolani Maternity & Gynecological Hospital
6d. Is Place of Birth Inside City or Town Limits? If no, give judicial district: Yes [x] No [ ]
7a. Usual Residence of Mother: City, Town or Rural Location: Honolulu
7b. Island: Oahu
7c. County and State or Foreign Country: Honolulu, Hawaii
7d. Street Address: 6085 Kalanianaole Highway
7e. Is Residence Inside City or Town Limits? If no, give judicial district: Yes [x] No [ ]
7f. Mother's Mailing Address
7g. Is Residence on a Farm or Plantation? Yes [ ] No [x]
8. Full Name of Father: BARACK HUSSEIN OBAMA
9. Race of Father: African
10. Age of Father: 25
11. Birthplace (Island, State or Foreign Country): Kenya, East Africa
12a. Usual Occupation: Student
12b. Kind of Business or Industry: University
13. Full Maiden Name of Mother: STANLEY ANN DUNHAM
14. Race of Mother: Caucasian
15. Age of Mother: 18
16. Birthplace (Island, State or Foreign Country): Wichita, Kansas
17a. Type of Occupation Outside Home During Pregnancy: None
17b. Date Last Worked
I certify that the above stated information is true and correct to the best of my knowledge.
18a. Signature of Parent or Other Informant: Stanley Ann Dunham Obama — Parent [x] Other [ ]
18b. Date of Signature: 8-7-61
I hereby certify that this child was born alive on the date and hour stated above.
19a. Signature of Attendant: David A Sinclair — M.D. [x] D.O. [ ] Midwife [ ] Other [ ]
19b. Date of Signature: 8-8-61
20. Date Accepted by Local Reg.: AUG -8 1961
21. Signature of Local Registrar: UKLee
22. Date Accepted by Reg. General: AUG -8 1961
23. Evidence for Delayed Filing or Alteration

I CERTIFY THIS IS A TRUE COPY OR ABSTRACT OF THE RECORD ON FILE IN THE HAWAII STATE DEPARTMENT OF HEALTH
APR 25 2011
Alvin T. Onaka, Ph.D.
STATE REGISTRAR

图 10.1 2011 年 4 月，奥巴马总统在白宫网站上公布了并非伪造的完整版出生证明，希望能结束“出生地质疑”的争议。

资料来源：白宫。

标是情感上的满足。对于媒体和选民来说，"出生地质疑论"是一种高超的方式，可以在不谈论奥巴马的黑人身份情况下宣扬对他的怀疑和恐惧。

当特朗普放弃参加 2012 年竞选，不再占据竞选中心位置时，大部分媒体对这个故事的关注热情消退。然而，尽管特朗普的一些政治顾问、电视台同事和其他人都悄悄表示过担心，担心其质疑奥巴马的公民身份会被视为种族主义者，或者根本毫无效果，但特朗普仍然随意在推特上发出"出生地质疑"的嘲讽。[49] 宣称黑暗势力正在秘密反对正直、诚实、"真正的"美国人，这种说法让广大选民相信，错误不在他们自己，而在他们的明星候选人，只有特朗普敢于揭露和击败这些巧妙操纵人们焦虑的势力，这种操纵方式是其他候选人，无论是潜在的还是实际的，都无法跟上的。右翼假新闻帝国中有一些特朗普的忠实盟友，许多选民觉得真实的阴谋论在这些盟友中也很受欢迎，并且让他们有利可图，这是一种强大的组合，其效力让大亨和媒体印象深刻。

尝试造假

在新千年的头几十年里，"假新闻"重新进入公众谈话。一百多年前，阿道夫·奥克斯的《纽约时报》等权威报纸用这个词谴责新闻业一切不专业和虚假的东西，一百多年后，所谓的"假新闻"又回来了。不过，这一次，这个词不是谴责，而是褒奖。即便最虚假的阴谋论逐渐占据了媒体的大部分版面，提及"假新闻"，人们最先想到的仍是乔恩·斯图尔特和他的节目，斯图尔特不是一个新闻人而是一个喜剧演员，他的新闻模仿节目《每日秀》（*Daily Show*）广受欢迎。从 1999 年到 2015 年，斯图尔特一直在喜剧中心有线频道主持节目。在许多人眼里，正是斯图尔特的非专业性——他在传统主流新闻业界限之外的地位——赋予了他说真话的特殊能力。

《每日秀》表面上看起来有些像假新闻，比如，与福克斯新闻相似，《每日秀》模仿了主流专业新闻的风格和形式——新闻主播穿着夹克、打着领带，一脸严肃认真，记者在确认更远的地方站立报道，演播室里对知名人士进行采访，整体重视（自我）的感觉，所有这些都是为了最后的颠覆效果。当然，与福克斯新闻的不同之处在于，福克斯的观众坚定认为他们看到的东西是真实的，而《每日秀》的观众则完全清楚，模仿是最真诚的嘲弄方式。斯图尔特始终坚称他不是记者；例如，当杰森·布莱尔丑闻爆发时，他开玩笑说："作为一个假新闻节目的假主播，我有一种假装的义务来不准确地报道新闻。我很自豪地说，我们对新闻虚假的承诺正在被人们接受。"[50] 但作为一个自称非记者的人，斯图尔特可以自由地违背职业惯例，对政治、政客、媒体和其他机构进行讽刺，与那些遵循规范的新闻机构所提供的信息相比，斯图尔特的讽刺往往更尖锐，而且以自己的方式提供更多信息。例如，在一些主流记者将"快艇"组织对约翰·克里的诽谤视为有效新闻时，记者罗伯·科德利在《每日秀》中告诉斯图尔特，克里竞选团队将展示克里35年来未曾中断的官方服役记录，从而扭转整个故事。斯图尔特回应说："这不是编造，这是事实。是一个既定的事实。"

> 科德利：没错，乔恩，这个既定的、无可争议的事实是故事的一个方面。

斯图尔特：但这不就是故事的结局吗？……你有什么看法？

科德利：对不起，我的意见？我没有意见。我是一名记者，乔恩，我的工作就是花一半时间重复一方所说的话，另一半时间重复另一方所说的话。这种小事情叫作"客观性"——也许你需要了解下。

斯图尔特：客观性不是意味着客观地权衡证据，并指出哪些可信，哪些不可信吗？

科德利：哇哦！听着，伙计，我的工作职责可不是挡在对我说话的人和听我说话的人中间。[51]

这段话不仅对"快艇"组织成员的虚假主张提出了尖锐控诉，而且完美概括了公众普遍对无意识"平衡"的蔑视。一个假新闻节目通过讽刺真实新闻的运作方式来破坏政治的运作方式。

斯图尔特的反叛态度对年轻人有特殊的吸引力。2004 年，皮尤研究中心报告说，18 至 29 岁的人中，有 21% 的人说他们"经常从喜剧节目中了解一些关于总统竞选的信息"——这与从日报获取竞选新闻的人数占比（23%）几乎相同，而 4 年前从喜剧节目中获取信息的人仅占 9%，相比之下有了很大飞跃。[52]但新闻和政治机构中的其他人将斯图尔特的节目视为真正的新闻，从而赋予了它一定的合法性。在 2000 年和 2004 年，该节目对选举的报道赢得了著名的皮博迪奖（斯图尔特在 2000 年发表获奖演说时对着严肃的观众说，"伙计，如果你觉得做一个新闻机构很难，那就试着假装一个。"），民主党和共和党都同意《每日秀》的记者报道其党内提名大会。[53]从马德琳·奥尔布赖特到纽特·金里奇再到利比里亚总统，每个人都参加过《每日秀》的采访。

当权机构支持《每日秀》节目，部分目的是争取年轻观众，表现自己了解流行文化并掌握其最新信息。2003 年，北卡罗来纳州民主党参议员约翰·爱德华兹选择在斯图尔特的节目上宣布他将竞选总统，显然他把自己定位为时髦的候选人，而该节目似乎自然也是超酷的贝拉克·奥巴马的自然归宿，在 2008 年竞选中奥巴马上了三次该节目，随后成为第一位上该节目的在任总统。一些主流记者对斯图尔特的做法表示钦佩，甚至羡慕。美国广播公司《今晚世界新闻》(*ABC's World News Tonight*) 的长期主播彼得·詹宁斯对《纽约时报》所说，斯图尔特"在电视节目中做了一些我们很想做但做不到的事情，只是因为那不符合我们的做事风格。"对于这种评论，斯图尔特也有一个答案。2003 年，他对记者比尔·莫耶斯说："我记不清有多少次我们遇到记者说，'兄弟，我希望我们能这么说。这正是我们的看法，这正是我们想说的'。我总是想，'好吧，你为什么不说呢？'"[54]

一个世纪前，"假新闻"一词进入关于新闻业如何运作的争论中，如今已经在新闻界走完一圈。这个词被用来描述那些轻率、随意、取悦大众的新闻报道方式，这些方式不重视数学上的精确性，拒绝遵守规则，严肃的记者将这个词视为屈辱的标志，用来形容那些不配在专业新闻界占有一席之地的从业者。然而，现在所有的界限都被破坏，传统的新闻守门人名誉扫地，数学上的精确性难以实现，引用规则主要是为了证明对手的违规行为，专业主义的想法被嘲笑为精英主义、不合时宜和缺乏效率。"假新闻"再次被人们视为一种大胆的、越界的手段，可以做专业人员不能做的事情：说出真相。

但这种愿景不会持续太久。

"一个堕落且变态的怪物"

鲁道夫·朱利安尼，特朗普总统的私人律师：当你告诉我，总统应该作证，因为他要说出真相，他不应该担心，好吧，这太傻了，因为这是某人口中的真相。不是真的真相……

查克·托德，美国全国广播公司《会见新闻界》节目主持人：真相就是真相。我并不是说要像…

朱利安尼：不，这不是真相。真相不是真相。

——《会见新闻界》，2018 年 8 月 19 日

特朗普总统的任职与垮台，让任何一个有理智的新闻历史学家都免不了要回答这样一个急迫的提问：现在是不是史上假新闻最猖獗的时候？假新闻是不是对民主和公共生活构成了前所未有的威胁？

是的。

特朗普没有发明"假新闻"这个词，把自身错误归咎于新闻媒体的策略不是他想出来。他不是第一个为了自身利益而操纵记者和新闻惯例的公众人物，不是第一个用意识形态标准来衡量真实性的人，也不是第一个以发明者从未想过的方式利用新技术的人。其他政治操纵者也蓄意

破坏公民对公共机构和新闻机构的信任，或与那些志趣相投的新闻机构建立共生关系，这些新闻机构只是假装独立，或者给它们认为负面或尴尬的报道贴上虚假的标签。只要有美国新闻媒体存在，并显示出令人不安的创新力和适应力以掩盖其意图，令公民生活变得复杂和混乱，假新闻和假报道就一直会是美国新闻格局的一部分。民主信息系统是对公民生活至关重要基础设施，但它也面临着不安全因素，多年来，民主信息系统一直被骗子、宣传家、吹牛者、党派拥护者、虚张声势者、丑闻制造者和出于个人动机的欺诈者入侵和利用，如果不对民主信息系统遭受入侵和利用的多种方式进行说明，那美国新闻史就是不完整的。新闻业与真相之间的关系总是比我们许多人意识到的更脆弱。

但是，这位总统在其四年任期内公开发表了三万多条"虚假或有误导性声明"——通常是为了取悦其忠实的右翼支持者——此举聚焦并加速了历史趋势，这一点是前所未有的。[1]此外，在特朗普执政期间，几十年来形成的政党关系腐朽之风达到顶峰；公民被严重分化，各派别几乎没有共同语言；人们往往将专家、专业知识和真相妖魔化，而不是将其视为别人的意见。再加上不断排斥科学和专业知识，即使是在致命的大流行病中，也认为科学和专业知识是精英主义，不可信任；人们广泛支持疯狂的、世界末日般的阴谋论；社交媒体是庞大、神秘和不负责任的机构，似乎有无限的黑客行为、伪造和虚假信息；互利契约将右翼政治世界和右翼媒体帝国结合起来。结果是，公共生活中充斥着规模空前的有毒谎言，虚假信息和错误信息被当作基本工具使用，而"真相"则被视为一种应得的东西。任何应该是真的东西都可以是真的。任何支持自己政治对手的东西都是假的。

新闻史学家也被这一请求所困扰：难道不能从假新闻的历史中学到什么东西，帮助我们应对当前的危机吗？历史学家们将过去视为一种塔罗牌是有道理的，因为塔罗牌可以为未来的道路提供预示性的见解，但即便如此，这也可能是一个错误的问题——当然，特朗普政府过度使用假新闻这个词，导致任何可能的答案都变得模糊不清。也许更有用的是这个问题：我们能从假新闻的历史以及它与政治党派之间日益恶性的关系中学到什么？

美国第一份报纸在波士顿闪亮登场并随即消亡后的两个世纪里，报纸几乎都是在玩弄真相，而不是调查真相，虚假新闻和它对应的真实新闻之间没有明显的形态区别。负责任的新闻机构一直愿意承诺有义务向公众提供值得信赖的信息，负责任的读者和观众也一直期望新闻业能认真关注严肃的事情。但在早期报纸自由竞争的世界里，负责任的报纸需要不断与恶意、狂热、贪婪和愚蠢的报纸竞争。自19世纪起，人们普遍知晓报纸、相册、19世纪末的电影院和以太领域包含大量严格意义上非信息的内容，读者并不期望他们在公共场所听到或读到的所有内容都是真实的。他们可以自己选择接受什么是真实的。

读者看到信息的社会和经济价值，他们可以相信这些信息是可靠的、相关的；而记者则看到了有用性、声望和商业优势，声称自己是告诉公众真相的人。正是这两种利益攸关方的双重压力，最终让新闻实践得以形成一定的秩序。记者在塑造自己真相讲述者的地位时，虚假这个标签的衬托必不可少。19世纪80年代，当记者第一次开始谈论"造假"时，许多人都将其视为一种恭维，代表着轻松、便于读者阅读。然而，很快，职业化的记者阶层就把这个词作为行话，在这个过程中，读者不再有责任（或机会）决定他们应该相信什么公共信息。

因此，当主流记者开始宣称最终被视为客观性的调查方法作为职业准则，将事实作为他们的信条，将"真相"作为他们的特殊财产时，报纸上的造假才有了拉尔夫·普利策在 1912 年所说的"一个堕落且变态的怪物"的味道。[2] 尽管职业化的记者们有时也达不到自己设定的标准，但他们对自认为可接受的工作类型、希望行业中出现的记者类型，还有他们负责为公众提供的服务类型做出了明确声明。他们的原则很明确：真相就是看起来像新闻的东西，而新闻看起来就是真相。

然而，将造假污名化非但没有制止造假，反而将其变成了一种可以用来对付污名化者的武器。"造假"这个词逐渐淡出有关新闻业的讨论，对于新闻报道这项严肃的事业来说，造假太过轻率。但是，当记者逐渐将其权威性和特殊地位的主张更深地植根于公正性和准确性之中时，针对偏袒和不准确性的指责就成了更有力的武器。对于自己不愿接受的真实信息，公民和公众人物都利用这些武器来破坏信息的可信度。

有时，这些指责有效批评了真正糟糕的报道：尸体工厂耸人听闻的故事、沃尔特·杜兰蒂对苏联饥荒的倾向性报道、珍妮特·库克和其他新闻工作者捏造的谎言。有时，正如麦卡锡参议员对"红色"新闻媒体的攻击，或大烟草公司挑战有关吸烟危害的科学报道，指控者发出事实层面或意识形态方面不准确的言论，将这些言论伪装成对报道的有效批评，而这些报道本身在当下看是准确的。

有时，其他伪装也会发挥作用。在"真正的"、职业化的新闻业出现之前，假新闻基本上不可能存在，假新闻将自己伪装成真新闻的样子，假装接受真新闻的标准，并且常常因为有了假新闻而破坏了真新闻的可信度。假新闻越来越像真相，伪造的真相越来越像新闻。

主流记者每隔一段时间就会尝试捍卫其职业界限，要向广大公众（有时也向他们自己）解释为什么这些假新闻事实上不是真的，而要这么做很困难，往往使得捍卫职业界限变得更加复杂。新的传播技术和实践不断重塑媒体格局，但它们算不算是新闻业？新闻工作者需要纠正什么？一些内容碰巧具有新闻特质，但从未声称自己忠于事实，假新闻与这些内容的界限又在哪里？毕竟，在1898年，先锋电影制片人阿尔伯特·史密斯和J.斯图尔特·布莱克顿用帆布桌布和浴缸拍摄出了圣地亚哥湾，只要大多数人都知道他们看到的并不是真的古巴，这真的那么糟糕吗？当新闻业与娱乐业纠缠在一起，哪种价值观占据上风，读者和观众又有多在意呢？

随着媒体规模越来越大，与政治体系的纠缠越来越深，假新闻也越来越多，政治家、改革家、教育家和其他人不可能通过努力将假新闻根除。在一战中，媒体进行了令人不齿的过度宣传，在此之后，国际联盟试图通过条约禁止假新闻。让每个人都同意不再以广播散布谎言，这种做法很高尚，但国际联盟可能是世界上最糟糕的宣传者，他轻率地忽视了事情的全局。从长远看，美国在教育领域的理想化尝试也没有好到哪里去：美国成立了宣传分析研究所，教导儿童和成年人如何检视自己的偏见，然而研究所不到半年时间就关闭了，以便为官方认可的战时宣传腾出空间。在麦卡锡时代，参议院中的民主党人开始努力取缔故意歪曲的竞选材料，该努力之后付诸东流，在宪法层面也存在疑问，在民主党失去多数席位后，这一做法就消失了，因为新掌权的共和党人不会放弃这些已成为他们有效武器的东西。

到 20 世纪 70 年代，新闻机构自我监督或对其他新闻机构策略作出可靠批评的传统权威已破灭。具有反叛精神的"新新闻主义"记者强烈否定客观性（即几十年来专业新闻的基础），认为它不足以满足需求，传递的信息不足。但同时他们也提出了新质疑，即主观性是否会鼓励不准确的报道。年轻记者在一些最负盛名的新闻机构中工作，他们一次又一次让老板蒙羞，老板似乎无力控制他们。在战争和外交事务的重要报道中，出现了一些令人尴尬的错误，进一步削弱了公众对新闻界的信任，公众们不再相信新闻界能将一切事情处理好。通过公开承认和谴责来做一件光荣的事情，似乎只是招致更多尖锐的批评。随着网络上知名的"小声喧嚣"变得越来越嘈杂，任何理性对话的尝试都被过滤泡沫所淹没，消失在回音室中，埋没在煽动性言论、黑客和欺诈行为、傀儡表演、算法操纵和其他在线不当行为之中。数字新闻世界日益细分，传统的新闻机构面临前所未有的资金挑战，越来越多的消费者因为不满而离开。

在驱动公共生活的政治极化方面，假新闻现在已巩固了其重要地位。假新闻植根于一个新兴的生态系统，该系统由右翼媒体活动者和组织构成，他们利用网络世界快速、轻便的优势，采用福克斯新闻的策略，将其超党派的内容呈现为经过专业验证、准确和无偏见的信息。这些组织经常炫耀民主和新闻自由的言论，明确声称按照专业化的新闻标准运作，并且经常诋毁国家媒体和"自由派媒体"，理由是它们没有做到这一点。

例如，在 2018 年，数十名在保守派电视广播公司辛克莱广播集团工作的新闻主播被要求朗读一份文稿，文稿谴责"新闻报道不负责任和片面化，这一趋势一直困扰着我们国家"。文稿接着写道，全国性的新闻机构"没有先核查事实"，就发布从社交媒体上扒出来的"假新闻"，

"新闻媒体正在利用他们的平台推动发布个人偏见和议程，以'控制人们的想法'，这对我们的民主极其危险"。[3]与此同时，随着越来越多的地方报纸倒闭，一家神秘的网络组织在美国50个州建立了大约1300个在线网站，这些网站的名字听起来还不错，包括"安阿伯时报"（*Ann Arbor Times*）和"得梅因太阳报"（*Des Moines Sun*）等，并经常说他们"提供客观的、以数据为导向的信息，没有政治偏见。"这些网站很少承认，他们的许多文章实际上是由共和党政治活动家、企业公关公司和保守派宣传团体订购和资助的。他们决定了文章内容、来源和明显的右倾倾向。[4]

布赖特巴特新闻网时任执行主席史蒂夫·班农在2016年共和党全国大会期间向记者吹嘘说，布赖特巴特新闻网是"美国另类右翼的平台"，在其网站上自称"美国领先的新闻机构组织之一"，创立理念是"真实的报道和自由开放的思想交流[原文如此]对于维持强大的民主制度是必需的"。[5]詹姆斯·奥基夫的"真相项目"在对主流新闻机构、民主党政客、工会和自由派宣传团体的"调查"（正如该组织网站所称）中，经常使用道德上或法律上可疑的卧底技术和编辑做法，经常被谴责为具有欺骗性。《纽约时报》2020年报道称，一个与特朗普政府关系密切的安全服务承包商参与了一项由前美国和英国间谍提出的倡议，旨在对"真相项目"的特工人员进行间谍战术和情报收集技能培训。当被问及看法时，奥基夫告诉《纽约时报》，他的组织是一个"令人自豪的独立新闻组织"。[6]

在InfoWars.com网站上，亚历克斯·琼斯推动了从"比萨门"到白人种族灭绝的阴谋论，并遭到了起诉。一些一年级的学生在一场学校大屠杀中遇难，琼斯将该屠杀称为骗局，遇难学生的家长以诽谤罪起诉了他，他将自己描述为一个"顽强的记者"，他的组织"公开并自豪地将我们的偏见——真相——戴在袖子上"。[7]这位"门户专家"网站的博主炮制有诸多流言蜚语，包括希拉里·克林顿病入膏肓、新冠疫苗导致数千人死亡，还有乔·拜登号召穆斯林圣战。2021年初，他在推特散布了数周关于选民欺诈的虚假信息后，其账号被封禁了。在2019年和2020年的几个月里，琼斯在自己的主页上吹嘘称，他的网站"过去两年来比《纽约时报》《华盛顿邮报》、美国有线电视新闻网和微软全国广播公司都更准确并且还将持续下去！"[8]

《每日电讯》（*Daily Caller*）网站强烈倡导白人民族主义和反移民，其联合创始人塔克·卡尔森于2020年6月离职，专注于他在黄金时段播出的高评分福克斯新闻节目。该网站特意强调欢迎其读者报告任何错误，并承诺会"迅速"纠正错误，"以便我们的读者能够知道真实的故事"。当然，人们通常认为公开接受和纠正错误是职业操守的主要信号，一个新闻机构愿意这样做的程度，真实反映了其对事实准确性的承诺度。然而，《每日电讯》的做法并非完全像其所承诺的。2020年1月，我使用该网站的搜索引擎检索"更正"（correction）一词及其近义词的使用情况，在前100条搜索到的信息中，只有三条涉及《每日电讯》本身的错误，其中一条有关演员和泳装模特凯特·厄普顿的"性感"。其余大部分都是分享其他新闻机构或专家不得不做或应该做的更正笑料，这些更正"重要""尴尬""惊人"或"巨大"——绝大多数都是《纽约时报》《华盛顿邮报》和美国有线电视新闻网的。[9]

传达的信息很清晰：《每日电讯》对职业操守的兴趣仅限于利用职业

惯例，以损害遵守惯例的新闻机构。策略也很清楚：假记者正在以他们开展新闻工作的方式定义新闻实践。假记者正在划定自己的职业界限，以破坏、否定和抛弃真正的职业界限。假记者正试图控制真相的模样。

说新闻业已达到危急时刻，这种说法听起来既熟悉又让人厌烦——什么？又来了？但特朗普及其盟友对记者和真相本身的攻击是空前的，而且考虑到涉及的权力和财富，这些攻击不可能迅速消退。即使是用心良苦的记者，也只能靠自己的力量来弥补对公共生活的损害，恢复人们对公共机构已经受损的信任，或者弥补本行业的重大错误。记者可以尝试用信息弥合政治极化的鸿沟，可以调查造成这些鸿沟的不满和怨恨，但他们不能强迫那些不满和怨恨的人接受或采取行动，甚至不能强迫他们关注记者要说的话。记者可以试图澄清这个世界是如何运作的，但他们不能也不应该满足听众（非常人性化）的愿望，证实这个世界完全按照他们希望的方式运作。记者不能阻止公众人物撒谎，也不能强迫人们认识到他们在撒谎。新闻工作只有在那些接受其权威的人看来才是真实的。对其他人来说，真相并不像新闻的样子。

我希望我有一个解决方案。大多数关心公民生活质量的人亦是如此；记者、新闻主管、公众人物、学者和普通人等都在不断提出建议，以应对泛滥的假新闻和假信息。也许针对媒体的素质教育会有用，也许应该加强制度化的事实核查，也许应该为社交媒体上的可疑帖子设立一个标签系统，也许应当提升透明度，也许应当进行公开揭露、抵制或施压运动，也许应该对记者进行某种官方认证。也许要监管脸书和其他强大的、不负责任的平台。可衡量的有效方案一直遥不可及。

还有一种观点已经持续数十年，现在更显迫切，那就是记者必须永远摆脱新闻客观性的束缚，更透明地揭示自己的主观性，更直率地谴责公众人物的不当行为，甚至成为活动家。[10]毕竟，一个多世纪以来新闻业一直试图对自身、在公众对现实的理解上强加一些标准，而特朗普的任职粉碎了所有这些标准。从 2017 年就职到 2021 年 1 月 8 日推特账户被封停，特朗普在推特上使用了 931 次"假新闻"一词，大部分时候都是指他不喜欢的新闻或新闻媒体。他经常把记者称为"人民的敌人"，据称，他曾对他的国家安全顾问说，发布泄密信息或保护匿名消息来源的记者应该被监禁甚至"处决"。[11]

亲近的助手和顾问们将特朗普捏造的信息轻描淡写地说成是"另类事实"，并毫不掩饰地断言"真相并不是真相"。虚假信息实际上已经威胁到了生命，一些研究表明，经常看福克斯新闻的人在新冠肺炎疫情期间似乎表现出更多的风险行为，不太相信医学专家却更相信阴谋论，而且感染率更高。总统谎言不断，认为 2020 年大选结果被"窃取"，支持他的右翼媒体也在一旁煽动，直接导致愤怒的暴民发起对美国国会大厦的致命攻击，受到精心培育的错觉指引，这些暴徒以为可以扭转特朗普的失败局面。因此可以理解，许多主流记者不得不感慨，是时候站在某一方并表明立场了。[12]

的确，被称为客观的传统新闻准则长期受到攻击，可以理解，人们一直认为这种准则虚伪、遥远、不充分，提出了虚假的等价设想，盲目加强了（白人和男性所主导机构中默认的）"中立"价值，因为人类不可能做到客观。早在特朗普之前，正如本书前几章所说的，职业化的新闻界对客观性的错误尝试或不当处理已在假新闻的创作中有所体现。

然而，到现在为止，客观性这个词已经变得近乎毫无意义，而这个理想本身也背负着它不应该有的责任。每个人都有一个最喜欢的新闻习惯表达方式，对"平衡"的生搬硬套可能产生有害的不平衡影响，包括偏向实权派的发言人或合法化极端思想，人们的这种担忧既真实又紧迫。在 2020 年 6 月的大规模种族正义抗议活动中，《纽约时报》因为同时做了两件事情而遭受批评，该报刊登了一位共和党参议员的专栏文章，文章主张派遣军队打击他所说的，在街头肆虐的"虚无主义罪犯"和"诸如'安提法'等极左翼政治激进分子骨干"。在这篇专栏文章引发广泛谴责时，该报又刊登了一份"编辑说明"，表示发表这篇文章是因为参议员的评论，"无论人们如何反对，都代表了当前辩论中具有新闻价值的部分。"但是，编辑继续说，这篇文章含有未经证实的指控，语气"没有必要如此严厉"，因此本不应该刊登出来。[13]

不过，即使这类事件持续夺人眼球，主流新闻业也本应采取公平中立的常规态度，无论成功与否，这种中立性报道在过去数十年间不断衰退，因更多背景性和解释性报道的兴起而遭受排挤，也因数字媒体世界更直接、更尖锐、成本更低的竞争压力而有所减少。[14]此外，特朗普时代前所未有的民主紧急状况，促使许多主流记者异常积极地去调查所谓的总统不当行为。其中一些调查产生了重要的新信息，但另一些调查则从"积极"变成了彻头彻尾的热衷——而这种过于急切的报道经证实是完全错误时，许多人认为这种错误报道证明了主流媒体对总统存在彻底的偏见，比如像所谓的特朗普与克里姆林宫"密谋"操纵 2016 年大选。在特朗普担任总统期间，新闻编辑部内外有时会有激烈的争论，记者们经常用空前激烈的语言来报道。头版报道经常指出特朗普的"谎言"，提到"种族歧视"行为，并公开讨论在描述国会大厦暴动时是否使用政变或未遂政变这一术语（一个半世纪以来，美联社一直以严格的中立性著称，它确实建议不要使用这样的词——但一位"自由派信息传递大师"在评论一群进步主义的组织者和活动者时也是如此建议，以免让特朗普看起来比实际上更强大）。[15]

然而，尽管客观性一词现在可能已完全失去其原有含义，而且在延续主流社会规范方面的含义也受遭受审视，但我们仍有理由重新看一看"客观性"这个饱受摧残的理想的原始含义，并重新考虑它与假新闻的关系。沃尔特·李普曼所想的从来不是一种残忍的无动于衷，也不是之后严肃的专业人士所争论的那样。客观性并不是指让记者试图否认他们有情感，这既扭曲又无意义。客观性并不要求新闻报道要留给反疫苗活动者和疾病控制中心同等的时间，也不要求对国会山暴乱者的咆哮和社会正义抗议者的呼声给予同等信任。客观性并不是要卑躬屈膝地顺从官方认可的造假，比如谎称美国国务院中有共产党员，捏造伊拉克沙漠中存在大规模杀伤性武器。

如果说提出客观性是为了杜绝假新闻，那就太夸张了，但也不尽然。这个想法的根源可以追溯到一个多世纪前的新兴专业团体，其公民义务与市场激励机制完全一致：说出真话，揭穿假话。理想的客观性形式意味着有纪律的新闻实践，在这种实践中，事实经过调查和验证，其科学的严谨性足以识别报道中难以避免的个人偏见，并使这种偏见不影响故事的基本准确性。[16]

问题是，客观性是一个社会过程，是伟大的自我纠正机制中的一个齿轮，这种机制是民主社会应有的。权力有其杠杆，政治家也有其杠杆。但大多数记者都是靠微薄工资生活的中产阶级，前提还得是他们能找到一份工作，他们花费时间和金钱筛选证据，并基于证据和原始材料宣称何为真相。客观的新闻报道不是为了竞争地位或结果，而是一种程序性的质询——公开进行，核查事实，由相关各方评论，并以广告的形式间接支付，付钱的人有他们支持的立场和期待结果。客观的记者以富有智慧的诚实和开放态度来测试和评估所有证据，无论证据引向何处——即使那是他们不愿意去的方向，会引向他们个人不同意的结论，他们还是会与读者和观众分享这些证据所揭示的一切。

自新闻业开始职业化以来，就一直在构建其策略、价值、理解和目标，客观性只是这些综合因素的一方面。去掉客观性这个有问题的术语，仅仅描述专业人员在工作中的最佳做法，争议会小很多。专业人士努力使其方法透明化，包括公开承认和纠正他们的错误，并指出他们同事的错误。他们谨慎识别不同人群的经验，用这种方式来描述事件。他们既能开展强硬的、对抗性的调查，又能调节语调传达他们对公平和准确的承诺。他们承认，要做到公平和平衡是很难的，他们并不总是能做到。在当前感觉永远处于危机模式的时代，这些策略可能显得太温和了。但他们的目标也是温和的：报道要基于证据而不是基于偏好，要经过专业实践的证实，并且能被广泛的群体认可为是真实的。

如果这些还不够，我们还有另一个理由来认可直接、客观的新闻报道是有价值的：因为客观新闻正是假记者们极力假装要报道的。福克斯新闻和其他与党派政治有根深蒂固联系的"新闻"机构，经常利用其平台作为宣传武器，为他们支持的政治领导人鼓劲助威，并抹黑对手。他们经常传播阴谋论、假新闻和边缘信仰。正如三位哈佛大学的学者所说：他们"与新闻机构截然不同"，因为他们"更容易受到虚假信息、谎言和半真半假信息的影响"。他们的策略是，把这个世界描绘成弱肉强食和不屑一顾的样子，并在这样的世界里为读者和观众"大家庭"提供一种验证和价值感，同时只给它们的消费者提供他们想要和期望的世界模样。[17]假记者们先写出他们故事的结尾。

但是，假记者也经常毫无顾忌地宣称，他们所提供的是"客观的、以数据为依据的、没有政治偏见的信息"，他们的"真实报道对于维持健全的民主制度至关重要"，他们发布的是"令人骄傲的独立"新闻，他们唯一的"偏见"就是真理，他们比美国有线电视新闻网和《纽约时报》更准确，是其他媒体在推动对民主带来危险的"自身偏见和议程"。他们遵循该组织提供的游戏规则，多年来，面对所有相左的证据时，他们轻蔑地、毫不动摇地坚持其新闻部门节目"公平且平衡"（在其创始人罗杰·艾尔斯因遭多项涉及性行为不端的指控后被迫辞职，福克斯决定放弃"公平且平衡"这一传奇格言，但该平台已经尝试推出新口号，包括"真实的新闻。真正诚实的观点"[18]）。毕竟，这些新闻机构坚持认为，客观性是有效的——只要是右派在宣扬它。其他任何机构都只是在兜售有党派偏见的东西，而不是"真实的新闻"，换句话说，就是假新闻。

客观性、中立性、公正性——无论它的标签是什么，这个概念显然仍是令人忧虑的，在实践上也存在缺陷，受众都很警觉，要赢得并保持信任一直都很具挑战性。新闻编辑室中广泛且多样的声音有助于形成负责任的专业社区，并给赞同和不赞同的意见都留出充分的空间，如果没有这些，客观性也就没有机会公平地发挥作用。

尽管有种种缺陷，但是当正确执行真正的专业客观性时，仍然为新闻消费者提供了选择，这种选择在混乱、超级党派分歧争斗中的媒体格局日益罕见：真相不取决于情感、个人的心血来潮或党派的授权，而是取决于通过专门程序和工具检验过的证据。客观的记者如果想真正履行义务，公平地权衡和分析一系列合理的观点，即便是自己不同意的观点，就必须认可辩论的作用，为争论留下空间，即在寻找真相的过程中进行民主审议。而假记者们更倾向于关上通往这个空间的门。

如果一个世纪前为杜绝假新闻而设计的策略最终被假新闻扼杀，那将是既讽刺又悲哀的事情。但是，如果主流记者完全屈服于"真正的专业客观性是不可能的"这种谣言，而不去从事艰苦但充满希望的工作，如改造、解释和修复，那么这可能是另一种失败。如果衡量职业记者可信度的唯一标准是他们是否愿意公开表达态度，对个人信念保持"透明"并拥抱行动主义，那么福克斯新闻和坚称自己是公正新闻唯一来源的整个假新闻帝国将会取胜。如果媒体格局分裂成两派，一派是标榜自身主观性的主流媒体，另一派是否认自己主观性的右翼媒体，那么双方能够为新闻消费者提供共同立场的希望就不复存在。如果右翼媒体机器成为"客观"新闻的唯一所有者，福克斯及其朋友们将比以往任何时候都更有能力利用对"假"的指责，来衬托他们的伪专业边界工作。

如果假新闻的地位强大到能够定义什么是真正的新闻，那么鲁迪·朱利安尼将是正确的。真相永远不会是真相。

参考文献

———

手稿与档案

[1] De Quille, Dan, Papers. BANC MSS P-G 246. Bancroft Library, University of California, Berkeley.

[2] James, E. P. H. "Reminiscences" (1963). Radio Pioneers Project, Oral History Archives. Rare Book & Manuscript Library, Columbia University, New York.

[3] Politisches Archiv des Auswärtigen Amts. Berlin.

[4] *World* (New York) Records, 1882–1940. Rare Book & Manuscript Library, Columbia Univer- sity, New York.

数据库

[1] Accessible Archives

[2] America's Historical Newspapers (Readex)

[3] Chronicling America (Library of Congress, Washington, DC)

［4］Newspaperarchive.com

［5］Newspapers.com

［6］ProQuest Historical Newspapers

书籍，文章与论文

［1］1898 Wilmington Race Riot Commission. *1898 Wilmington Race Riot Report.* Raleigh: North Carolina Department of Cultural Resources, 2008, https://digital. ncdcr.gov/digital/collection/p249901coll22/id/5335.

［2］Anderson, Christopher. "Journalism:Expertise, Authority, and Power in Democratic Life." In *The Media and Social Theory*,ed. David Hesmondhalgh and Jason Toynbee, 248–64. London: Routledge, 2008.

［3］Andrews, J. Cutler. *The North Reports the Civil War*. 1955. Reprint. Pittsburgh: University of Pittsburgh Press, 1985.

［4］——. *The South Reports the Civil War*. 1970. Reprint. Pittsburgh: University of Pittsburgh Press, 1985.

［5］Applebaum, Anne. *Red Famine: Stalin's War on Ukraine*. London: Allen Lane, 2017.

［6］Arthur, John. "Reporting, Practical and Theoretical." *Writer* 3 (February 1889): 36–37.

［7］Associated Press Managing Editors. *National Credibility Roundtables: 2003 Update: Credibility in Action*. Reported and written by Carol Nunnelley. New York: Associated Press, 2003.

［8］Atkinson, Rick. *The Day of Battle: The War in Sicily and Italy, 1943–1944*.New York: Holt, 2007.

［9］Auerbach, Jonathan, and Russ Castronovo. "Introduction: Thirteen Propositions About Propaganda." In *The Oxford Handbook of Propaganda Studies*, ed. Jonathan Auerbach and Russ Castronovo, 1–16. Oxford: Oxford University Press,

2013.

[10] Auletta, Ken. "Fortress Bush: Annals of Communications." *New Yorker*, January 19, 2004. https://www.newyorker.com/magazine/2004/01/19/fortress-bush.

[11] ——. "Vox Fox." *New Yorker*, May 26, 2003. https://www.newyorker.com/magazine/2003/05/26/vox-fox.

[12] Baldasty, Gerald J. *The Commercialization of News in the Nineteenth Century*. Madison: University of Wisconsin Press, 1992.

[13] Barnhurst, Kevin G., and John Nerone. *The Form of News: A History*.New York: Guilford, 2001. Barnouw, Erik. *Documentary: A History of the Non-fiction Film*.2nd ed. New York: Oxford University Press, 1993.

[14] ——. *A History of Broadcasting in the United States*. Vol. 1: *A Tower in Babel*. New York: Oxford University Press, 1966.

[15] ——.*A History of Broadcasting in the United States*.Vol.2: *The Golden Web*. New York: Oxford University Press,1968.

[16] Bayley, Edwin R. *Joe McCarthy and the Press*. Madison: University of Wisconsin Press, 1981.

[17] Benjamin, Louise M. *Freedom of the Air and the Public Interest: First Amendment Rights in Broadcasting to 1935*. Carbondale: Southern Illinois University Press, 2001.

[18] Benkler, Yochai, Robert Faris, and Hal Roberts. *Network Propaganda: Manipulation, Disinformation, and Radicalization in American Politics*. New York: Oxford University Press, 2018.

[19] Bennett, W. Lance, Regina G.Lawrence, and Steven Livingston.*When the Press Fails: Political Power and the News Media from Iraq to Katrina*. Chicago: University of Chicago Press, 2007.

[20] Bent, Silas. *Ballyhoo: The Voice of the Press*. New York: Boni and Liveright, 1927. Bernays, Edward L. *Crystallizing Public Opinion*. New York: Liveright, 1923.

［21］——. *Propaganda*. New York: Liveright, 1928.

［22］Bernstein, Carl. "The CIA and the Media." *Rolling Stone*, October 20, 1977. http://www.carlbernstein.com/magazine_cia_and_media.php.

［23］Bessie, Simon Michael. *Jazz Journalism: The Story of the Tabloid Newspapers*. 1938. Reprint. New York: Russell and Russell, 1969.

［24］Biel, Michael. "The Making and Use of Recordings in Broadcasting Before 1936." PhD diss., Northwestern University, 1977.

［25］Billington, Ray Allen. "Maria Monk and Her Influence." *Catholic Historical Review* 22, no. 3 (1936): 283–96.

［26］Bird, S. Elizabeth. *For Enquiring Minds: A Cultural Study of Supermarket Tabloids*. Knoxville: University of Tennessee Press, 1992.

［27］Bird, Wendell. *Criminal Dissent: Prosecutions Under the Alien and Sedition Acts of 1798*. Cambridge, MA: Harvard University Press, 2020.

［28］Bissinger, Buzz. "Shattered Glass." *Vanity Fair*, September 1998, posted online September 5, 2007. https://www.vanityfair.com/magazine/1998/09/bissinger199809.

［29］Bitzer, G. W. *Billy Bitzer: His Story*. New York: Farrar, Straus and Giroux, 1973.

［30］Bolton, John. *The Room Where It Happened: A White House Memoir*. New York: Simon and Schuster, 2020.

［31］Botein, Stephen. "'Meer Mechanics' and an Open Press: The Business and Political Strategies of Colonial American Printers." *Perspectives in American History* 9 (1975): 127–225.

［32］——. "Printers and the American Revolution." In *The Press and the American Revolution*, ed. Bernard Bailyn and John B. Hench, 11–57. Boston: Northeastern University Press, 1980.

［33］Bottomore, Stephen. "Filming, Faking, and Propaganda: The Origins of the War Film, 1897–1902." PhD diss., Utrecht University, 2007. https://dspace.library.uu.nl/bitstream/handle/1874/22650/?sequence=6.

［34］——. "The Panicking Audience? Early Cinema and the 'Train Effect.'" *Historical Journal of Film, Radio, and Television* 19, no. 2 (1999): 177–216.

［35］Boylan, James. "Declarations of Independence." *Columbia Journalism Review*, November– December 1986, 30–45.

［36］——. *Pulitzer's School: Columbia University's School of Journalism, 1903–2003*. New York: Columbia University Press, 2003.

［37］Brewer, Susan A. *Why America Fights: Patriotism and War Propaganda from the Philippines to Iraq*. Oxford: Oxford University Press, 2009.

［38］Brill, Steven. "Pressgate." *Brill's Content*, July–August 1998, 122–51.

［39］Brinkley, Alan. *Voices of Protest: Huey Long, Father Coughlin, and the Great Depression*. New York: Vintage, 1982.

［40］Brock, David. *Blinded by the Right: The Conscience of an Ex-conservative*. New York: Crown, 2002.

［41］——. "Confessions of a Right-Wing Hit Man." *Esquire*, July 1997, 52–57.

［42］——. "The Fire This Time." *Esquire*, April 1998, 60–64.

［43］Brokenshire, Norman. *This Is Norman Brokenshire: An Unvarnished Self Portrait*. New York: David McKay, 1954.

［44］Brown,Carolyn S. *The Tall Tale in American Folklore and Literature*. Knoxville: University of Tennessee Press,1987.

［45］Brown, Charles H. *The Correspondents' War: Journalists in the Spanish-American War*. New York: Scribner's, 1967.

［46］Brown, James A. "Selling Airtime for Controversy: NAB Self-Regulation and Father Coughlin." *Journal of Broadcasting* 24 (1980): 199–224.

［47］Brown, Robert J. *Manipulating the Ether: The Power of Broadcast Radio in Thirties America*. Jefferson, NC: McFarland, 1998.

［48］Browne, Junius Henri. *Four Years in Secessia: Adventures Within and Beyond the Union Lines*. Hartford, CT: O. D. Case, 1865.

［49］Caldwell, Louis G. "Freedom of Speech and Radio Broadcasting." *Annals of the American Acad- emy of Political and Social Science* 177 (1935):179–207.

［50］Campbell-Copeland, T. *The Ladder of Journalism: How to Climb It*. New York: Forman, 1889.

［51］Carey, James W. "The Press, Public Opinion, and Public Discourse." In *Public Opinion and the Communication of Consent*, ed. Theodore L. Glasser and Charles T. Salmon, 373–402. New York: Guilford, 1995.

［52］Carlson, Matt. "Gone, but Not Forgotten: Memories of Journalistic Deviance as Metajournal- istic Discourse." *Journalism Studies* 15, no. 1 (2014): 33–47.

［53］——. *Journalistic Authority: Legitimating News in the Digital Era*. New York: Columbia University Press, 2017.

［54］——. "Metajournalistic Discourse and the Meanings of Journalism: Definitional Control, Boundary Work, and Legitimation." *Communication Theory* 26 (2016): 349–68.

［55］Casey, Steven. *The War Beat, Europe: The American Media at War Against Nazi Germany*. New York: Oxford University Press, 2017.

［56］Cater, Douglass. "The Captive Press." *Reporter* 2 (June 6, 1950): 17–20.

［57］Chernow, Ron. *Alexander Hamilton*. New York: Penguin,2004.

［58］Chesnut, Mary.*Mary Chesnut's Civil War*. Ed.C. Vann Woodward. New Haven, CT: Yale University Press,1981.

［59］Chicago Commission on Race Relations. *The Negro in Chicago: A Study of Race Relations and a Race Riot*. Chicago: University of Chicago Press,1922.

［60］Clark, Charles E. *The Public Prints: The Newspaper in Anglo-American Culture, 1665–1740*. New York: Oxford University Press,1994.

［61］Cogan, Jacob Katz. "The Reynolds Affair and the Politics of Character." *Journal of the Early Republic* 16 (Autumn 1996): 389–417.

［62］*Columbia Journalism Review*. "Poll: How Does the Public Think Journalism Happens?" Win-ter 2019.https://www.cjr.org/special_report/how-does-journalism-happen-poll.php.

［63］Committee on Alleged German Outrages. *Report of the Committee... Appointed by His Britannic Majesty's Government and Presided Over by the Right Hon. Viscount Bryce.* London: His Majesty's Stationery Office,1915.

［64］Conason, Joe, and GeneLyons. *The Hunting of the President: The Ten-Year Campaign to Destroy Bill and Hillary Clinton.* New York: St. Martin's, 2000.

［65］Conforti, Joseph A. *Lizzie Borden on Trial: Murder, Ethnicity, and Gender.* Lawrence: University Press of Kansas, 2015.

［66］Conniff, Kimberly. "All the Views Fit to Print." *Brill's Content*, March 2001, 105–7, 152–55.

［67］Copeland, David A. *The Idea of a Free Press: The Enlightenment and Its Unruly Legacy.*Evan-ston, IL: Northwestern University Press, 2006.

［68］Cotts, Cynthia. "Libel Bible." *Village Voice*, February 9, 1999. https://www.villagevoice.com/1999/02/09/libel-bible/.

［69］Creel, George. *How We Advertised America: The First Telling of the Amazing Story of the Committee on Public Information That Carried the Gospel of Americanism to Every Corner of the Globe.* New York: Harper & Brothers,1920.

［70］Croy, Homer. *How Motion Pictures Are Made.* New York: Harper, 1918.

［71］Crozier, Emmet. *American Reporters on the Western Front 1914–18.*New York: Oxford University Press,1959.

［72］Czitrom, Daniel J. *Media and the American Mind from Morse to McLuhan.* Chapel Hill: University of North Carolina Press, 1982.

［73］Daniel, Marcus. *Scandal and Civility: Journalism and the Birth of American Democracy.* Oxford: Oxford University Press, 2009.

［74］Daniels, Josephus. *Editor in Politics.* Chapel Hill: University of North Carolina Press, 1941.

［75］Darnton, Robert. *The Forbidden Best-Sellers of Pre-revolutionary France.* London: Fontana,1997.

［76］Davis, Oscar King. *Released for Publication: Some Inside Political History of Theodore Roosevelt and His Times*. Boston: Houghton Mifflin; Cambridge: Riverside, 1925.

[77] Dewey, Donald. *Buccaneer: James Stuart Blackton and the Birth of American Movies*. Lanham, MD: Rowman and Littlefield, 2016.

[78] Dicken-Garcia, Hazel. *Journalistic Standards in Nineteenth-Century America*. Madison: University of Wisconsin Press, 1989.

[79] Dickinson, Tim. "How Roger Ailes Built the Fox News Fear Factory." *Rolling Stone*, May 25, 2011. https://www.rollingstone.com/politics/politics-news/how-roger-ailes-built-the-fox-news-fear-factory-244652/.

[80] Douglas, Susan J. "Does Textual Analysis Tell Us Anything About Past Audiences?" In *Explorations in Communication and History*, ed. Barbie Zelizer, 66–76.London: Routledge, 2008.

[81] ——. *Inventing American Broadcasting 1899–1922*. Baltimore: Johns Hopkins University Press, 1987.

[82] ——. *Listening in: Radio and the American Imagination, from Amos 'n' Andy and Edward R. Murrow to Wolfman Jack and Howard Stern*. New York: Random House, 1999.

[83] Downey, Elizabeth A. "A Historical Survey of the International Regulation of Propaganda." *Michigan Yearbook of International Legal Studies* 5, no. 1 (1984): 341–60.

[84] Dreiser, Theodore. *Newspaper Days: An Autobiography*. Ed. T. D. Nostwich. Santa Rosa, CA: Black Sparrow Press, 2000.

[85] Durey, Michael. *"With the Hammer of Truth": James Thomson Callender and America's Early National Heroes*. Charlottesville: University Press of Virginia, 1990.

[86] Eason, David L. "On Journalistic Authority: The Janet Cooke Scandal." *Critical Studies in Mass Communication* 3 (1986):429–47.

[87] Exoo, Calvin F. *The Pen and the Sword:Press, War, and Terror in the 21st*

Century.Los Angeles: Sage, 2010.

［88］Ezra, Elizabeth. *Georges Méliès: The Birth of the Auteur*. Manchester, U.K.: Manchester University Press, 2000.

［89］Fang, Irving E. *Those Radio Commentators!* Ames: Iowa State University Press, 1977.

［90］Feldman, Lauren. "The News About Comedy: Young Audiences, the *Daily Show*, and Evolving Notions of Journalism." *Journalism* 8, no. 4 (2007): 406–27.

［91］Ferrari, Michelle, comp. *Reporting America at War: An Oral History*. With commentary by James Tobin. New York: Hyperion, 2003.

［92］Ferris, John. *The Winds of Barclay Street: The Amusing Life and Sad Demise of the* New York World-Telegram and Sun. Bloomington, IN: Author House, 2013.

［93］Fielding, Raymond. *The American Newsreel: A Complete History, 1911–1967.* 2nd ed. Jefferson, NC: McFarland, 2006.

［94］Fineman, Mia. *Faking It: Manipulated Photography Before Photoshop*. New York: Metropolitan Museum, 2012.

［95］Fink, Katherine, and Michael Schudson. "The Rise of Contextual Journalism, 1950s–2000s." *Journalism* 15, no. 1 (2014): 3–20.

［96］Forde, Kathy Roberts, and Sid Bedingfield, eds. *Journalism and Jim Crow: White Supremacy and the Black Struggle for a New America*. Champaign: University of Illinois Press, 2021.

［97］Forde, Kathy Roberts, and Katherine A. Foss. "'The Facts—the Color!—the Facts': The Idea of a Report in American Print Culture, 1885–1910." *Book History* 15 (2012):123–51.

［98］Fraser, Antonia. *Love and Louis XIV: The Women in the Life of the Sun King*. New York: Doubleday, 2006.

［99］Frassanito, William A. *Gettysburg: A Journey in Time*. New York: Scribner's, 1975.

［100］Gallagher, Hugh Gregory. *FDR's Splendid Deception*. New York: Dodd, Mead, 1985.

［101］Gamache, Ray. "Breaking Eggs for a Holodomor: Walter Duranty, the *New York Times*, and the Denigration of Gareth Jones." *Journalism History* 39, no. 4 (Winter 2014): 208–18.

［102］Gauger, Michael. "Flickering Images: Live Television Coverage and Viewership of the Army–McCarthy Hearings." *Historian* 67, no. 4 (Winter 2005): 678–93.

［103］Gauvreau, Emile. *Hot News*. New York: Macaulay, 1931.

［104］Giddings, Paula. *Ida, a Sword Among Lions: Ida B. Wells and the Campaign Against Lynching*. New York: Harper Collins, 2008.

［105］Goodman, David. "Before Hate Speech: Charles Coughlin, Free Speech, and Listeners' Rights." *Patterns of Prejudice* 49, no. 3 (2015): 199–224.

［106］Gormley, Ken. *The Death of American Virtue: Clinton vs. Starr*. New York: Crown, 2010.

［107］Greenberg, David. *Republic of Spin: An Inside Story of the American Presidency*. New York: Norton, 2016.

［108］Griffin, Michael. "The Great War Photographs: Constructing Myths of History and Photojournalism." In *Picturing the Past: Media, History, and Photography*, ed. Bonnie Brennen and Hanno Hardt, 122–57. Urbana: University of Illinois Press, 1999.

［109］Grossman, James. "Blowing the Trumpet: The *Chicago Defender* and Black Migration During World War I." *Illinois Historical Journal* 78, no. 2 (1985): 82–96.

［110］Gunning, Tom. "An Aesthetic of Astonishment: Early Film and the (In) Credulous Spectator." In *Film Theory and Criticism: Introductory Readings*, 7th ed., ed.Leo Braudy and Marshall Cohen, 736–50. New York: Oxford University Press, 2009.

［111］Gup, Ted. "Eye of the Storm: Why Jeff Gerth, a Most Accomplished Investigator, Is Also Most Controversial." *Columbia Journalism Review*, May–June 2001, 32–38.

［112］Hackett, Bruce, and Lauren Lutzenhiser. "The Unity of Self and Object." *Western Folklore* 44 (1985): 317–24.

［113］Hagan, Joe. "Truth or Consequences." *Texas Monthly*, May 2012. https://www.texasmonthly.com/politics/truth-or-consequences/.

［114］Hale, William Harlan. "Adventures of a Document: The Strange Sequel to the Kaiser Interview." *Atlantic Monthly*, June 1934, 696–705.

［115］——. "Thus Spoke the Kaiser: The Lost Interview Which Solves an International Mystery." *Atlantic Monthly*, May 1934, 513–23.

［116］Hallin, Daniel C. "The Passing of the 'High Modernism' of American Journalism." *Journal of Communication* 42 (Summer 1992): 14–25.

［117］——. *The "Uncensored War": The Media and Vietnam*.Berkeley: University of California Press,1989.

［118］Halttunen, Karen. *Confidence Men and Painted Women: A Study of Middle-Class Culture in America, 1830–1870*. New Haven, CT: Yale University Press, 1982.

［119］Hamilton, John Maxwell. *Manipulating the Masses: Woodrow Wilson and the Birth of American Propaganda*. Baton Rouge: Louisiana State University Press, 2020.

［120］Hamilton, Milton W. *The Country Printer: New York State, 1785–1830*. 2nd ed. Port Washington, NY: Ira J. Friedman, 1964.

［121］Hanson,Christopher. "All the News That Fits the Myth." *Columbia Journalism Review*, January–February 2001, 50–53.

［122］Harlow, Alvin F. *Old Wires and New Waves: The History of the Telegraph, Telephone, and Wire- less*. New York: Appleton-Century, 1936.

［123］Harris, Neil. *Humbug: The Art of P. T. Barnum*. Chicago: University of Chicago

Press, 1973.

［124］——. "Iconography and Intellectual History: The Halftone Effect." In *Cultural Excursions: Marketing Appetites and Cultural Tastes in Modern America*, 304–17. Chicago: University of Chicago Press, 1990.

［125］Hecht, Ben. *A Child of the Century*. 1954. Reprint. New York: Primus, 1985.

［126］Hemment, John C. *Cannon and Camera: Sea and Land Battles of the Spanish-American War in Cuba, Camp Life, and the Return of the Soldiers*. New York: Appleton, 1898.

［127］Henkin, David M. *City Reading: Written Words and Public Spaces in Antebellum New York*. New York: Columbia University Press, 1998.

［128］Henry, Neil. *American Carnival: Journalism Under Siege in an Age of New Media*. Berkeley: University of California Press, 2007.

［129］Hersey, John. "The Legend on the License." *Yale Review* 70 (Autumn 1980): 1–25.

［130］Hickey, Neil. "Is Fox News Fair?" *Columbia Journalism Review*, March–April 1998, 30–35.

［131］Hilgartner, Stephen, and Charles L. Bosk. "The Rise and Fall of Social Problems: A Public Arenas Model." *American Journal of Sociology* 94, no. 1 (July 1988): 53–78.

［132］Hill, A. F. *Secrets of the Sanctum: An Inside View of an Editor's Life*. Philadelphia: Claxton, Remsen, and Haffelfinger, 1875.

［133］Hills, William H. "Advice to Newspaper Correspondents III: Some Hints on Style." *Writer* 1 (June 1887): 49–51.

［134］——. "Advice to Newspaper Correspondents IV: 'Faking.' " *Writer* 1 (November 1887): 154–56. Hochschild, Arlie Russell. *Strangers in Their Own Land: Anger and Mourning on theAmerican Right*. New York: New Press, 2018.

［135］Hofstadter, Richard. *The Age of Reform from Bryan to F. D.R.* New York: Vintage, 1955.

［136］——. "The Paranoid Style in American Politics." *Harper's*, November 1964, 77–86.

［137］Hughes, Helen MacGill. *News and the Human Interest Story.* 1940. Reprint. New Brunswick, NJ: Transaction, 1981.

［138］Institute for Propaganda Analysis. *The Fine Art of Propaganda: A Study of Father Coughlin's Speeches.* Ed. Alfred McClung Lee and Elizabeth Briant Lee. New York: Harcourt, Brace, 1939.

［139］Irwin, Will. *The Making of a Reporter.* New York: Putnam, 1942.

［140］Isikoff, Michael, and David Corn. *Hubris*: *The Inside Story of Spin, Scandal, and the Selling of the Iraq War.* New York: Three Rivers Press, 2007.

［141］Jacobs, Lawrence R., and Robert Y. Shapiro. "Presidential Manipulation of Polls and Public Opinion: The Nixon Administration and the Pollsters." *Political Science Quarterly* 110, no. 4 (Winter 1995–1996): 519–38.

［142］Jansen, Sue Curry. "Semantic Tyranny: How Edward L. Bernays Stole Walter Lippmann's Mojo and Got Away with It and Why It Still Matters." *International Journal of Communication* 7 (2013): 1094–111.

［143］——. "'The World's Greatest Adventure in Advertising': Walter Lippmann's Critique of Cen-sorship and Propaganda." In *The Oxford Handbook of Propaganda Studies*, ed. Jonathan Auerbach and Russ Castronovo, 301–25. New York: Oxford University Press, 2013.

［144］Johnson, Haynes. *The Age of Anxiety: McCarthyism to Terrorism.* Orlando, FL: Harcourt, 2005. Johnson, Robert Underwood. *Remembered Yesterdays.* Boston: Little, Brown, 1923.

［145］Kaplan, Louis. *The Strange Case of William Mumler, Spirit Photographer.* Minneapolis: University of Minnesota Press, 2008.

［146］Karlsson, Michael, Christer Clerwall, and Lars Nord. "Do Not Stand Corrected: Transparency and Users' Attitudes to Inaccurate News and Corrections in Online Journalism." *Journalism & Mass Communication*

Quarterly 94, no. 1 (2017):148–67.

［147］Keller, Ulrich. "Photojournalism Around 1900: The Institutionalization of a Mass Medium." In *Shadow and Substance: Essays on the History of Photography in Honor of Heinz K. Henisch*, ed. Kathleen Collins, 283–303. Bloomfield Hills, MI: Amorphous Institute Press, 1990.

［148］Kelley-Romano, Stephanie, and Kathryn L. Carew. "Make America Hate Again: Donald Trump and the Birther Conspiracy." *Journal of Hate Studies* 14(2019):33–52.

［149］Kielbowicz, Richard B. "Newsgathering by Printers' Exchanges Before the Telegraph." *Journalism History* 9, no. 2 (Summer 1982): 42–48.

［150］Kluger, Richard. *The Paper: The Life and Death of the "New York Herald Tribune."* New York: Knopf, 1986.

［151］Knightley, Phillip. *The First Casualty: The War Correspondent as Hero and Myth-Maker from the Crimea to Kosovo*. Rev. ed. Baltimore: Johns Hopkins University Press, 2000.

［152］Knox, ThomasW. *Camp-Fire and Cotton-Field: Southern Adventure in Time of War, Life with the Union Armies, and Residence on a Louisiana Plantation*. New York: Blelock, 1865.

［153］Kovach, Bill, and Tom Rosenstiel. *The Elements of Journalism: What Newspeople Should Know and the Public Should Expect*. 3rd ed. New York: Three Rivers, 2014.

［154］Kracauer, Siegfried. "Cult of Distraction: On Berlin's Picture Palaces." Trans. and ed. Thomas Y. Levin. *New German Critique* 40 (Winter 1987): 91–96.

［155］Kreiss, Daniel. "The Media Are About Identity, Not Information." In *Trump and the Media*, ed. Pablo J. Boczkowski and Zizi Papacharissi, 93–100. Cambridge, MA: MIT Press, 2018.

［156］Kunstler, William M. *The Hall–Mills Murder Case: The Minister and the Choir Singer*. New Brunswick, NJ: Rutgers University Press, 1964.

［157］Layton, Charles. "Miller Brouhaha." *American Journalism Review*, August–September 2003, 30–35.

［158］Lewin, Leonard C. "Is Fact Necessary?" *Columbia Journalism Review*, Winter 1966, 29–34.

［159］Lieberman, Trudy. "Churning Whitewater." *Columbia Journalism Review*, May–June 1994,26–30.

［160］——. "The Vince Foster Factory and 'Courage in Journalism.'" *Columbia Journalism Review*, March–April 1996, 8–9.

［161］Lippmann, Walter. *Liberty and the News*. New York: Harcourt, Brace and Howe, 1920.

［162］Lippmann, Walter, and Charles Merz. "A Test of the News: An Examination of the News Reports in the *New York Times* on Aspects of the Russian Revolution of Special Importance to Americans, March 1917–March 1920." *New Republic*, supplement, August4, 1920.

［163］Lipstadt, Deborah E. *Beyond Belief: The American Press and the Coming of the Holocaust 1933–1945*. New York: Free Press,1986.

［164］Loiperdinger, Martin. "Lumière's 'Arrival of the Train': Cinema's Founding Myth." *Moving Image* 4 (Spring 2004): 89–118.

［165］Loomis, C. Grant. "The Tall Tales of Dan De Quille." *California Folklore Quarterly* 5, no. 1 (Jan- uary 1946): 26–71.

［166］Lowry, Bates, and Isabel Lowry. "Simultaneous Developments: Documentary Photography and Painless Surgery." In *Young America: The Daguerreotypes of Southworth and Hawes*, ed. Grant B. Romer and Brian Wallis, 75–88. New York: International Center of Photography, 2005.

［167］Lyons, Gene. *Fools for Scandal: How the Media Invented Whitewater*. New York: Franklin Square Press, 1996.

［168］MacLeish, Archibald. *A Time to Act: Selected Addresses*. Boston: Houghton Mifflin, 1943.

[169] Maechler, Stefan. *The Wilkomirski Affair: A Study in Biographical Truth*. Trans. John E. Woods. New York: Schocken Books, 2001.

[170] Maier, Scott R. "Setting the Record Straight." *Journalism Practice* 1, no. 1 (2007): 33–43. Mallen, Frank. *Sauce for the Gander*. White Plains, NY: Baldwin Books, 1954.

[171] Mapes, Mary. *Truth and Duty: The Press, the President, and the Privilege of Power*. New York: St. Martin's, 2005.

[172] Marlin, Randal. *Propaganda and the Ethics of Persuasion*. Peterborough, Canada: Broadview, 2002.

[173] Martyn, Peter H. "Lynch Mob: Pack Journalism and How the Jessica Lynch Story Became Propaganda." *Canadian Journal of Media Studies* 4, no. 1 (November 2008): 124–64.

[174] Massing, Michael. *Now They Tell Us: The American Press and Iraq*. Preface by Orville Schell. New York: New York Review of Books, 2004.

[175] Matthews, Albert. "The Snake Devices, 1754–1776, and the *Constitutional Courant*, 1765." *Transactions of the Colonial Society of Massachusetts* 11 (1906–1907): 421–46.

[176] Mayer, Jane. *Dark Money: The Hidden History of the Billionaires Behind the Rise of the Radical Right*. New York: Doubleday, 2016.

[177] McClintick, David. "Town Crier for the New Age." *Brill's Content*, November 1998, 112–27.

[178] McNair, Brian. "After Objectivity? Schudson's Sociology of Journalism in the Era of Post-factuality." *Journalism Studies* 18 (2017): 1318–333.

[179] Menning, Ralph R., and Carol Bresnahan Menning. "'Baseless Allegations': Wilhelm II and the Hale Interview of 1908." *Central European History* 16, no. 4 (December 1983): 368–97.

[180] Michaeli, Ethan. *The Defender: How the Legendary Black Newspaper Changed America, from the Age of the Pullman Porters to the Age of Obama*. Boston:

Houghton Mifflin Harcourt, 2016.

［181］Miller, Bonnie M. *From Liberation to Conquest: The Visual and Popular Cultures of the Spanish-American War of 1898.* Amherst: University of Massachusetts Press, 2011.

［182］Miller, Merle. *Ike the Soldier: As They Knew Him.* New York: Putnam, 1987.

［183］Mitchell, Greg. *The Campaign of the Century: Upton Sinclair's Race for Governor of California and the Birth of Media Politics.* New York: Random House, 1992.

［184］Molina, Maria D., S. Shyam Sundar, Thai Le, and Dongwon Lee. "Fake News Is Not SimplyFalse Information: A Concept Explication and Taxonomy of Online Content." *American Behavioral Scientist*, October 2019. doi:10.1177/0002764219878224.

［185］Monk, Maria. *Awful Disclosures, by Maria Monk, of the Hotel Dieu Nunnery of Montreal, Revised, with an Appendix... Also, a Supplement* New York: Maria Monk, 1836.

［186］Morris, Errol. *Believing Is Seeing (Observations on the Mysteries of Photography).* New York: Penguin, 2011.

［187］Morris, James McGrath. *Pulitzer: A Life in Politics, Print, and Power.* New York: Harper, 2010.

［188］Morris, Jonathan S. "The Fox News Factor." *International Journal of Press/ Politics* 10, no. 3 (2005): 56–79.

［189］Mott, Frank Luther. *American Journalism, a History: 1690–1960.* 3rd ed. New York: Macmillan, 1962.

［190］Musser, Charles. "American Vitagraph: 1897–1901." *Cinema Journal* 22, no. 3 (Spring 1983): 4–46.

［191］——. "The Eden Musee in 1898: The Exhibitor as Creator." *Film & History* 11, no. 4 (Decem- ber 1981): 73–96.

［192］——. *The Emergence of Cinema: The American Screen to 1907.* New York:

Scribner's, 1990.

［193］Nasaw, David. *The Chief: The Life of William Randolph Hearst*. Boston: Houghton Mifflin, 2000.

［194］——. *Going Out: The Rise and Fall of Public Amusements*. New York: Basic, 1993.

［195］National News Council. "Report." *Columbia Journalism Review*, September–October 1981, 76–87.

［196］Neander, Joachim. *The German Corpse Factory: The Master Hoax of British Propaganda in the First World War*. Saarbrücken, Germany: Saarland University Press, 2013.

［197］Nerone, John. "History, Journalism, and the Problem of Truth." In *Assessing Evidence in a Post-modern World*, ed. Bonnie Brennen, 11–29. Milwaukee: Marquette University Press, 2013.

［198］——. *The Media and Public Life: A History*. Cambridge: Polity, 2015.

［199］Newfield, Jack. "Is There a New Journalism?" In *The Reporter as Artist: A Look at the New Jour- nalism Controversy*, ed. Ronald Weber, 299–304. New York: Hastings House, 1974.

［200］Nilsson, Nils Gunnar. "The Origin of the Interview." *Journalism Quarterly* 48 (1971): 707–13.

［201］Nord, David Paul. "Accuracy or Fair Play? Complaining About the Newspaper in Early Twentieth-Century New York." In *New Directions in American Reception Study*, ed. Philip Goldstein and James L. Machor, 233–53. Oxford: Oxford University Press, 2008.

［202］Nyhan, Brendan, and Jason Reifler. "When Corrections Fail: The Persistence of Political Misperceptions." *Political Behavior* 32 (2010): 303–30.

［203］Nyhan, Brendan, Jason Reifler, and Peter A. Ubel. "The Hazards of Correcting Myths About Health Care Reform." *Medical Care* 51 (2013): 127–32.

［204］Obama, Barack. *A Promised Land*. New York: Crown, 2020.

［205］O'Connor, Richard. *Heywood Broun: A Biography*. New York: Putnam, 1975.

［206］Orbison, Charley. "'Fighting Bob' Shuler: Early Radio Crusader." *Journal of Broadcasting* 21, no. 4 (1977): 459–72.

［207］Orvell, Miles. *The Real Thing:Imitation and Authenticity in American Culture, 1880–1940*. Chapel Hill: University of North Carolina Press,1989.

［208］Orwell, George. *Orwell in "Tribune": "As I Please" and Other Writings 1943–7*. Comp. and ed. Paul Anderson. London: Politico's, 2006.

［209］Oshinsky, David M. *A Conspiracy so Immense: The World of Joe McCarthy*. New York: Free Press, 1983.

［210］Ottley, Roi. *The Lonely Warrior: The Life and Times of Robert S. Abbott*. Washington, DC: Regnery, 1955.

［211］Paltsits, Victor Hugo. "New Light on 'Publick Occurrences': America's First Newspaper." *Proceedings of the American Antiquarian Society* 59 (1949): 75–88.

［212］Pasek, Josh, Tobias H. Stark, Jon A. Krosnick, and Trevor Tompson. "What Motivates a Conspiracy Theory? Birther Beliefs, Partisanship, Liberal-Conservative Ideology, and Anti-Black Attitudes." *Electoral Studies* 40 (2015): 482–89.

［213］Patterson, Maggie Jones, and Steve Urbanski. "What Jayson Blair and Janet Cooke Say About the Press and the Erosion of Public Trust." *Journalism Studies* 7, no.6 (2006): 828–50.

［214］Peck, Reece. *Fox Populism: Branding Conservatism as Working Class*. Cambridge: Cambridge University Press,2019.

［215］Pein, Corey. "Blog-Gate." *Columbia Journalism Review*, January–February 2005, 30–35. Pickard, Victor. "The Strange Life and Death of the Fairness Doctrine: Tracing the Decline of Positive Freedoms in American Policy Discourse." *International Journal of Communication* 12 (2018): 3434–453.

［216］Pizzitola, Louis. *Hearst Over Hollywood: Power, Passion, and Propaganda in the Movies*. New York: Columbia University Press, 2002.

［217］Plimpton, George. "Truman Capote: An Interview" (1966).In *The Reporter as Artist: A Look at the New Journalism Controversy*, ed. Ronald Weber, 188–206. New York: Hastings House, 1974.

［218］Pooley, Jefferson D., and Michael J. Socolow. "Checking Up on *The Invasion from Mars*: Hadley Cantril, Paul F. Lazarsfeld, and the Making of a Misremembered Classic." *International Journal of Communication* 7 (2013): 1919–947.

［219］Pope, Daniel. *The Making of Modern Advertising*. New York: Basic, 1983.

［220］Porter, Edwin H. *The Fall River Tragedy: A History of the Borden Murders*. Fall River, MA: Buffinton, 1893.

［221］Prather, H. Leon, Sr. *We Have Taken a City: Wilmington Racial Massacre and Coup of 1898*. Rutherford, NJ: Fairleigh Dickinson University Press, 1984.

［222］Pressman, Matthew. *On Press: The Liberal Values That Shaped the News*. Cambridge, MA: Har-vard University Press,2018.

［223］Prince, Stephen. *Firestorm: American Film in the Age of Terrorism*. New York: Columbia Uni-versity Press, 2009.

［224］Pulitzer, Ralph. *The Profession of Journalism: Accuracy in the News: An Address Before the Pulitzer School of Journalism, Columbia University, New York, Delivered at Earl Hall Decem- ber 16, 1912*. New York: World,1912.

［225］Putnis, Peter. "SHARE 999: British Government Control of Reuters During World War I." *Media History* 14, no. 2 (2008): 141–65.

［226］Remini, Robert V. *Henry Clay: Statesman for the Union*. New York: Norton, 1991.

［227］Reynolds, David. *The Long Shadow: The Legacies of the Great War in the Twentieth Century*. New York: Norton, 2014.

［228］Rich, Frank. *The Greatest Story Ever Sold: The Decline and Fall of Truth from 9/11 to Katrina*. New York: Penguin, 2006.

［229］ Richardson, Albert D. *The Secret Service, the Field, the Dungeon, and the Escape*. Hartford, CT: American, 1865.

［230］ Risse, Guenter B. *Plague, Fear, and Politics in San Francisco's Chinatown*. Baltimore: Johns Hopkins University Press, 2012.

［231］ Ritea, Steve. "Free Press." *American Journalism Review*, August–September 2003, 10–11.

［232］ Roberts, JamesL., II. "The Roorback Hoax: A Curious Incident in the Election of 1844." *Anno-tations* 30, no. 3 (September 2002): 16–17.

［233］ Roberts, Gene, and Hank Klibanoff. *The Race Beat: The Press, the Civil Rights Struggle, and the Awakening of a Nation*. New York: Knopf, 2006.

［234］ Robertson, Michael. *Stephen Crane, Journalism, and the Making of Modern American Literature*. New York: Columbia University Press, 1997.

［235］ Roeder, George H., Jr. *The Censored War: American Visual Experience During World War Two*. New Haven, CT: Yale University Press, 1993.

［236］ Ross, Stewart Halsey. *Propaganda for War: How the United States Was Conditioned to Fight the Great War of 1914–1918*. Jefferson, NC: McFarland, 1996.

［237］ Rothmyer, Karen. "Citizen Scaife." *Columbia Journalism Review*, July–August 1981, 41–50.

［238］ ——. "Unindicted Co-conspirator?" *Nation*, February 23, 1998, 19–24.

［239］ Rowlands, Guy, and Julia Prest. Introduction to *The Third Reign of Louis XIV c. 1682–1715*, ed. Julia Prest and Guy Rowlands, 1–23. London: Routledge, 2017.

［240］ Russell, Adrienne. "Making Journalism Great Again: Trump and the New Rise of News Activism." In *Trump and the Media*, ed. Pablo J. Boczkowski and Zizi Papacharissi, 203–12. Cambridge, MA: MIT Press, 2018.

［241］ Safire, William. *Before the Fall: An Inside View of the Pre-Watergate White House*.1975. Reprint. New York: Routledge, 2017.

［242］Sager, Mike. "The Fabulist Who Changed Journalism." *Columbia Journalism Review*, Spring 2016. https://www.cjr.org/the_feature/the_fabulist_who_changed_journalism.php.

［243］Salisbury, Harrison E. *Without Fear or Favor: An Uncompromising Look at the New York Times*. New York: Ballantine, 1980.

［244］Saunders, Frances Stonor. *The Cultural Cold War: The CIA and the World of Arts and Letters*. New York: New Press, 1999.

［245］Schiffrin, Anya. "Fighting Disinformation with Media Literacy—in 1939." *Columbia Journalism Review*, October 10, 2018.https://www.cjr.org/innovations/institute-propaganda-analysis.php.

［246］Schivelbusch, Wolfgang. *The Culture of Defeat: On National Trauma, Mourning, and Recovery*. Trans. Jefferson Chase. New York: Picador, 2004.

［247］Schudson, Michael. *Discovering the News: A Social History of American Newspapers*. New York: Basic,1978.

［248］——. "Is Journalism a Profession? Objectivity 1.0, Objectivity 2.0, and Beyond." In *Why Journalism Still Matters*, 41–67. Cambridge: Polity, 2018.

［249］——. "Question Authority: A History of the News Interview." In *The Power of News*, 72–93. Cambridge, MA: Harvard University Press, 1995.

［250］Schwartz, A. Brad. *Broadcast Hysteria: Orson Welles's "War of the Worlds" and the Art of Fake News*. New York: Hill and Wang, 2015.

［251］Seelye, John. *War Games: Richard Harding Davis and the New Journalism*. Amherst: University of Massachusetts Press, 2003.

［252］Seitz, Don. C. *Joseph Pulitzer: His Life and Letters*. New York: Simon and Schuster, 1924.

［253］Sevareid, Eric. *Not so Wild a Dream; with a New Introduction by the Author*. 1946. Reprint, New York: Atheneum, 1979.

［254］Shapiro, Ivor. "Why They Lie: Probing the Explanations for Journalistic Cheating." *Canadian Journal of Communication* 31 (2006): 261–66.

［255］ Shattuck, H. R. (Harriette Robinson). "Reporters' Ethics." *Writer* 3 (March 1889): 57–58.

［256］ Shepard, Alicia C. "How They Blew It." *American Journalism Review*, January–February 2001, 20–27.

［257］ Sherman, Gabriel. *The Loudest Voice in the Room: How the Brilliant, Bombastic Roger Ailes Built Fox News—and Divided a Country*. New York: Random House, 2014.

［258］ Sherover, Max. *Fakes in American Journalism*. Buffalo, NY: Buffalo Publishing, 1914.

［259］ Shi, David E. *Facing Facts: Realism in American Thought and Culture, 1850–1920*. New York: Oxford University Press, 1995.

［260］ Shirer, William L. *20th Century Journey: A Memoir of a Life and the Times*. Vol. 2: *The Nightmare Years: 1930–1940*. New York: Little Brown, 1984.

［261］ Shuman, Edwin L. *Steps Into Journalism: Helps and Hints for Young Writers*. Evanston, IL: Evanston Press, 1894.

［262］ Sloan, William David. "Chaos, Polemics, and America's First Newspaper." *Journalism Quarterly* 70 (1993): 666–81.

［263］ Smith, Albert E., with Phil A. Koury. *Two Reels and a Crank*. Garden City, NY: Doubleday, 1952.

［264］ Smith, Jeffery A. *War and Press Freedom: The Problem of Prerogative Power*. New York: Oxford University Press, 1999.

［265］ Smith, Richard Norton. *The Colonel: The Life and Legend of Robert T. McCormick, 1880–1955*. Boston: Houghton Mifflin, 1997.

［266］ Smith, Sally Bedell. *In All His Glory: The Life and Times of William S. Paley, the Legendary Tycoon and His Brilliant Circle*. New York: Touchstone, 1991.

［267］ Smith-Pryor, Elizabeth M. *Property Rites: The Rhinelander Trial, Passing, and the Protection of Whiteness*. Chapel Hill: University of North Carolina Press, 2009.

[268] Snyder, Robert L. *Pare Lorentz and the Documentary Film*. Reno: University of Nevada Press, 1994.

[269] Socolow, Michael J. "The Hyped Panic Over 'War of the Worlds.'" *Chronicle of Higher Education*, October 24, 2008, 816–17.

[270] Spencer, David R. *The Yellow Journalism: The Press and America's Emergence as a World Power*. Evanston, IL: Northwestern University Press, 2007.

[271] Starr, Paul. *The Creation of the Media: Political Origins of Modern Communications*. New York: Basic, 2004.

[272] Stead, W. T. *The Americanization of the World; Or, The Trend of the Twentieth Century*. New York: Horace Markley, [1902].

[273] Steffens, Lincoln. *The Autobiography*. New York: Grosset and Dunlap, 1931.

[274] Steinbeck, John. *Once There Was a War*. New York: Viking, 1958.

[275] Stevens, John D. *Sensationalism and the New York Press*. New York: Columbia University Press, 1991.

[276] Stewart, James. *Blood Sport: The President and His Adversaries*. New York: Simon and Schuster, 1996.

[277] Stone, Geoffrey R. *Perilous Times: Free Speech in Wartime from the Sedition Act of 1798 to the War on Terrorism*. New York: Norton, 2004.

[278] Stott, William. *Documentary Expressionand Thirties America*. Chicago: University of Chicago Press,1986.

[279] Streitmatter, Rodger. *Voices of Revolution: The Dissident Press in America*. New York: Columbia University Press, 2001.

[280] Summers, Mark Wahlgren. *The Press Gang: Newspapers and Politics, 1865–1878*. Chapel Hill: University of North Carolina Press,1994.

[281] Suskind, Ron. *The Price of Loyalty: George W. Bush, the White House, and the Education of Paul O'Neill*. New York: Simon and Schuster, 2004.

[282] Sutherland, James. *The Restoration Newspaper and Its Development*. Cambridge: Cambridge University Press, 1986.

［283］Sweeney, Michael S. *The Military and the Press: An Uneasy Truce*. Evanston, IL: Northwestern University Press, 2006.

［284］Taylor, S. J. *Stalin's Apologist: Walter Duranty, the* New York Times's *Man in Moscow*. New York: Oxford University Press,1990.

［285］Thornburgh, Dick, and Louis D. Boccardi. *Report of the Independent Review Panel on the September 8, 2004, "60 Minutes Wednesday" Segment "For the Record" Concerning President Bush's Texas Air National Guard Service, January 5, 2005*. https://www.cbsnews.com/htdocs/pdf/complete_report/CBS_Report.pdf.

［286］Thornton, Brian. "Published Reaction When Murrow Battled McCarthy." *Journalism History* 29, no. 3 (Fall 2003): 133–46.

［287］Tucher, Andie. *Froth and Scum: Truth, Beauty, Goodness, and the Ax-Murder in America's First Mass Medium*. Chapel Hill: University of North Carolina Press,1994.

［288］——. "'I Believe in Faking': The Dilemma of Photographic Realism at the Dawn of Photojour-nalism." *Photography and Culture* 10, no. 3 (2017): 195–214.

［289］——. "Reporting for Duty: The Bohemian Brigade, the Civil War, and the Social Construction of the Reporter." *Book History* 9 (2006): 131–57.

［290］——. "The True, the False, and the 'Not Exactly Lying': Making Fakes and Telling Stories in the Age of the Real Thing." In *Literature and Journalism: Inspirations, Intersections, and Inventions from Ben Franklin to Stephen Colbert*, ed. Mark Canada, 91–118. New York: Palgrave Macmillan, 2013.

［291］——. "Why Journalism History Matters: The Gaffe, the 'Stuff,' and the Historical Imagination." *American Journalism* 31, no. 4 (2014): 432–44.

［292］——. "Why Marmaduke Mizzle and the Good Ship *Wabble* Fooled No One: Fake News and Metajournalistic Discourse in the Era of Journalistic Professionalism." In *Journalists and Knowledge Practices: Histories of*

Observing the Everyday in the Newspaper Age, ed. Hansjakob Ziemer. New York: Routledge, forthcoming.

［293］Tye, Larry. *Demagogue: The Life and Long Shadow of Senator Joe McCarthy.* Boston: Houghton Mifflin Harcourt, 2020.

［294］Tyrrell, R. Emmett, Jr. "From Troopergate to Monicagate." *American Spectator*, November 1998, 18–22.

［295］U.S. House of Representatives, Committee on Energy and Commerce. *Election Night Coverage by the Networks, Hearing, 14 February 2001*. Washington, DC: U.S. Government Printing Office, 2001.

［296］U.S. House of Representatives, Committee on Oversight and Government Reform. *Misleading Information from the Battlefield: The Tillman and Lynch Episodes: First Report*. Washington, DC: U.S. Government Printing Office, 2008.

［297］U.S. House of Representatives, Subcommittee on Oversight, Permanent House Select Com- mittee on Intelligence. *The CIA and the Media: Hearings*. 95th Cong., 1st and 2nd sess. Washington, D.C.: U.S. Government Printing Office, 1978.

［298］U.S. Office of Censorship. *Code of Wartime Practices for the American Press.* Washington, DC: U.S. Government Printing Office, June 15, 1942.

［299］U.S. Office of War Information. *Negroes and the War*. Washington, DC: U.S. Government Printing Office,1942.

［300］U.S. Senate, Committee on Rules and Administration. *Maryland Senatorial Election of 1950: Report*. S. Rep. 647. 82nd Cong., 1st sess. Washington, DC: U.S. Government Printing Office, 1951.

［301］U.S. Senate, Select Committee on Presidential Campaign Activities. *The Senate Watergate Report*. 2 vols. New York: Dell, 1974.

［302］U.S. Senate, Subcommittee of the Committee on Foreign Relations. *State Department Employee Loyalty Investigation. Report... Pursuant to S. Res.*

231.... 81st Cong., 2nd sess.Washington, DC: U.S. Government Printing Office, 1950.

[303] Vos, Tim P., and Teri Finneman. "The Early Historical Construction of Journalism' s Gatekeep- ing Role." *Journalism* 18, no. 3 (2017):265–80.

[304] Vos, Tim P., and Joseph Moore. "Building the Journalistic Paradigm: Beyond Paradigm Repair." *Journalism* 21 (2020): 17–33.

[305] Waisbord, Silvio. *Reinventing Professionalism: Journalism and News in Global Perspective*. Cambridge: Polity Press, 2013.

[306] Walker, Stanley. *City Editor.* Foreword by Alexander Woollcott. 1934. Reprint. Baltimore: Johns Hopkins University Press,1999.

[307] Weber, Ronald. "Some Sort of Artistic Excitement." In *The Reporter as Artist: A Look at the New Journalism Controversy*, ed. Ronald Weber, 13–26. New York: Hastings House, 1974.

[308] Wertheimer, John. "Mutual Film Reviewed: The Movies, Censorship, and Free Speech in Progressive America." *American Journal of Legal History* 37, no. 2 (April 1993): 158–89.

[309] Whissel, Kristen. "Placing the Spectator on the Scene of History: The Battle Re-enactment at the Turn of the Century, from Buffalo Bill' s Wild West to the Early Cinema." *Historical Journal of Film, Radio, and Television* 22, no. 3 (2002): 225–43.

[310] White, Edgar. "The Art of Interviewing." *Writer* 17 (March 1904): 33–35.

[311] White, Graham J. *FDR and the Press*. Chicago: University of Chicago Press, 1979.

[312] White, Richard Grant. "Wedding, Interviewing, et Cetera." *Galaxy*, December 1874, 822–30.

[313] Whitehead, Don. *"Beachhead Don":Reporting the War from the European Theater, 1942–1945*. Ed. John B. Romeiser. New York: Fordham University Press, 2004.

[314] ——. *Combat Reporter: Don Whitehead's World War II Diary and Memoirs*. Ed. John B. Romeiser. New York: Fordham University Press, 2006.

[315] Whitney, Joel. *Finks: How the CIA Tricked the World's Best Writers*. New York: OR Books, 2016.

[316] Wilkie, Franc. *Pen and Powder*. Boston: Ticknor, 1888.

[317] Wilson, Trevor. "Lord Bryce's Investigation Into Alleged German Atrocities in Belgium, 1914–15." *Journal of Contemporary History* 14 (1979): 369–83.

[318] Winkler, Allan M. *The Politics of Propaganda: The Office of War Information 1942–1945*.New Haven, CT: Yale University Press,1978.

[319] Winzen, Peter. *Das Kaiserreich am Abgrund: Die* Daily-Telegraph-*Affäre und das Hale- Interview von 1908: Darstellung und Dokumentation*. Stuttgart, Germany: Franz Steiner, 2002.

[320] Wolfe, Tom. "The New Journalism." In *The New Journalism: An Anthology*, ed. Tom Wolfe and E.W. Johnson, 3–36. New York: Harper and Row, 1973.

[321] Wood, Thomas, and Ethan Porter. "The Elusive Backfire Effect: Mass Attitudes' Steadfast Factual Adherence." *Political Behavior* 41 (2019):135–63.

[322] Woodward, Bob. *Plan of Attack*. New York: Simon and Schuster, 2004.

[323] Wu, Tim. *The Master Switch: The Rise and Fall of Information Empires*. New York: Vintage, 2011.

[324] York, Byron. "The Life and Death of the *American Spectator*." *Atlantic*, November 2001. https://www.theatlantic.com/magazine/archive/2001/11/the-life-and-death-of-the-american-spectator/302343/.

[325] Zboray, Ronald J., and Mary Saracino Zboray. *Everyday Ideas: Socioliterary Experience Among Antebellum New Englanders*. Knoxville: University of Tennessee Press, 2006.

[326] Zelden, Charles L. *Bush v. Gore: Exposing the Hidden Crisis in American Democracy*. 3rd ed.Lawrence: University Press of Kansas, 2020.

[327] Zucchino, David. *Wilmington's Lie: The Murderous Coup of 1898 and the Rise of White Supremacy*. New York: Atlantic Monthly Press, 2020.